EASIER,
USEFUL
REFERENCE

Keep it simple and strong

Grammar Free Zone

Prof. Moon, young soo/Cheon, jae yun

- Detailed explanations will improve your grammar knowledge in depth.
- Useful appendices will make your English sound more natural and clear.

BAEKSAN
Publishing Co

Dedication

To The Load, who first gave me comfort and inspiration in life.

위안과 영감을 주신 하나님께 이 글을 바칩니다.

행복이란 라일락 꽃향기를

가슴에 품는 것

보랏빛 향기가 가득한 날

허공에 꽃잎 하나 그리며……

Preface

영어를 모국어로 하는 사람들이라면 영어로 하는 의사소통에 큰 문제가 없겠지만, 우리의 현실은 그렇지 못합니다. 우리는 영어의 문법 구조를 모르면 회화이든 토익이든 텝스든 간에 기본적인 접근이 불가능합니다. 주위 제자들 중에 취업을 위해서 토익 공부를 해보려 하지만 영어의 문법 이해 부분에서 차단이 되어 그 공부를 곧 포기해 버리는 경우를 종종 목격합니다. 영어 문법 자체에 이해하기 까다로운 부분이 있지만, 문법에 대한 보다 쉬운 접근 즉 근본적인 이해가 동반된 접근이 요구됩니다.

이번에 천재윤 교수님과 함께 내놓는 Grammar Free Zone은 이러한 요구를 어느 정도 충분히 채워줄 것으로 기대합니다. 우선 문법 용어에 대해 쉽게 설명했습니다. 그리고 문법의 주요 핵심 요점을 정확한 예문을 통해 펼쳐 놓았습니다. 여기에 기반을 두고 문법에 관한 폭넓고 유기적인 이해를 도모했습니다. 또한 학습자들의 수월한 학습을 돕고자 부록에서 불규칙 동사, 스펠링규칙, 문법용어정리 등을 마련했습니다.

본서는 다소 짧은 기간 동안에 영어 문법을 터득하고자 하는 중·고등학생이나 대학생, 공무원시험을 준비하는 수험생, 업무상 영어를 다시 시작하려는 직장인, 학교나 학원에서 강의를 하는 선생님들에게 적합한 교재가 될 것입니다. 아무쪼록 영어 문법에 무척 목 말라하는 모든 사람에게 큰 도움이 되고 기억에 오래 남을 책이 되길 소망합니다.

본서를 집필하면서 같이 일을 해온 천재윤 교수의 노고를 높이 사고 싶습니다. 천 교수님은 실력을 골고루 갖춘 교수이자 탁월한 연구능력을 소유한 학자입니다. 영어에 관한 천착의 수준이 거의 철학자에 버금갑니다. 본서가 많은 독자들에게 호소력을 갖췄다면 그것은 전적으로 천재윤 교수의 공임을 밝히고 싶습니다.

영문학박사 문영수

Preface

어느덧 2010년 봄이다. 난 항상 봄이 되면 지천에 펼쳐진 꽃향기에 빠져든다. 그 꽃향기는 삶의 여유로움과 평온함을 주기 때문이다. 요즘은 가끔 차를 타고 다니지 않는다. 자전거가 며칠 전부터 내 교통수단이 된 것이다. 오르막, 내리막길을 따라 페달을 굴리면 어느덧 목적지에 도달한다. 우리의 삶도 조금은 힘들더라도 꾸준히 노력하다보면 어느덧 목적지에 도달하지 않을까 싶다.

그간 몇 권의 책을 내면서 좀 더 사용자에게 유익한 영문법 책을 만들어 보고 싶었다. 잠시나마 머뭇거렸던 이유는 이 세상에 영어서적이 너무 많다는 생각이 들어서이다. 대학에서, 어학원에서 학생들을 지도하다 보면 요즘은 예전보다 더 다양한 방법으로 영어를 학습할 수 있어 다행스럽게 느껴진다.

Grammar Free Zone을 저술하는 내내 기존의 복잡하고 불분명한 문법에서 벗어나려고 했으며 꼭 필수적으로 알아야 할 문법을 정리했다. 아무리 시대가 변하더라도, 학습방법이 달라지더라도 영문법의 중요성은 간과될 수 없다. 영문법은 우리 몸의 뼈대처럼 영어의 전체적인 틀을 만들어 주기 때문이다. 회화, 독해, 영작 등 어느 한 부분이라도 영문법으로부터 자유로울 수 없다.

초겨울 바람을 맞으며 책 내용을 구상하고 작업하는 동안 내내 감사하고 싶은 분들의 얼굴이 떠올랐다. 항상 부족한 아들의 든든한 후원자이신 부모님. 그분들의 사랑이 있어 난 행복하다. 그리고 나의 사랑하는 형제, 자매들. 또한 정신적으로 항상 가까이에서 든든한 힘이 되어주시는 문영수 교수님, 여형구 교수님, 의미론의 김수길 교수님, 교수법의 전병만 교수님, 통사론의 김재민 교수님, 사회언어학의 안정근 교수님, 음운론의 정진완 교수님께 심심한 감사를 표하고 싶다. 또한 어려운 여건 속에서도 이 책의 출판을 허락해 주신 출판사 관계자 분들께 진심으로 감사를 드린다. 또한 나의 사랑하는 대학, 어학원 제자들에게도 감사를 표한다.

끝으로 영어학습자들이 본서를 통해서 영어체계를 세우고 자신감을 형성시킬 수 있다면 그 이상의 기쁨은 없을 것이다.

사회언어학박사 천재윤

Contents

Appendices

Characteristics of this book

✲ 문법용어

먼저 각 Unit별로 문법용어에 대한 설명을 한다. 용어 파악 후 충분한 예문을 통해 적용해 볼 수 있도록 한다. 즉, 문법학습을 할 때는 먼저 용어를 정확히 파악한 후 문장에서 어떻게 적용되는지 분석해봐야 한다. 정확한 문법용어에 대한 이해로 학습자는 실력을 한 단계 향상시킬 수 있다.

✲ Point

point는 예문에 대한 설명부분으로 학습자가 사전 없이 편하게 읽어내려 갈 수 있도록 중요한 단어에 대한 설명과 핵심 어구를 모두 실었다. 또한 오류가 발생할 수 있는 경우에 대해서도 설명하였다.

✲ More study

More study를 통해 관련된 문법사항을 학습할 수 있도록 했다. More study는 각 Unit에서 다루는 문법에 대한 폭넓은 이해를 위한 부분으로 학습자의 실력을 더욱 견고하게 만들 것이다.

✲ 부 록

부록에서는 불규칙동사, 스펠링규칙, 문법용어정리, 동명사를 목적어로 취하는 동사, to 부정사를 목적어로 취하는 동사, 수동태와 어울리는 전치사를 학습한다.

To the readers

Grammar Free Zone은 단기간에 영문법 체계를 세우기 원하는 중·고등학생이나 대학생, 공무원시험을 준비하는 수험생, 업무상 영어를 다시 시작하려는 직장인, 학교나 학원에서 강의를 하는 선생님들에게 적합한 교재입니다.

본서는 총 23개의 Unit과 6개의 부록으로 구성되며 꼭 알아야 할 필수 문법만을 정리했습니다. 특히, 아직 학교문법에서 보편화되어 있지 않은 최근 현대문법 영역까지 다루었습니다. 학습자는 문법 용어에 대한 정확한 이해를 바탕으로 다양한 예문을 통하여 공부할 수 있으며 마지막으로 **Grammar review**를 통해 실력을 점검해 볼 수 있습니다.

본서는 영문법의 중요도에 따라 목차를 만들었기 때문에 순서대로 학습할 수 있으나 필요에 따라 참고서적으로도 활용할 수 있습니다. 본서를 통하여 영어능력을 한 단계 향상시킬 수 있기를 바랍니다.

To the teachers

Grammar Free Zone은 학교나 학원의 영문법 교재로 적합합니다. 물론 학생 스스로도 참고도서와 자습서로 활용할 수 있지만 **영어선생님들의 중·고등학교 수업시간이나 대학의 영어강좌에 주교재나 부교재로 다양하게 쓰일 수 있습니다.**

본서를 교재로 사용하시는 선생님들은 주교재로 사용할 경우 각 Unit별로 강의에 임하면 될 것입니다. 그러한 이유는 목차구성이 영어의 기본원리부터 시작하여 심화되는 순서이기 때문입니다. 반면 본서를 부교재로 활용하시는 선생님들께서는 필요한 부분을 선택하셔서 학생들에게 문제를 먼저 풀어 보도록 하고 이해도를 파악한 후에 본문 내용 부분을 학생들과 함께 학습하도록 권장해드립니다.

본서를 스터디그룹의 목적에 사용하려는 경우는 각 Unit을 개개인별로 준비해서 발표수업을 하도록 하면 됩니다. 스터디그룹의 리더는 매주 최소 2회 정도의 모임을 통해 본서를 학습한다면 단기간에 영문법 체계를 구성원들에게 세워 줄 것입니다.

Unit 1
GRAMMAR

Main elements of sentences
문장의 필수요소

FOCUS 문장의 뼈대 갖추기

주어 / 동사 / 목적어 / 보어

"문장의 필수요소(Main elements of sentences)"
문장의 핵심부분으로 S(주어), V(동사), O(목적어), C(보어)가 있다. 주어란 주체를 나타내는 것으로 사람으로 따지면 머리 부분이라 할 수 있다. 동사는 주어에 대한 동작이나 상태를 나타내며 모든 문장이 주어 동사로 간단하게 끝나면 좋겠지만 완벽한 의미전달을 위해서는 목적어와 보어를 필요로 한다. 목적어란 동사에 대한 구체적 대상이며 보어란 주어, 목적어에 대한 보충 설명 요소이다. 보어는 사용법에 따라 주격보어와 목적격보어로 나누어진다.

【1】 주어(Subject)

문장의 맨 앞부분으로 의미상 주체가 되는 부분이며 '은, 는, 이, 가'로 해석된다. 주어가 될 수 있는 요소는 명사, 대명사, 동명사, to 부정사, 명사구, 명사절 등이다. 명령문을 제외하고 영어는 주어를 명시해야 하며 특수한 경우 도치가 일어나 동사+주어의 어순이 되기도 한다.

Examples

1. **My friend** will marry her next month.

해 석 내 친구는 다음 달에 그녀와 결혼할 거야.

Point 주어가 소유격(possessive)과 명사(noun)로 구성되어 있다. 영어의 소유격은 인칭에 따라 my, our, your, his, her, its, their가 있다. 격(case)은 '무대 위의 의상'으로 비유될 수 있는데 즉, 주어 자리에는 주격을 소유격 자리에는 소유격을 목적어 자리에는 목적격을 입혀야 한다.

Not ~~I friend will marry her next month.~~

Not ~~Me friend will marry her next month.~~

Voca friend 친구 marry 결혼하다 she-her-her 주격-소유격-목적격 month 월

2. **Two hours** seems a long time to take on the assignment.

해 석 2시간은 숙제를 하기에 긴 시간 같다.

Point 주어와 동사는 일치를 시켜야 하는데 이 문장의 주어 부분이 복수라고 해서 동사부분을 'seem'이라 해서는 안 된다. 보어가 단수명사 'a long time'이기 때문에 주어를 단수 취급해야 한다.

Not ~~Two hours seem a long time to take on the assignment.~~

Voca seem ~처럼 보이다 a long time 긴 시간 take on 몰두하다 assignment 숙제

3. **Either the shopping mall or the cinema** is a good place to meet.

해 석 쇼핑몰이나 영화관은 만나기 좋은 장소이다.

Point 주어는 either A or B로 연결된 명사구 형태를 띠고 있다. either A or B는 등위상관접속사(pair conjunction)로 두 개의 대상을 대등하게 연결하며 동사는 B가 단수이면 단수동사로 복수이면 복수동사를 사용한다. 간혹 구어체에서는 B가 단수이더라도 복수동사를 사용하기도 한다.

= Either the shopping mall or the cinema are a good place to meet.

Voca shopping mall 쇼핑몰 cinema 극장 place 장소 meet-met-met 만나다

4. **What she said** wasn't very polite

해 석 그녀가 한 말은 매우 무례했다.

Point 주어부분은 의문사+s+v형의 명사절로 이루어져 있는데, 명사절은 주어

로 올 수 있는 가장 긴 요소이다. 의문사로 이루어진 명사절은 단수 취급한다.

Not ~~What she said weren't very polite~~.

Voca say–said–said 말하다 polite 예의바른 impolite 예의바르지 못한

More study

격(case)

1인칭	주 격	소유격	목적격	소유대명사	재귀대명사
단 수	I	my	me	mine	myself
복 수	we	our	us	ours	ourselves

2인칭	주 격	소유격	목적격	소유대명사	재귀대명사
단 수	you	your	you	yours	yourself
복 수	you	your	you	yours	yourselves

3인칭	주 격	소유격	목적격	소유대명사	재귀대명사
단 수	he	his	him	his	himself
단 수	she	her	her	hers	herself
단 수	it	its	it		itself
복 수	they	their	them	theirs	themselves

5. **The committee** have not expressed all their views.

해 석 위원회 구성원들은 그들의 의견을 다 드러내지 않았다.

Point 주어부분은 집단을 나타내는 명사로 집단을 하나의 단위그룹으로 볼 때는 일반적으로 단수취급을 하지만 예문처럼 위원회 구성원 개개인을 말할 때는 복수취급을 한다. 기타 집합명사에는 class, enemy, government, family, crowd 등이 있다.

Voca committee 위원회 express 표현하다 view 견해, 관점

6. **It** snows here in the winter.

해 석 이곳은 겨울에 눈이 온다.

Point 빈주어(empty subject) it는 특별한 의미는 없다. 이미 snow에 '눈이 온다'는 의미가 모두 포함되어 있기 때문이다. 그럼에도 불구하고 有주어(모든 문장에서 주어가 존재) 원칙에 의해 주어가 필요하다. 빈주어 it는 주로 날씨, 시간, 거리, 요일, 계절, 상황, 명암 등에 쓰인다.

Voca snow 눈이 내리다 here 여기 winter 겨울

7. **The next movie** starts at 6:00 p.m.

해 석 다음 영화는 오후 6시에 시작한다.

Point 주어라고 해서 모두 사람명사만 오는 것은 아니다. 사물주어가 올 때도 있다. 한편, 동사부분을 보면 starts로 단순현재(simple present)형이 사용되고 있다. 의미상 미래지만 이미 확정되어 있는 영화, 교통 시간표 등은 현재형이 미래를 대신한다.

Voca next 다음 movie 영화 start 시작하다 p.m 오후

More study

The next train **leaves** at 7:00.
해 석 | 다음 기차는 7시에 떠난다.

8. **To learn English** is easy.
= **Learning English** is easy.

해 석 영어를 배우는 것은 쉽다.

Point 주어(Subject)자리에는 명사(noun)가 와야 하므로 동사(verb)를 명사 품사로 바꾸기 위해서는 to부정사(to-infinitive)나 동명사(gerund)가 필요하다. 한편, 현대 영어에서는 주어로 동명사를 선호하며 to부정사는 피하려한다. Unit5, 6에서 부정사와 동명사에 대해 자세히 학습한다.

Voca | learn-learned/learnt-learned/learnt 학습하다 easy 쉬운

9. **New shoes** don't always feel uncomfortable at first.

해 석 새신발이 항상 처음에 신기 불편한 것은 아니다.

Point shoes는 항상 복수 취급하는 명사이다. 단, 한 켤레를 말하지 않고 오른쪽 신발, 왼쪽 신발을 말할 때는 a right/left shoe처럼 단수로 사용한다. 참고로 빈도부사 always, ever는 항상 부정어 다음에 온다는 것에 주의하자.

Not ~~New shoes always don't feel uncomfortable at first~~.

Voca | always 항상 feel-felt-felt 느끼다 uncomfortable 불편한 at first 처음에

10. **The treatment for influenza** doesn't seem to work well.

해 석 독감에 대한 치료는 효과가 별로 없는 것 같다.

Point 주어 부분은 명사구로 이루어져 있다.

[참고] She seems (to be) a hardworking student.

= She appears to be a hardworking student.

Not ~~She appears a hardworking student~~.

seem의 경우 영국영어에서는 to be가 생략될 수 있으나 미국영어에서는 일반적으로 to be를 생략하지 않는다. 단, appear 다음에는 to be를 사용한다. seem은 appear의 의미로 ~처럼 보인다.(Seem is less formal than appear.)

Voca | treatment 치료, 대접 influenza 독감 work 효과가 있다

11. **She** is regretting her decision.

해 석 그녀는 결정을 후회하고 있다.

Point regret은 상태동사로 진행형을 사용하지 못하지만 인지 정도가 얼마 되지 않았을 때는 진행형을 사용한다.

Voca | regret 후회하다 decision 결정 decide 결심하다

12. **He** apologized for not repaying earlier.

해 석 그는 더 일찍 돈을 갚지 않아 사과했다.

Point 주어로 대명사가 사용되고 있다. 'apologize+(to 사람)+for 이유' 형태로도 쓰인다.

Voca | apologize 사과하다 repay 갚다 early–earlier–earliest 원급–비교급–최상급

13. **She** admitted (to me) that she couldn't teach as well as she used to.

해 석 그녀는 예전만큼 가르칠 수 없다는 것을 인정했다.

Point admit+(to 사람)+that+s+v에서 사람을 나타낼 때 to를 생략하지 않도록 주의하자. s+used to+v ~하곤 했다로 '과거의 습관'이나 '상태'를 나타낸다.

Voca | admit 인정하다 teach–taught–taught 가르치다 as well as ~뿐만 아니라

More study

She admitted to him that she had done it.
해 석 | 그녀는 그에게 자기가 그것을 했다고 인정했다.
Point | *Not* ~~She admitted him that she had done it~~.

✔ admit/mention/confess/propose/reveal/declare+to 사람+that+s+v

14. **You** are constantly changing your mind.

해 석 끊임없이 마음이 변하는구나.

Point 부사 constantly는 진행형과 어울려 지속적인 변화를 나타낸다.

Voca | constantly 끊임없이 change 바꾸다 you–your–you 주격–소유격–목적격 mind 마음

15. I was wondering whether he finished it.

해 석 나는 그가 그것을 끝마쳤는지 궁금했다.

Point 동사 wonder는 상대방의 반응이 확실하지 않을 때 사용한다. 일반적으로 기본형보다 진행형을 사용하면 보다 예의바른(polite) 표현이 된다.

Voca wonder 궁금해 하다 whether ~인지 아닌지 finish 끝마치다

16. **My parents** sometimes ask if I will go abroad.

해 석 부모님은 해외로 나갈 것인지 가끔 물어보신다.

Point parents는 복수명사로 주어와 동사의 일치에 주의한다. 주어와 동사의 일치 (agreement)는 주요시험 문제 중 하나이므로 명사가 단수인지 복수인지 평소에 유심히 학습하자. 예를 들면 goods, outskirts, earnings는 항상 복수 취급되며 학문(politics, economics, linguistics, statistics)명은 단수 취급한다.

【2】 동사(Verb)

술부의 중심이 되는 말로 상태나 동작을 나타내며 '~하다, 이다'로 해석한다. 동사는 크게 자동사와 타동사로 구분하며 자동사는 목적어를 취하지 못하고 타동사는 목적어를 취한다. 동사부분은 특히 다양한 시간을 만들어낼 수 있는 부분으로 매우 중요하다. 동사부분에 대하여 학교문법에서는 12시제라 학습하지만 현대문법에서는 과거와 현재 두 시제만 존재한다.

Examples

1. The world is **becoming/getting** more and more complicated.

해 석 세상은 갈수록 복잡해지고 있다.

Point 동사 become, get는 진행형을 통해 상태변화를 나타낸다. 참고로 연결동사(linking verb)라 칭하는 seem, appear, be, get, become, look, sound 등은 보어를 필요로 한다.

Voca | world 세상 more and more 더욱 더 complicated 복잡한

2. She **could have done** very well.

해 석 그녀는 정말로 잘할 수 있었다.

Point 동사 부분은 완료조동사 형태인 could+have+p.p형으로 과거에 할 수 있었던 일을 하지 않은 것을 나타낸다.

Not ~~She can have done very well~~.(could 대신 can 사용 불가)

Voca | do-did-done 하다 very well 매우 잘

3. The parcel **hadn't still arrived** when I left.

해 석 내가 나가기 전까지 소포는 오지 않았다.

Point had+p.p는 과거완료형으로 두 가지 과거사건 중 먼저 일어난 일에 사용한다.

Not ~~The parcel didn't still arrive when I left~~.
주절부분에 과거시제를 사용하는 것보다 과거완료형을 통해 시간의 전후관계를 두는 것이 좋다.

Voca | parcel 소포 still 아직도 ~하다 arrive 도착하다 leave-left-left 떠나다

4. She'**s being** nice today.

해 석 그녀는 오늘 친절해.

Point be동사는 진행형 사용이 불가능하지만 의미상 평소와 다르게 행동할 때는 진행형이 쓰인다. 상태동사의 진행형에 대한 자세한 것은 Unit 3에서 학습한다.

Not ~~She is nice today~~.(진행형을 사용하는 것이 낫다.)

Voca | nice 친절한, 좋은 today 오늘

5. She **thought** at first **that** someone **must have made** a mistake

해 석 그녀는 처음에 누군가 실수를 했음에 틀림없다고 생각했다.

Point 주절의 동사는 과거시제이다. that 이하는 문장의 목적어 역할을 하는데 that절 동사는 조동사+have+p.p형인 완료조동사이다.

Not ~~She thought at first that someone must make a mistake~~.

Voca think–thought–thought 생각하다 at first 처음에 must+have+p.p ~임에 틀림없다

6. There **seem** to be a lot of unsolved matters.

해 석 해결되지 않은 많은 문제들이 있는 것 같다.

Point there는 빈주어(empty subject)로 There+v+s 어순을 취한다. 주어와 동사가 문법적으로 도치된 경우로 주어, 동사의 수(number) 일치에 주의하자. 주어는 a lot of unsolved matters로 복수이기 때문에 동사는 seem이 온다.

Not ~~There seems to be a lot of unsolved matters~~.

Voca seem ~처럼 보이다 a lot of 많은 unsolved 미해결의 matter 문제

7. What **are** you **doing** here?

해 석 너는 여기서 뭐하고 있니?

Point s+be동사(am/is/are/was/were)+–ing 형태의 평서문을 의문문으로 바꾸기 위해서 이동법칙(movement)에 따라 be동사를 주어(subject) 앞으로 옮긴다. 더불어 의문사는 항상 문장 제일 앞에 위치시킨다.

Voca do–did–done 하다

8. We **explained** our solutions to her.

해 석 우리 해결책을 그녀에게 설명했다.

Point explain/mention/present/suggest/demonstrate/describe+구체적 내용+to 사람

Not ~~We explained her our solutions.~~

Not ~~She was explained our solutions.~~

Our solutions were explained to her.가 정문이다.

Voca | explain 설명하다 solution 해결책

9. The number of the internet users **is increasing.**

해 석 인터넷 사용자 수가 증가하고 있다.

Point 동사부분은 현재진행형이다. 주어부분의 the number of는 '~수'로 a number of는 '많은'과 혼동할 수 있으니 주의하자.

Voca | internet 인터넷 user 사용자 increase 증가하다

10. I **have seen** the film but I **haven't read** the book.

해 석 나는 그 영화를 봤지만 책으로는 읽지 못했다.

Point s+has/have+p.p(past participle)는 현재완료(present perfect)로 과거의 사건이나 상황이 현재에 와서 완료되거나 현재까지도 지속됨을 나타낸다. 현재완료를 기존의 학교문법(school grammar)처럼 완료, 경험, 결과, 계속으로 나누어 설명할 필요는 없다. 단지 완료되었는지(complete), 완료되지 않았는지(incomplete)로 구분하면 될 것이다.

Voca | film 영화 read-read-read 읽다

11. Rachel **has been to** Japan.

해 석 Rachel은 일본에 다녀왔다.

Point = He went to Japan but he's back home now.

s+has/have been to+장소(place) ~를 다녀왔다

Voca | Japan 일본

12. Rachel **has gone to** Japan.

해 석 Rachel은 일본에 가버렸다.

Point = He's in Japan now.

s+has/have been to+장소(place) ~를 다녀왔다

s+has/have gone to+장소(place) ~가버렸다

Not ~~I have gone to Japan.~~(내가 일본에 '가버렸다'는 뜻이므로 비논리적이다.)

13. We **have known** each other for 30 years.

해 석 우리는 30년 동안 서로 알고 지내고 있다.

Point 현재완료는 기간을 나타낼 때 for/since와 자주 어울린다. 즉, for+기간(a period time)/since+시작점(a starting point)

Not ~~We have known each other since 30 years.~~

Voca know-knew-known 알다 each other 서로 year 년

14. She **has been living** here for seven years.

해 석 그녀는 7년 동안 여기에 살고 있다.

Point 동사부분은 현재완료진행형(present perfect continuous)으로 s+has/have+been+-ing형이다. 현재완료진행형은 어떠한 행동이 과거부터 현재까지 지속됨을 강조한다.(an activity that is incomplete) 현재완료가 완료(complete)의미가 강하다면 현재완료진행형은 미완료(incomplete, going) 의미가 강한 것이다.

Voca live 살다 here 여기

15. Sam **had already left** before Jane got there.

해 석 Jane이 도착하기 전에 Sam은 이미 떠났다.

Point 주절의 동사부분은 과거완료(past perfect)로 s+had+p.p형이다. 과거완료는 두 가지 사건 중 먼저 일어난 사건을 나타낸다. 첫 번째 사건은 Sam이 떠난 것, 두 번째 사건은 Jane이 도착한 것으로 시간의 전후관계

가 과거완료로 명확해 진다. 그러나 문맥으로 사건의 순서가 분명한 경우 과거시제를 사용하기도 한다.

= Sam already left before Jane got there.

Voca already 이미 leave-left-left 떠나다, 남기다 get-got-gotten

16. She **has played** for the national team in 50 matches so far.

해 석 그녀는 지금까지 국가대표팀에서 50회 경기를 치렀다.

Point 현재완료는 행동이 명시된 만큼 일어났음을 나타낸다. 예문에서 '50 matches so far'는 완료의미가 강하므로 현재완료진행형은 어색하다.

Not ~~She has been playing for the national team in 50 matches so far.~~

Voca the national team 국가대표팀 match 시합 so far 지금까지

More study

불규칙동사(irregular verbs)

Base	Past	Past Participle
see	saw	seen
read	read	read

✔ 완료형을 알기 위해서는 불규칙동사는 필수!! 부록 참조하기

【3】 목적어(Object)

목적어는 동사에 대한 구체적인 대상을 나타내며 동사의 영향권 내에 있는 요소로 일반적으로 '~을, ~를, ~에게'로 해석된다. 주어+동사만으로 의미전달이 불충분할 때 필요한 요소는 목적어와 보어인데 목적어와 보어의 차이는 목적어는 동사와 직접적인 관련이 있는 반면 보어는 보충적 요소로 주어와 관련된 주격보어, 목적어와 관련된 목적격보어로 나누어볼 수 있다.

Examples

1. You should stop **wasting your time.**

해 석 시간낭비하지 마라.

Point 동명사와 현재분사는 형태가 동일한데 동명사는 준동사(verbals)의 하나로 문장에서 주어, 목적어, 보어자리에 위치한다. 동명사는 동사에서 온 형태이기에 동사적 성질(목적어/보어/부사를 가짐)과 명사적(주어/목적어/보어자리)성질을 가질 수 있다. 참고로 stop은 동명사를 목적어로 취한다. 반면에 stop+to부정사는 '~하기 위해 멈추다'로 to부정사는 stop의 목적어가 아니라 부사적용법의 to부정사로 목적을 나타낸다. 동명사와 분사에 관해서는 Unit6, 7에서 자세히 학습하자.

Not ~~You should stop to waste your time.~~(논리적이지 못해 틀린 문장)

We stopped to talk with her.(논리적으로 옳은 문장)

Voca should ~해야 한다 stop 그만두다 waste 낭비하다 time 시간

More study

동명사를 목적어로 취하는 동사 : admit, avoid, finish, deny, suggest etc.

She admitted stealing the car.
해 석 | 그녀는 차를 훔친 것을 인정했다.

He avoided answering my phone.
해 석 | 그는 내 전화를 피했다.

I will finish painting the fence.
해 석 | 나는 울타리 칠하는 것을 끝마칠 거야.

He denied committing the crime.
해 석 | 그는 범죄 저지른 것을 부인했다.

She suggested going for a walk.
해 석 | 그녀는 산책 갈 것을 제안했다.

✔ 동명사를 목적어로 취하는 동사에 대한 자세한 것은 부록 4 참조

2. My mother gave **me a Christmas present.**

해 석 엄마가 나에게 크리스마스 선물을 주셨다.

Point s+수여동사+간 · 목(사람/집단)+직 · 목(사물)형이다. 일부 동사들은 정보전달의 완벽성을 기하기 위해 목적어를 두 개 취하는데 이러한 동사를 수여동사라 한다. 대표적인 수여동사로는 bring, pay, read, sell, sing, write, book, buy, choose, cook, give, teach, give 등이 있다. 물론 이러한 동사들이 꼭 수여동사로만 쓰이는 것은 아니다.

Not ~~She gave to me a Christmas card.~~

Not ~~She described me the situation.~~

She described the situation to me.(describe+직접목적어+to+간접목적어)

Not ~~She explained me the project.~~

She explained the project to me.(explain+직접목적어+to+간접목적어로)

describe, explain은 일반 수여동사와는 쓰임이 다르다.

Voca give-gave-given 주다 present 선물

More study

수여동사+간접목적어+직접목적어 : 정보전달의 완벽을 기하기 위해 목적어 2개 필요

① Can you pass me that jacket?

해 석 | 재킷 좀 집어 줄래?

② Can you pass that jacket **to me**?

해 석 | 재킷 좀 집어 줄래?

Point | ② 문장은 직목+간목으로 ① 문장의 간목+직목 어순에 비해 간접목적어에 초점을 둘 때 사용한다.

Voca pass 건네주다 jacket 재킷

3. We were having **lunch** when they arrived.

해 석 그들이 도착했을 때 우리는 점심식사를 하고 있었어.

Point 부사, 부사구, 부사절은 특수한 경우를 제외하고 생략이 가능하지만 주절은 생략할 수 없다.

We were having lunch.(주절만 단독으로 의미전달 가능)

Not ~~when they arrived~~.(전제된 내용 없이 부사절만 단독으로 쓰이지 못함.)

Voca have 먹다 lunch 점심 arrive 도착하다

4. As soon as I told **him the news,** I regretted it.

해 석 그에게 소식을 말하고 나서, 바로 후회했어.

Point tell은 수여동사로 목적어 부분은 간목+직목 어순으로 쓰일 수 있다. as soon as는 '~하자마자'로 시간을 나타내는 구접속사이며 'on+-ing'형으로 바꿔 쓸 수 있다.

On telling him the news, I regretted it.

Voca tell-told-told 말하다 news 소식 regret 후회하다

5. The chef is tasting **the soup.**

해 석 요리사는 스프를 맛보고 있다.

Point taste는 상태동사로 진행형이 불가능하지만 일시적인 행위(temporary action)를 나타낼 때는 taste가 진행형으로 사용될 수 있다.

Not ~~It is tasting good~~.(상태동사는 동사 자체에 계속의 의미가 있어 진행형 불가)

It tastes good.

Voca cook 요리사 cooker 요리기구 taste 맛이 나다

6. I'm visiting **my elder brother** in hospital tomorrow.

해 석 입원해 있는 형에게 내일 가볼 거야.

Point 현재진행형을 사용해서 계획된(planned) 미래를 나타낼 때에는 시간 부사어와 함께 사용한다.

= I am going to visit my elder brother in hospital tomorrow.

Voca visit 방문하다 old-elder-eldest 원급-비교급-최상급 hospital 병원 tomorrow 내일

7. Water consists of **oxygen and hydrogen.**

해 석 물은 산소와 수소로 구성되어 있다.

Point 접속사를 기점으로 단어와 단어가 연결되어 하나의 목적어를 이루고 있다. 'consist of'는 의미는 수동이지만 형태는 능동형으로 다음과 같은 문장은 틀린다.

Not ~~Water is consisted of oxygen and hydrogen~~.

Voca water 물 consist of ~로 구성되다 oxygen 산소 hydrogen 수소

More study

목적어가 절로 오는 경우

Some people believe that opening an umbrella in the house will bring bad luck.

해 석 | 일부 사람들은 집안에서 우산을 펼치는 것이 불운을 가져온다고 믿는다.

Point | 목적어는 명사절로 명사절은 하나의 완벽한 의미를 지니는 독립절(independent clause)이다. Opening an umbrella in the house will bring bad luck.(독립적으로 쓰일 수 있음.)

Voca believe 믿다 umbrella 우산 house 집 bring–brought–brought 가져오다 bad 나쁜 luck 운

I don't really understand why she has gone to America.

해 석 | 나는 그녀가 왜 미국에 갔는지 이해할 수 없다.

Point | 목적어는 의문사+주어+동사형으로 의문사로 시작하는 명사절이 목적어를 만든다. 의문사에는 what, when, where, which, who, why, how가 있으며 의문사를 목적어로 취하는 동사에는 check, debate, discover, find out, guess, notice, plan, remember, think wonder 등이 있다.

Voca really 정말 understand–understood–understood 이해하다 go–went–gone 가다 America 미국

8. The company plans **to build a big supermarket.**

해 석 그 회사는 대규모 슈퍼를 지을 계획이다.

Point to부정사 이하가 이 문장의 목적어이다. 동사의 속성에 따라 어떤 동사들은 to부정사를 목적어로 가지며 어떤 동사들은 동명사를 목적어로 가진다. promise, pretend, want, would hate, would like, would love, would prefer, plan, expect, decide, choose, hope, manage 등이 to

부정사를 목적어로 취한다.

Voca company 회사 plan 계획하다 build-built-built 짓다 supermarket 슈퍼마켓

More study

to 부정사를 목적어로 취하는 동사

I couldn't afford to buy the house.
해 석 | 나는 그 집을 살 수가 없었다.

She claims to know a famous singer.
해 석 | 그녀는 유명한 가수를 안다고 주장한다.

He failed to return the book to the library in time.
해 석 | 그는 제때 도서관에 책을 반납하지 못했다.

Don't hesitate to ask her help.
해 석 | 그녀에게 도와 달라는 것을 주저하지 마라.

She pretended not to know me.
해 석 | 그녀는 나를 모르는 체 했다.

I volunteered to help the poor.
해 석 | 나는 가난한 사람들을 돕기로 자원했다.
Point | the+형용사는 복수보통명사로 쓰인다. the poor = poor people을 의미한다.

Voca volunteer 자발적으로 하다 help 돕다

More study

the+형용사 = 복수보통명사

The young can find jobs here.
해 석 | 젊은이들은 여기서 일자리를 찾을 수 있다.

The rich should pay more taxes.
해 석 | 부자들은 더 많은 세금을 내야 한다.

The sick need to be looked after.
해 석 | 우리는 아픈 사람들을 돌봐야 한다.

the homeless = homeless people 집 없는 사람들
the privileged = privileged people 특권계층들
the unemployed = unemployed people 실업자들
the strong = strong people 건강한 사람들
the handicapped = handicapped people 신체적으로 불편한 사람들
the sick = sick people 아픈 사람들
the blind = blind people 눈이 안 보이는 사람들

9. You must hand in **your homework** by Monday.

해 석 당신은 월요일까지 숙제를 제출해야 합니다.

Point your homework은 구동사 hand in(= submit)의 목적어이다.

= You must **hand** your homework **in** by Monday.(hand something in)

Voca must ~해야 한다 hand in ~을 제출하다 homework 숙제 by ~까지

10. I have got to catch a **bus** to work every day.

해 석 직장에 가기 위해서는 매일 버스를 타야 합니다.

Point have got to 표현은 have to보다 비형식적인(informal)인 표현이다.

= I have to catch a bus to work every day.

Voca catch-caught-caught 잡다 bus 버스 every day 매일

11. She has bought **a beautiful sports car.**

해 석 그녀는 멋진 스포츠카를 샀다.

Point has bought의 목적어는 구체적 대상 a beautiful sports car 이다. 'has bought'의 has+p.p 현재완료형은 과거부터 현재까지를 나타냄으로 '스포츠카를 현재에도 가지고 있다'는 의미인 반면 I bought a beautiful sports car.는 '과거에 스포츠카를 사서 현재에는 가지고 있는지 없는지'에 대한 정보를 주지 않는다.

Voca buy-bought-bought 사다 beautiful 멋진 sports car 스포츠카

12. I have no **money.**

해 석 나는 돈이 없다.

Point 'no'는 명사 앞에 사용하며 'none'은 명사를 대신한다.

Not ~~I have none money~~.

Not ~~I don't have no money~~.(이중부정으로 논리적이지 못함.)

Voca have-had-had 가지다 money 돈

13. My teacher encouraged **me** to try again.

해 석 선생님께서 다시 하도록 격려해 주셨다.

Point encourage+o+o.c로 목적보어 자리에 to부정사가 온다.

Not ~~My teacher encouraged me try again~~.

Voca encourage 격려하다 try 시도하다, 노력하다 again 다시

14. She warned **me** not to drive too fast.

해 석 그녀는 나에게 너무 빠르게 운전하지 않도록 경고했다.

Point warn+o+o.c로 목적보어 자리에 to부정사가 온다. to부정사의 부정은 not을 to부정사 앞에 위치시킨다.

Not ~~She warned me to not drive too fast~~.

Voca warn 경고하다 drive 운전하다 fast 빠르게

【4】 보어(Complement)

주어와 동사만으로 불완전한 의미가 될 때 의미를 보충해 주는 요소로 주어를 보충해 주는 주격보어(주어보어)와 목적어를 보충해 주는 목적격보어(목적어보어)가 있다. 보어가 될 수 있는 품사는 동사의 성질에 따라 다양하지만 일반적으로 형용사보

어와 명사보어로 나뉜다.

Examples

1. She looks **gorgeous.**

해 석 그녀는 멋져 보인다.

Point looks까지는 정보 전달이 부족하기 때문에 주어를 보충하는 주격보어가 필요하다. 감각동사(look, sound, smell, taste) 뒤에는 형용사 보어가 와야 한다.

Not ~~She looks beautifully.~~(s+감각동사+부사는 틀린 표현)

She looks beautiful.(s+감각동사+형용사 보어)

Voca look ~처럼 보이다 gorgeous 멋진

2. The caterpillar turned into **a butterfly.**

해 석 애벌레는 나비로 변했다.

Point turn은 보어로 형용사나 명사를 취한다. turn 다음에 형용사보어는 바로 사용할 수 있지만 명사보어가 오는 경우에는 turn into로 into를 꼭 사용해야 한다.

The light turned yellow.(s+turn+형용사보어)

Not ~~The caterpillar turned a butterfly.~~(s+turn into+명사보어)

Voca caterpillar 애벌레 turn into ~로 변하다 butterfly 나비

3. Sometimes maintaining a good marriage can be **a difficult task.**

해 석 결혼생활을 잘 하는 것은 때로는 어려운 일이 될 수 있다.

Point a difficult task는 관사+형용사+명사로 이루어진 보어형태이다. 빈도부사 sometimes 문장에서 다양한 곳에 위치할 수 있다.

= Maintaining a good marriage can sometimes be a difficult task.

= Maintaining a good marriage can be a difficult task sometimes.

Voca maintain 유지하다 marriage 결혼, 결혼생활 sometimes 때때로 difficult 어려운 task 일

4. She seems to have been **ill** a lot.

해 석 그녀는 이전에 많이 아팠던 것 같다.

Point 동사 seem은 단순부정사(to+v)나 완료부정사(to+have+p.p)를 목적어로 취할 수 있는데, 완료부정사를 사용하면 주절의 동사보다 먼저 일어난 일을 나타낸다. 다음 문장과 비교해보자.

She seems to be ill a lot.(그녀가 많이 아픈 것 같다.)

Voca seem ~처럼 보이다 ill 아픈 a lot 많이

5. You sometimes make me **happy**.

해 석 당신은 가끔 나를 행복하게 해줍니다.

Point 사역동사(causative verb)+o+o.c로 구성되어 있다. 목적격보어로 형용사가 오면 목적어의 상태를 나타낸다.

Voca sometimes 가끔 happy 행복한

6. Let me **be** alone.

해 석 나를 혼자 내버려 두세요.

Point 사역동사+o+o.c로 목적격보어자리에 동사원형이 온다.

Not ~~Let me to be alone~~.

Voca let 시키다 alone 혼자

7. The battle made me **a real soldier**.

해 석 그 전투가 나를 진정한 군인으로 만들었다.

Point 사역동사+o+o.c로 목적격보어자리에 명사가 오면 목적어와 목적격보어가 동격관계이다. 나(목적어) = 진정한 군인(목적격보어)

Voca | battle 전투 real 진정한 soldier 군인

8. He is **famous for teaching English passionately.**

해 석 그는 열정적으로 영어를 가르치는 것으로 유명하다.

Point 'be famous for'는 뜻으로 전치사 for 다음에는 명사나 동명사가 와야 한다.

Not ~~He is famous to teach English passionately~~.

Voca | ~로 유명하다 teach-taught-taught 가르치다 passionately 열정적으로

9. It is **good** of students to visit their teacher.

해 석 학생들이 스승을 찾아뵙는 것은 좋은 행동이다.

Point 가주어(= 예비주어)+의미상주어(of+목적격)+진주어(to visit their teacher)로 구성된 문장이다. 일반적으로 to부정사의 의미상 주어는 for+목적격으로 사용하지만 사람의 성질, 성향을 나타내는 형용사가 오면 of+목적격으로 사용한다.

[비교] It is necessary for students to visit their teacher.

Voca | good 좋은 visit 방문하다

10. She considers herself **to be fairly healthy.**

해 석 그녀는 자신이 매우 건강하다고 생각한다.

Point to be~ 이하는 목적격보어로 목적어 herself의 상태를 나타내주고 있다.

Voca | consider 생각하다 herself 재귀대명사 fairly 꽤 healthy 건강한

11. The disease originated **in China.**

해 석 질병은 중국에서 기원했다.

Point 구체적으로 병이 시작된 장소에 대한 정보가 있어야 하기 때문에 전치사구로 이루어진 보어가 온다. 즉, 다음 문장은 정보전달이 불충분하다.

Not ~~The disease originated~~.

Voca | disease 질병 originate 기원하다

12. I saw them **playing** badminton from my window.

해 석 창문으로 그들이 배드민턴 치는 것을 보았다.(배드민턴 치는 행동을 강조)

Point 목적보어로 playing을 사용하여 행동이 진행 중임을 나타낸다. s+지각동사(see, notice etc)+o+o.c에서 목적격보어 자리에 현재분사가 오면 사건이 일어날 때의 동작을 강조한다.

Voca | see-saw-seen 보다 play+운동명 window 창문

13. I saw them **play** badminton from my window.

해 석 창문으로 그들이 배드민턴 친 것을 보았다.(완료된 느낌)

Point 앞 12번 예문에서는 목적격보어 자리에 현재분사를 사용하여 행동이 진행 중임을 나타낸 반면 13번 예문에서는 목적격보어 자리에 동사원형을 사용하여 어떠한 사건이 완료됨을 나타낸다.

Voca | see-saw-seen 보다

14. The police warned people **to stay** inside with their windows closed.

해 석 경찰은 창문을 닫은 채로 집안에 있도록 경고했다.

Point warn+사람+to부정사로 to부정사가 목적격보어로 온다.

Not ~~The police warned everyone stay inside with their windows closed~~.

the police 경찰 집단, warn 경고하다, stay 머무르다, inside 안에, with+사물+p.p 부대상황을 나타냄.

Voca | with her legs crossed 다리를 꼰 채로 with mouth full 입이 가득한 채로 with her eyes closed 눈을 감은 채로

15. She put the keys **in the washing machine.**

해 석 그녀는 열쇠를 세탁기 안에 두었다.

Point put+사물+장소표현으로 '장소표현'이 생략되면 의미가 불충분하다.

Not ~~She put the keys~~.

Voca put 두다 key 열쇠 washing machine 세탁기

Grammar Review

괄호안의 시간을 이용하여 밑줄 친 부분을 알맞게 고치시오. 1-6

1. She will is move to Seoul before this winter.(미래)

....

2. The cafe open at 8:20 in the morning.(현재)

....

3. She have long dark hair.(현재)

....

4. Many a student at the school will is pleased that English is no longer compulsory.(미래)

....

5. Little are known about the writer's early life.(현재)

....

6. There are an empty room next door.(현재)

....

다음 문장을 부정문으로 바꾸시오. 7-10

7. She drinks coffee very often.

....

8. Careful driving causes a lot of accidents.

9. She usually drinks tea two or three times a day.

10. It's open to visitors daily in the winter, from November to December.

다음 각 문항에서 올바른 답을 고르시오. 11-20

11. She (wiped/wiping) the table with a clean cloth.

12. (Is/Are) your English teacher tall?

13. (Is/Are) there going to be enough room in the box for all this food?

14. The conditions inside the prison (were/was) terrible.

15. The contents of the movie (is/are) a secret.

16. One of the children (kicked/kicking) a football through the window again.

17. You (can phone/phones/phoning), e-mail or drop by and see us.

18. I started (me/my/mine) career as a teacher but now I am a professor.

19. Do you (like/likes/liking) your coffee black or white?

20. The authorities (is/are/was) worried about the disaster.

각 문장의 밑줄 친 부분을 올바르게 고치시오. 21-30

21. I <u>like to checking</u> my work carefully before I hand it in.

22. I <u>would like doing</u> a parachute jump one day.

23. My sister <u>would loved to</u> work as an artist.

24. Mark <u>would preferring to</u> drive rather than take a train.

25. I need <u>cleaning</u> my shoes.

26. There <u>are</u> hardly any salt left.

27. Furniture <u>can is</u> an expensive item when you are supposed to get married.

28. Every boy and girl <u>take</u> part in the festival.

29. All the furniture <u>were destroyed</u> in the fire yesterday.

30. Everyone <u>think</u> that she should be given the position.

다음을 영작하시오. 31-40

31. 나는 오늘 직장에서 좋지 않은 일이 있었다. *a bad experience 좋지 않은 일

32. 당국은 그 문제에 대해 걱정했다. *authorities 당국, 관계부서

33. 나는 시간이 없다. *not~any time = no time

34. 오늘날 정말 폭력적인 TV프로그램이 많다. *There are+v+s, too many

35. 너는 답을 아니? *Do+s+v~? 일반동사 의문문 형태

36. 얼마죠? *How much~? 가격 물어보기

37. 누구 전화가 울리니? *Whose~?

38. 우리랑 함께 가는 게 어때? *Why don't we~? ~하는 게 어때

39. 언제부터 이 책들이 보관되었니? *Since when~? keep 보관하다

40. 지난밤 그 영화를 봤니? *Did+s+v~? 과거시제 일반동사 의문문

Unit 2 GRAMMAR

Tense
시 제

FOCUS 다양한 시간 표현

동사의 시제 패턴 익숙해지기

"시제(Tense)"

'문장에는 시제가 반드시 존재 한다'는 전제로부터 시작하는 시제는 '시간대별 동사의 변화'로 현대문법에서는 현재, 과거만 인정하며 미래는 현재의 범주에 포함시킨다. 시간에 대한 기준이 명확한 영어는 12시간을 만들 수 있으며 단순 현재, 과거에서 출발하여 완료, 진행형으로 확대된다. 학교문법(school grammar)에서는 12시제라는 표현을 사용하지만 저자는 현대문법에 따라 두 시제로 한정 짓고 12시간이라는 표현을 사용하겠다. 먼저 각 시간대 패턴에 익숙해질 수 있도록 하자.

2시제	12시간
현 재	현재, 미래, 현재완료, 미래완료, 현재진행형, 미래진행형, 현재완료진행형, 미래완료진행형
과 거	과거, 과거완료, 과거진행형, 과거완료진행형

【1】 12시간

단어 leave를 통해 12시간 형태를 알아보자.

1-1 현재시제

① 단순현재(simple present) : 현재의 습관이나 상태, 진리 표현

해 석 s+am/is/are/일반동사의 현재형

Example leave

② 단순미래(simple future) : 앞으로 일어날 일이나 계획

해 석 s+will/be going to/be about to/be supposed to

Example will leave

③ 현재완료(present perfect) : 과거부터 현재까지 관련된 사건이나 상태를 나타내지만 어떤 일이 최근에 끝났더라도 현재까지 영향을 미치는 일이라면 현재완료를 사용함

해 석 s+has/have+p.p

Example has/have left

④ 미래완료(future perfect) : 과거나 현재에 시작된 일이 미래의 시간까지 관련될 때

해 석 s+will have+p.p

Example will have left

⑤ 현재진행형(present continuous) : 현재 진행 중 이거나 현재진행형을 이용한 미래표현을 나타낼 때

해 석 s+am/is/are+-ing

Example am/is/are leaving

⑥ 미래진행형(future continuous) : 미래에 진행 중임을 나타낼 때

해 석 s+will be+-ing

Example will be leaving

⑦ 현재완료진행형(present perfect continuous) : 과거부터 시작된 동작이 현재까지 진행 중임을 나타내는 강조적 표현

해 석 s+has/have been+-ing

Example has/have been leaving

⑧ 미래완료진행형(future prefect continuous) : 과거나 현재부터 시작한 행동이 미래의 한 점에 진행 중임을 강조할 때

해 석 s+will have been+-ing

Example have been leaving

1-2 과거시제

① 단순과거(simple past) 과거의 습관이나 상태, 역사적 사실

해 석 s+was/were/일반동사의 과거형

Example left

② 과거진행형(past continuous) 과거에 진행 중임을 나타낼 때

해 석 s+was/were+-ing

Example was/were leaving

③ 과거완료(past perfect) 과거보다 한 시제 앞선 시간을 나타낼 때

해 석 s+had+p.p

Example had left

④ 과거완료진행형(past perfect continuous) 과거의 두 가지 사건 중에서 먼저 일어난 일이 진행 중임을 나타낼 때

해 석 s+had been+-ing

Example had been leaving

다음 글에서 동사를 찾아 12시간 중 어디에 속하는지 파악해보자. 주어(s)에 대한 다양한 동작이나 상태(v)를 나타내기 위하여 12시간에 대한 이해와 적용은 영어학습자에게 매우 중요하다. 12시간에 대한 기본패턴에 익숙해지면 영어 수준이 많이 향상될 것이다.

One cold winter day a little girl and her father *arrived in* (단순과거) London. Sara Crewe *was* (단순과거) seven years old, and she *had* (단순과거) long black hair and green eyes. She *sat* (단순과거) in the cab next to her father and *looked* (단순과거) out of the window at the tall houses and the dark sky.

'What *are* you *thinking* (현재진행형) about, Sara?' Mr Crewe *asked* (단순과거). 'Your *are* (단순현재) very quiet.' He *put* (단순과거) his arm round his daughter. 'I*'m thinking* (현재진행형) *about* our house in India,' *said* (단순과거) Sara. 'And the hot sun and the blue sky (동사가 없는 문장). I *don't think* (단순현재) I *like* (단순현재) England very much, Father.' 'Yes, it*'s* (단순현재) very different from India,' her father *said* (단순과거).

– A Little Princess Written by Eliza Hodgson Burnett

Tense(시제)

12시간	예 문
현재(simple present)	I **play** tennis every Sunday.
과거(simple past)	I **played** tennis every Sunday.
미래(simple future)	I **am going to play** tennis this Sunday.
현재진행형(present continuous)	I **am playing** tennis now.
과거진행형(past continuous)	I **was playing** tennis when it began to snow.
미래진행형(future continuous)	I**'ll be playing** tennis at that time.

현재완료(present perfect)	I **have played** tennis since then.
과거완료(past perfect)	I **had played** tennis when she called up.
미래완료(future perfect)	I **will have played** tennis in the meantime.
현재완료진행형 (present perfect continuous)	It **has been raining** for three days.
과거완료진행형 (past perfect continuous)	When you visited me, I **had been looking** for your phone number.
미래완료진행형 (future prefect continuous)	I **will have been playing** tennis for five years next year.

Passive tense(수동태 시제)

수동태 시제	예 문
현재(simple present) **am/are/is+p.p**	I **am told** that you are going to America.
과거(simple past) **was/were+p.p**	My car **was washed** every Saturday.
미래(simple future) **will/shall be+p.p**	He **will be invited** to every party.
현재진행형(present continuous) **am/are/is being+p.p**	Our conversation **is being recorded.**
과거진행형(past continuous) **was/were being+p.p**	The food **was** still **being cooked.**
현재완료(present perfect) **have/has been+p.p**	He **has been inspected** since December.
과거완료(past perfect) **had been+p.p**	She **had been told** that you were leaving for Korea.
미래완료(future perfect) **will have been+p.p**	I **will have been inspected** by the end of February.

✔ 그 밖의 수동태 시제는 잘 사용되지 않는다. 위의 표를 자주 보면서 수동태 시제에 익숙해지도록 하자. 자세한 사항은 Unit6. 수동태와 연계해서 학습하면 쉬울 것이다.

Grammar Review

다음 각 문항의 밑줄 친 부분을 올바르게 고치시오. 1-5

1. She used to living in here. *과거 상태/습관

2. He used to worked for the company. *과거 상태/습관

3. He was used to teach English, but he works at an insurance company. *과거 상태/습관

4. I used to am shy, but now I'm not. *과거 상태/습관

5. I am used to think that people over fifty were old. *과거 상태/습관

다음 각 문항의 밑줄 친 부분을 내용상 알맞게 고치시오. 6-10

6. As soon as I finished my work, I will go to bed.

7. While we had dinner, she arrived.

8. Have you saw the film?

9. He sat in the bus reading a magazine when the alarm went off.

10. The teacher ask us a lot of questions in class yesterday.

다음 문장에서 어법적으로 틀린 부분을 찾아 바르게 고치시오. 11-15

11. I have finish my work. *현재완료

12. How long has you lived here? *현재완료

13. I want invite them to the party.

14. She would liked to have invited all of my friends to the party but She couldn't.

15. She is having difficulty saying 'no' to people.

각 문장의 해석을 참고하여 시간형태에 알맞게 빈칸을 채우시오. 16-20

- 사용가능 시간 : 현재, 과거, 미래, 현재진행형, 과거진행형, 미래진행형, 현재완료, 과거완료, 미래완료, 현재완료진행형, 과거완료진행형, 미래완료진행형
- 주어진 단어 : tell, build, copy, be, rain

16. It hasn't been (   ) recently.
    최근에 비가오지 않았다.

17. As soon as she (   ) him the news, she regretted it.
    그에게 소식을 말하고 나서 그녀는 후회했다.

18. Antoni Gaudi (   ) Casa Mila in 1910.
    Antoni Gaudi가 1910년에 Casa Mila를 지었다.

19. The secretary (   ) some documents.
    비서는 몇몇 서류를 복사중이다.

20. I'll probably (   ) running my own company in a few years.
    몇 년 내에 자영업을 할지도 모른다.

동사부분에 주의하여 의문문을 만드시오. 21-26

21. The President will announce his resignation very soon.

    ....

22. It was the worst thing that had ever happened to her.

    ....

23. They hadn't seen each other for ten years.

....

24. She goes to the party every Friday.

....

25. Most of the guests had already left the party by ten that evening.

....

26. She hates being asked her age.

....

다음 문장은 be going to+go/come으로 이루어져 있다. 27번은 be+going, 28번은 be+coming형으로 바꾸시오. 27-28

27. She's going to go to the cinema tonight.

....

28. Are you going to come for lunch?

....

괄호안의 동사를 사용하여 미래완료로 만드시오. 29-30

29. By the time he gets home I .... the work. (finish)

30. It .... for four days tomorrow. (snow)

다음 문장을 영작하시오. 31-50

31. 갑자기 문이 열렸다. *suddenly 갑자기 open 열리다

32. 그녀에게 노래를 불러줘라. *sing 노래를 부르다 song 노래

33. 나는 그녀 대답을 오랫동안 기다렸다. *wait 기다리다 answer 대답

34. 그녀는 선물을 받았다. *present 선물

35. 저에게 좋은 선생님을 권해 주실래요? *recommend 권하다

36. 당신 책은 잘 팔리고 있어요. *sell 팔리다 자동사와 부사로 수동의미

37. 그는 누구를 위해 그것을 샀니? *Who~for

38. 약속을 변경하는 것은 불가능하다고 여겨진다. *impossible 불가능한 appointment 약속

39. 어느 누구도 당신이 여기 있다고 나에게 말해주지 않았다. *nobody 어느 누구도

40. 그녀가 기차역에 도착했다. *arrive 도착하다

41. 나는 담배를 피웠지만 지금은 끊었다. *s+used to+v 과거의 습관

42. 너에게 소식을 들을 때까지 기다리마. *wait 기다리다 until ~까지

43. 이것 좀 들어봐. *listen to 귀 기울이다

44. 나는 직업을 바꿀까 생각중이다. *think of 생각하다 change 바꾸다

45. 거리에 소음이 심하다. *noise 소음 street 거리

46. 그녀가 아직도 자다니 놀라웠다. *surprise 놀라게 하다

47. 그들은 내가 주문한 것보다 더 많은 책을 보냈다. *more~than order 주문하다

48. 그녀가 끝날 때 너에게 전화할 거야. *시간부사절에서 미래완료대신에 현재완료 사용

49. 집에 가는데 지난밤 2시간 걸렸다. *It takes+사람+to+v

50. 많은 사회 문제가 실직으로 일어난다. *social problem 사회문제 cause 야기하다

Unit 3
GRAMMAR

Stative verb
상태동사

FOCUS 상태동사

상태동사의 올바른 쓰임

"상태동사(Stative verb)"

영어의 동사는 크게 상태동사와 동작동사로 나뉜다. 상태동사는 사물의 성질, 구성, 지각, 마음의 상태(Mental state, emotional state, sense perception and possession state are stative meanings.)등을 나타내며 동작동사는 행동을 나타낸다. 상태동사(state verb)는 그 자체가 지속적 의미를 가지고 있기 때문에 진행형으로 쓰이지 않으나 의지적인 동작이나 일시적인 현상, 구체적인 동작, 의미를 강조할 경우에는 때때로 진행형으로 쓰인다.

【1】 소유/감정/마음 상태를 나타내는 동사

belong, consist of, contain, exist, have, own, possess, resemble, dislike, know, understand, wish, appear, be, weigh, fear

Examples

1. We **know** each other.

해석 우리는 서로 알고 있다

Point know는 상태동사이기 때문에 진행형을 쓸 수 없다.

Not ~~We are knowing each other.~~

Voca | know-knew-known 알다 each other 서로

2. She **has** a beautiful house.

해 석 그녀는 아름다운 집을 가지고 있다.

Point have는 소유동사로 지속적 성질을 가지므로 진행형을 쓰지 않는다.

Not ~~She is having a beautiful house.~~

[비교] She is having breakfast.(have가 '먹다'의 의미로 쓰일 때는 진행형 가능)

Voca | beautiful 아름다운 house 집

3. This island **belongs to** her.

해 석 이 섬은 그녀 소유이다.

Point *Not* ~~This island is belonging.~~

belong to 자체가 지속적인 소유의 의미를 가지고 있기 때문에 진행형을 쓸 수 없다.

Voca | island 섬 belong to ~에 속하다

4. Twins **resemble** each other in physical characteristics.

해 석 쌍둥이들은 신체적으로 서로 닮았다.

Point 쌍둥이의 일반적 특징을 나타냄으로 진행형을 쓸 수 없다.

Not ~~Twins are resembling each other in physical characteristics.~~

Voca | twins 쌍둥이 resemble 닮다

5. The pencil case **contains** many pencils.

해 석 그 필통은 많은 연필을 담을 수 있다.

Point *Not* ~~The pencil case is containing many pencils.~~

Voca pencil case 필통 contain 담다, 포함하다

6. He **hates** being together.

해 석 그는 함께 있는 것을 싫어한다.

Point hate+to 부정사/동명사를 목적어로 취함.
감정의 상태(emotional state)를 나타내는 동사 envy, fear, like, prefer, please, mind, surprise도 마찬가지로 진행형이 안 된다.

Voca hate 싫어하다 be together 함께하다

7. My son **is liking** school much better now.

해 석 아들이 예전보다 학교생활을 좋아하고 있어.

Point 일시적인 기간을 나타냄으로 like는 진행형 사용이 가능하다. 반면 My son likes school.은 지속적인 상태를 나타내므로 likes가 온다.

Voca son 아들 much 훨씬(비교급 강조 표현) good-better-best 원급-비교급-최상급

8. I **am loving** this party.

해 석 나는 이 파티가 좋다.

Point 상태동사 love, like, sound, attract 등은 어떤 상황이 일시적으로 일어나고 있음을 나타내기 위해서 현재진행형을 사용할 수 있다. 그러나 believe, consist of, own등은 거의 현재진행형으로 사용하지 않는다.

Voca love 좋아하다 party 파티

9. We **were having** a good time at the party.

해 석 우리는 파티에서 멋진 시간을 보내는 중이였어.

Point 8번처럼 일시적 상황을 나타낼 때 사용한다.

Voca at the party 파티에서

10. I **am thinking of** a trip to Korea.

해 석 나는 한국 여행을 생각중이야.

Point think란 동사가 'consider'의 의미로 진행형(continuous)이 가능하다.

Voca think 고려하다 trip 여행 Korea 한국

11. What do you **think about** his opinion?

해 석 너는 그의 의견에 대해 어떻게 생각하니?

Point think가 'have an opinion'의 의미로 쓰일 때는 진행형으로 쓰지 않는다.

Voca opinion 의견

12. She **owns** two apartments.

해 석 그녀는 아파트 두 채를 가지고 있다.

Point 소유를 나타내는 동사는 원칙적으로 진행형이 안 되며 belong to, fit, consist, own이 있다.

Voca own 소유하다 apartment 아파트

More study

resemble은 어떻게 진행의 의미를 둘까?

We are getting more and more resembled.

해 석 | 우리는 더욱더 서로를 닮아가고 있다.

Point | 동사 get을 이용해서 상태변화를 나타낼 수 있다.

Voca more and more 더욱 더

We are beginning to resemble.

해 석 | 우리는 서로 닮아가기 시작했다.

Point | 동사 begin의 현재진행형(present continuous)을 이용해서 일정한 기간의 변화를 나타낸다.

Voca begin–begun–begun 시작하다

We are getting to know each other.
해 석 | 우리는 서로 알아가고 있다.
Point | 동사 know의 진행의미도 resemble처럼 동사 쪽에 둔다.

【2】 지각상태를 나타내는 동사

feel, see, smell, tate, hear

Examples

1. This apple **tastes** good.

   해 석 이 사과는 맛이 좋다.

   Point 지각동사 taste는 주어와 함께 상태를 나타내므로 다음 문장은 틀린다.

   Not ~~This apple is tasting good~~.

2. She **is tasting** the soup.

   해 석 그녀는 수프를 맛보고 있다.

   Point 구체적 행위를 나타내는 경우에 taste는 진행형으로 쓸 수 있다.(In this case, the word, tasting describes the action of her putting some-thing in her mouth and testing its flavor.)

3. Dr. Moon and I **are seeing** each other every week.

   해 석 문 박사님과 나는 매주 만나고 있다.

   Point 상태동사가 일시적인 동작을 나타내면 진행형이 가능하다.(The stative verb can be used in the progressive when it describes temporary meaning.)

4. I **am seeing** a doctor about my toothache tomorrow.

해 석 치통 때문에 내일 의사를 만날 거야.

Point 구체적인 동작을 표현하고 있을 때 진행형이 가능하다.

Voca see-saw-seen 보다 toothache 치통

5. She **is feeling** well today.

해 석 그녀는 오늘 좀 괜찮아 보인다.

Point 어떤 느낌이 드는지 강조를 할 때 진행형을 사용할 수 있다.(How somebody feels!)

Voca feel-felt-felt 느끼다 well 건강한 today 오늘

6. The judge **is hearing** the case.

해 석 판사는 그 사건을 심리하고 있다.

Point 지각이나 마음의 움직임을 나타내는 동사가 동작의 의미로 사용될 수 있다.

Voca judge 판사 case 사건, 경우

【3】 기타 진행형을 사용하지 않는 예문

지속적으로 일어나는 상황이나 사건이 규칙적, 반복적으로 일어나는 경우

Examples

1. You**'re being** selfish today.

해 석 너 오늘 이기적이구나.

Point 평소 때와는 다른 사람들의 태도에 관하여 언급할 때 being 형태가 가능하다.

Voca | selfish 이기적인 today 오늘

2. She **is being** very social today.

해 석 그녀는 오늘 매우 사교적인데.

Point *Not* ~~It's being cold today.~~

날씨가 춥다는 것은 상태를 나타내기 때문에 진행형을 쓸 수 없다.

Voca | social 사교적인 today 오늘날

3. You **are being** very foolish at the moment.

해 석 너는 지금 매우 어리석게 행동한다.

Voca | foolish 어리석은 at the moment 지금

4. She **is being** polite at the moment.

해 석 그녀는 예의바르게 행동하고 있다.

Voca | polite 예의바른

5. He'**s being** rude to her.

해 석 그는 그녀에게 무례하게 굴어.

Voca | rude 무례한

6. What do parrots **eat?**

해 석 앵무새는 주로 무얼 먹니?

Point *Not* ~~What are parrots eating?~~

Voca | parrot 앵무새 eat-ate-eaten 먹다

7. The castle **stands** on a hill.

해 석 그 성은 언덕위에 위치해 있다.

Point ***Not*** ~~The castle is standing on a hill~~.

Voca castle 성 stand 위치하다 hill 언덕

8. I **like** this jacket.

해 석 나는 이 재킷이 좋아.

Point ***Not*** ~~I'm liking this jacket~~.

Voca jacket 재킷

9. Do you **believe** what she said?

해 석 당신은 그녀가 말한 것을 믿나요?

Point ***Not*** ~~Are you believing what she said~~?

Grammar Review

다음 문장에서 틀린 부분을 찾아 바르게 고치시오. 1-5

1. we are knowing each other.

   ....

2. I am wanting to eat.

   ....

3. This car is belonging to me.

   ....

4. She is seeming sadder than before.

   ....

5. My son is resembling his mother very much.

   ....

다음 괄호속의 단어를 이용해서 빈칸을 알맞게 채우시오. 단, 시제는 현재나 현재진행형이다. 6-10

6. Don't turn off the computer. I .... (use) it.

7. We .... (have) a big lunch with him right now.

8. She .... (own) three cars.

9. He .... (be) selfish. He isn't usually like that.

10. I .... (think) of going abroad. Would you go with me?

다음 각 문항에서 어법상 알맞은 형태를 고르시오. 11-14

11. Does she (want/am wanting) something to drink?

12. He (is thinking/thinks) of giving up his job.

13. She (is being/is) very rude today.

14. He is usually very patient, so why is he (being/was) so unreasonable about waiting five more minutes?

다음 각 문항의 동사부분에 주의하여 영작하시오. 15-48

15. 우리는 파티에서 멋진 시간을 보내고 있었어. *일시적인 것을 나타낼 때

16. 나는 미국으로 여행 갈까 생각중이야. *think of ~에 대해 생각하다 consider 의미

17. 너는 나의 의견에 대해 어떻게 생각하니? *think about ~에 대해 생각하다.

18. 그는 오늘 더 좋아진 느낌이 들어. *feel을 진행형으로

19. 그녀는 어제 매우 사교적이었어. *be를 진행형으로

20. 너는 지금 매우 어리석게 행동한다. *be를 진행형으로 사용하여 고의성을 나타냄

21. 내 아들은 예전보다 학교생활을 더 좋아해. *like를 진행형으로 much better 더 좋아하는

22. 그는 함께 있는 것을 싫어한다. *hate 싫어하다

23. 쌍둥이들은 신체적으로 서로 닮았다. *resemble 닮다 physical 신체적인

24. 그들은 서로 매우 닮았다. *resemble 닮다 each other 서로

25. 우리는 서로 닮아가고 있다. *begin의 진행형 사용하기

26. 나는 그녀를 매우 잘 안다. *know 알다

27. 그녀는 정말 아름답게 보인다. *look ~처럼 보이다

28. 이 꽃은 향기가 좋다. *smell. 냄새가 나다 good 좋은

29. 나는 이 수업을 좋아한다. *like 좋아하다

30. 그녀는 저녁식사 중이다. *have 먹다 진행형 가능

31. 새 일자리 축하해. *congratulations on~에 축하하다

32. 그녀의 청바지는 너무 꽉 쪼여. *too tight 너무 쪼이는

33. 나는 1992년부터 그와 알고 지낸다. *know 알다 since 이후로

34. 앉을 그늘 좀 찾자. *Let's ~하자 shade 그늘 sit on 앉다

35. 나는 은행에서 일하는 친구가 한 명 있다. *friend 친구 bank 은행

36. 그는 간호사에게 꽃을 보냈다. *send 보내다 flower 꽃

37. 그녀는 집에 없는 것 같다. *seem ~처럼 보이다

38. 그는 멋진 선생님처럼 보인다. *nice 멋진

39. 저 신발이 너에게 어울리는지 봐라. *see if ~인지 봐라 fit 어울리다

40. 나는 내일 치과 약속이 있다. *dentist 치과의사

41. 똑같은 것으로 주세요. *the same

42. 내일 저녁에 뭐하니? *현재진행형으로 미래 나타내기

43. 나는 2년 동안 영어를 배우고 있다. *현재완료진행형

44. 내일 하루 쉬는 게 어떠니? *Why don't you+v~? ~하는 게 어때?

45. 이번이 내가 그녀를 세 번째로 만나는 것이다. *the 서수 time that s+have+p.p

46. 나는 세 달째 여기에서 일하고 있어. *현재완료진행형

47. 오래전에 아름다운 공주가 그와 사랑에 빠졌다. *fall in love 사랑에 빠지다

48. 언제부터 너는 그를 위해 일해 왔니? *since when 언제부터

Error Analysis : Correct the underlined parts.

1. She **was having** an important appointment yesterday.
2. They **were needing** her help.

Unit 4 GRAMMAR

Auxiliaries 조동사

FOCUS 의미 첨가하기

조동사의 의미와 기능

"조동사(Auxiliaries)"

조동사는 본동사 앞에 놓여 부정, 의문, 시제, 완료, 진행, 수동태를 만들며 허가, 능력과 같은 의미를 나타낼 수도 있다. 조동사는 형태에 따라 단순조동사와 완료조동사로 나눌 수 있는데 문장에서 가장 많이 쓰이는 단순조동사는 do, have, be이며 구 형태 조동사(phrasal modal) be allowed to, be supposed to, be going to 등도 있다. 반면에 완료조동사란 'must have+p.p'처럼 완료형을 가진 조동사로 과거에 대한 사항을 언급한다.

단순조동사 종류 (구 형태 조동사 포함)	can, could, be able to, be allowed to, be going to, will, would, used to, may, might, must, have (got) to, be supposed to, need (n't), don't need to, don't have to, should, ought to, had better, shall
완료조동사 종류	may/might have+p.p, could have+p.p, can't/couldn't have+p.p, should/ought to have+p.p, shouldn't have+p.p, would have+p.p, must have+p.p, needn't have+p.p

"주요 조동사의 쓰임"

【1】 Do

영어에서 자주 쓰이는 조동사 do는 부정문과 의문문을 만든다. 다른 조동사의 경우 부정문이나 의문문을 만들 때 문장 내에 있는 조동사를 사용하지만 일반동사가 있는 문장은 본래 없었던 do의 도움을 받는다. 전문용어로 Do-Support이라 한다.

Examples

1. **Do** you have breakfast?

해 석 너 아침 먹었니?

Point 일반동사가 사용된 문장의 의문문(question) 양식은 Do/Does/Did+s+v?

[참고] 식사 명 앞에는 무관사가 원칙이다.

Not ~~Do you have a breakfast~~?

Voca breakfast 아침 lunch 점심 dinner 저녁

2. She **didn't** meet him yesterday.

해 석 그녀는 어제 그를 만나지 못했다.

Point 일반동사 부정문(negative)은 s+don't/doesn't/didn't+동사원형(base form)

Not ~~She doesn't meet him yesterday~~.(시간표시 부사구 yesterday와 조동사 doesn't는 시간이 일치하지 않는다. 조동사 사용에 주의하자.)

Voca do-did-done 하다 meet-met-met 만나다 he-his-him 주격-소유격-목적격 yesterday 어제

3. What **did** she want?

해 석 그녀는 무엇을 원했니?

Point 시제가 과거이기 때문에 did를 사용하며 wh-의문사(wh-question word)는 문장 맨 앞에 사용한다.

Not ~~What did she wanted~~?(조동사+동사원형에 의해 wanted 사용은 어법에 어긋난다.)

Voca want 원하다

4. **Don't** you like any music at all?

해 석 너 좋아하는 음악 하나도 없어?

Point 부정의문문(Negative Question)을 사용하여 놀람(surprise)을 나타낸다.

Voca music 음악 not~at all 전혀~하지 않다

5. They **don't** like the plan, do they?

해 석 그들은 계획을 좋아하지 않아 그렇지 않니?

Point 부가의문문(Tag-Question)은 상대방에게 확인이나 동조를 구하는 의문문이다.

Voca plan 계획

More study

부가의문문 만드는 순서

- They don't like the plan.
- They don't like the plan,

  ① 평서문(Statement)의 마침표를 콤마로 바꾼다.
- They don't like the plan, **do they**?

  ② 앞의 조동사를 사용하여 '조동사+주어' 형태를 콤마 다음에 덧붙인다.(덧붙이기 때문에 부가의문문이라는 명칭이 생겼다.)

Point | A negative sentence (부정문) + positive tag (긍정 부가) / A positive sentence (긍정문) + negative tag (부정 부가)

예문을 통해 좀 더 학습해 보기로 한다.

She is late, isn't she?

She has finished the work, hasn't she?

She didn't miss the train, did she?

Pass me the salt, could you? (문맥상 요청일 때 could you?를 덧붙인다.)

Let's start right now, shall we? (권유나 제안의 경우 shall we?를 덧붙인다.)

6. I **don't** drink coffee very often.

해 석 나는 커피를 자주 마시지 않는다.

Point 일반동사가 사용된 문장에서 부정문(Negative)을 만들기 위해 조동사 don't가 사용된 형태이다.

Voca drink-drank-drunk 마시다 coffee 커피 very often 매우 자주

7. How long **does** it take you?

해 석 얼마나 걸리죠?

Point 빈주어(Empty Subject) it은 3인칭단수주어(Third person singular)이기 때문에 does로 의문문을 만든다.

Voca how long ~얼마나 오래 take-took-taken 시간이 걸리다

8. Why **don't** you come with her?

해 석 그녀랑 함께 가는 게 어때?

Point 권유나 제안을 나타내는 표현은 다음과 같다.

Why don't you~?

= How/What about~?

= Let's+v~.

= Shall we+v~?

9. What **do** you usually do at weekends?

해 석 주말에 주로 뭐 하니?

Point 본동사 do와 조동사 do를 혼동하지 말자. 본동사 do는 '하다'의 의미다. usually는 빈도부사(frequency of adverb)로 일반동사 앞에 위치한다.

Voca usually 일반적으로 at weekends = at the weekend 주말에(British English)
[비교] on weekends = on the weekend(American English)

More study

빈도부사(frequency of adverb)

빈도부사는 주로 문장의 중간에 오거나 특별한 위치를 가지고 있다. 주요 빈도부사는 다음과 같다.(frequently, generally, always, often, sometimes, hardly, rarely, seldom, never, usually 등)

※일반동사 앞에 위치

She always goes for a walk.

해 석 | 그녀는 항상 산책을 간다.

Point | 빈도부사 always가 일반동사 goes 앞에 위치해 있다.

Voca always 항상 go for a walk 산책가다

※의문문에서의 위치

Does she always go for a walk?

해 석 | 그녀는 항상 산책을 가니?

Point | 빈도부사 always가 의문문에서 일반동사 go 앞에 위치해 있다.

※부정문에서의 위치

She often doesn't go for a walk.

해 석 | 그녀가 산책을 자주 가는 것은 아니다.

Point | 부정문에서 빈도부사는 부정동사 바로 앞에 위치한다.

She doesn't always go for a walk.

해 석 | 그녀가 항상 산책을 가는 것은 아니다.

Point | 예외적으로 always와 ever는 부정을 나타내는 조동사 다음에 위치한다.(매우 중요!!)

Not ~~She always doesn't go for a walk~~.

Not ~~I ever don't drive to walk~~.

【2】 Have

Have는 Do만큼 문장에서 많이 사용되는 조동사이다. have가 사용된 문장의 부정은 have 뒤에 not을 붙이고 의문문에서는 have를 문두로 이동한다. have가 만들 수 있는 시간 형태는 단순완료형과 완료진행형으로 다음 표와 같다.

단순완료형	has/have+p.p(현재완료), had+p.p(과거완료), will+have+p.p(미래완료)
완료진행형	has/have+been+-ing(현재완료진행형), had+been+-ing(과거완료진행형), will have+been+-ing(미래완료진행형)

Examples

1. I **have known** her since school.

해 석 나는 학창시절 이후로 그녀를 알고 있다.

Point 현재완료(present perfect)형은 s+has/have+p.p로 나타내며 핵심의미 전달은 known이 한다.

Not ~~I have been knowing her since school~~.(know는 상태동사로 진행형이 안 된다.)

Voca know-knew-known 알다 since school 학창시절 이후로

2. They **have moved** into a new apartment.

해 석 그들은 새 아파트로 이사했다.

Point 현재완료형으로 최근에 그들이 아파트로 이사 왔음을 알 수 있다. 반면 구체적인 시간을 표시할 때는 단순과거형을 사용한다.

[비교] They **moved into** a new apartment three years ago.

Voca move 이사하다 new 새로운 apartment 아파트

3. She **has just heard** some good news.

해 석 그녀는 몇몇 좋은 소식을 들었다.

Point never, just, still, yet, already는 현재완료와 자주 어울리는 부사이다.

Voca hear-heard-heard 듣다 good news 좋은 소식

4. I **have had** ten tests so far this semester.

해 석 나는 지금까지 이번 학기에 10번의 시험을 봤다.

Point 현재완료형은 어떤 일이 명시된 횟수만큼 일어났음을 나타낸다.

Voca have-had-had 가지다 test 시험 so far 지금까지 semester 학기

5. We **have been** here since 7 o'clock.

해 석 우리는 7시 이후로 여기에 있다.

Point since는 현재완료와 자주 어울려 어떤 상황이나 사건이 과거에 시작하여 (starting in the past) 현재까지 지속됨을(continuing to the present) 나타낸다.

Voca be-was/were-been here 여기에 since 이후로 o'clock 정각

6. We **have lived** here since 2003.

해 석 우리는 2003년부터 여기에 살고 있다.

Point live, teach, work와 같은 동사는 현재완료형이나 현재완료진행형 어떤 것을 사용하든지 의미상 차이가 없으므로 모두 사용할 수 있다.(There is no difference in meaning.)

= We have been living here since 2003.

Voca live 살다 here 여기에 since ~이후로

7. We **have known** you since you were a child.

해 석 우리는 네가 어렸을 때부터 알고 있다.

Point know는 상태동사(state verb)이기 때문에 다음과 같은 문장은 생성될 수 없다.

Not ~~We have been knowing you since you were a child.~~

Voca know-knew-known 알다 child 아이

8. You **have been reading** for six straight hours.

해 석 너는 6시간동안 계속 책을 읽고 있어.

Point s+has/have+been+-ing형은 현재완료진행형으로 지속성(duration)을 나타낸다.

Voca read-read-read 읽다 straight 쭉 hour 시간(셀 수 있는 명사로 복수형 사용)

More study

현재완료 vs 현재완료진행형

I have worked there for six years.

= I have been working there for six years.

Point | 두 문장은 의미상 차이가 없다.

Prices have increased by 10%.(more natural)

Not ~~Prices have been increasing by 10%.~~

Point | 상황에 대한 결과를 말할 때는 현재완료형이 더 자연스럽다.

9. He **had already left** by the time she got there.

해 석 그녀가 거기 도착했을 무렵 그는 이미 떠났다.

Point s+had+p.p는 과거완료(past perfect)형으로 과거의 어느 시점 이전에 완료된 일을 나타낸다.

Not ~~He already left by the time she got there.~~

Voca leave-left-left 떠나다 get-got-got/gotten 도착하다

10. How many times **had** you **watched** the movie before yesterday?

해 석 어제까지 넌 그 영화를 몇 번이나 봤니?

Point 어떤 일이 구체적으로 몇 번 일어났는지를 말할 때 과거완료를 사용한다.

Not ~~How many times had you been watching the movie before yesterday?~~

Voca | how many+복수명사 movie 영화

11. When I arrived in Korea, she **had already passed** away.

해 석 내가 한국에 돌아왔을 때 그녀는 이미 사망했다.

Point when 이하는 시간부사절(time clause)로 상황을 설정하고 she 이하는 주절(main clause)로 주요내용을 전달한다.

[비교] When I arrived in Korea, she passed away.(부사절과 주절의 시간상 차이가 없다.)

Voca | arrive 도착하다 passed away 사망하다

12. It **had been raining** for four days until the reservoir burst yesterday.

해 석 어제 저수지가 넘쳐흐를 때 까지 4일 동안 지속적으로 비가 내렸다.

Point s+had+been+-ing은 과거완료진행형이다.

Not ~~It rained for four days until the reservoir burst yesterday~~.

Voca | rain 비가 오다 reservoir 저수지 burst-burst-burst 넘쳐흐르다, 파열하다

13. The police **had been looking** for the suspect for three years before they caught her.

해 석 경찰들은 그녀를 붙잡기 전까지 3년 동안 찾았다.

Point 과거완료진행형은 과거에 일어난 상황이나 행동이 주어진 과거시점에 끝날 때 사용할 수 있다.

Voca | look for 찾다 suspect 용의자 catch-caught-caught 잡다

14. When I got home, her eyes were red because she **had been crying.**

해 석 내가 집에 도착했을 때 그녀는 계속 울어서 눈이 빨갛게 충혈 되어 있었다.

Point 그녀가 울고 있는 상황은 내가 도착하기 전에 이미 끝나있는 경우다.

Voca ⌈ get home 집에 도착하다 eye 눈 red 빨간 because 왜냐하면 cry 울다

15. We'll **have been living** here for seven years next week.

해 석 우리는 다음 주면 7년 동안 여기서 사는 거야.

Point s+will+have+been+-ing은 미래완료진행형으로 미래의 어느 시점에 진행 중인 동작을 나타낸다.

【3】 Be

be동사는 조동사로 사용되어 현재진행형/과거진행형/미래진행형/수동태 등을 만든다.

진행형	s+am/is/are+-ing, s+was/were+-ing, s+will+be+-ing
수동태	be+p.p

Examples

1. She **is only staying** here for a short time.

해 석 그녀는 여기에 잠시 머무르고 있을 뿐이야.

Point s+am/is/are+-ing에서 be동사는 조동사 역할을 한다.

Voca ⌈ read-read-read 읽다 stay 머무르다 here 여기에 for a short time 잠시

2. The students **aren't listening to** him.

해 석 학생들은 그에게 집중하고 있지 않다.

Point s+am/is/are+not+-ing은 부정의 의미를 나타낸다.

listen은 자동사로 목적어를 받기 위해서는 전치사 to를 꼭 사용해야 한다.

Not ~~The students aren't listening him.~~

Voca | listen to ~에 기울이다 student 학생 listen to ~에 집중하다

3. She **is working** hard today.

해 석 그녀는 오늘 열심히 일한다.

Point s+am/is/are+-ing으로 '오늘 열심히 일하는 모습'을 강조하므로 단순 현재형은 틀린다.

Not ~~She works hard today~~.

Voca | work 일하다 hard 열심히 today 오늘

4. It's **raining** and the traffic is moving slowly.

해 석 비가 와서 교통 흐름이 느리다.

Point 어떠한 행동이 진행 중임을 나타낸다.

Voca | rain 비가 오다 traffic 교통 move 움직이다 slowly 천천히

5. **Are** you **enjoying** the party? (At a party)

해 석 파티 재미있니?

Point 지금 파티를 즐기고 있니 라는 뜻이니까 현재진행형을 사용해야 한다.
[비교] Do you enjoy the party?(일반적으로 파티를 좋아하는지를 묻는 말은 단순현재형을 사용한다.)

6. She **is living** with her friends until she finds a place of her own.

해 석 새 집을 마련할 때 까지 그녀는 친구와 살고 있다.

Point 주절의 동사 is living은 일시적 상태를 나타낸다.

Voca | live 살다 friend 친구 until ~까지 find-found-found 찾다 place 장소 own 자신의

7. She **is** always **complaining** about it.

해 석 그녀는 그것에 대해 항상 불평을 해.

Point 현재진행형은 부사 always와 어울려 불만사항을 표현한다.

Voca always 항상 complain 불평하다

8. I **was wondering** when I could talk to her.

해 석 나는 언제 그녀와 얘기할 수 있을지 궁금했다.

Point wonder, hope와 같은 동사는 진행형을 통해 정중한 요청을 나타낼 수 있다.

Voca wonder 궁금히 여기다 talk to+사람 ~에게 말하다

9. I **will be leaving** for America at 9:00 in the morning.

해 석 난 내일 아침 9시에 미국으로 떠날 거야.

Point 미래진행형은 계획된 미래의 일을 나타낸다. 현재진행형으로도 계획된 미래를 나타낼 수 있다.

= I am leaving for America at 9:00 in the morning.

Voca leave-left-left 떠나다

More study

미래진행형 vs 단순 미래형(will+v)

She will be staying with us tonight.

해 석 | 그녀는 오늘밤 우리와 함께 있을 거야.

Point | 미래진행형은 **계획된 것(planned = arranged)**을 나타낸다.

She will stay with us tonight.

해 석 | 그녀는 오늘밤 우리와 함께 있을지도 몰라.

Point | 단순 미래형은 예측을 나타낸다.

10. They **were married** in 2003.

해 석 그들은 2003년에 결혼했다.

Point be married는 항상 수동태형으로 사용한다.
수동태(passive) 문장은 동작이나 상태를 강조하거나 불분명한 주어와 주어의 책임을 피하기 위해 사용한다. 수동태에 관해서는 Unit8에서 자세히 학습한다.

Voca be married 결혼하다

11. Two thousand people **are employed** by the company.

해 석 그 회사는 2천 명을 고용하고 있다.

Point be동사가 조동사로 사용되어 are employed로 '고용된 상태'를 표현한다.

Voca thousand 천 employ 고용하다 company 회사, 친구

12. All flights **were cancelled** because of fog.

해 석 안개 때문에 모든 비행이 취소되었다.

Point 수동태를 사용하는 주된 이유 중 하나는 주어에 초점을 둘 때이다.

Voca cancel 취소하다 because of ~때문에 fog 안개 flight 비행

13. This building **isn't used** much by the students.

해 석 이 건물은 학생들이 많이 이용하지 않는다.

Point 비교 The students don't use this building much.(능동태)

Voca use 사용하다 much 많이 student 학생

14. She **was warned** not to go alone at night.

해 석 그녀는 밤에 혼자 나가지 않도록 주의를 받았다.

Point to 부정사의 부정은 to 부정사 앞에 not이나 never를 위치시킨다.

Not ~~She was warned to not go alone at night~~.(not의 위치가 틀림)

Voca warn 경고하다 alone 혼자 at night 밤에

15. The fence **needs** painting.

해 석 울타리 좀 칠해야겠어.

Point = The fence needs to be painted.

s(사물주어)+need+-ing = s(사물주어)+need+to+be+p.p로 두 형태 모두 수동의미다.

Voca point 울타리 need 필요하다 paint 칠하다

16. The new operating system **will be installed** next month.

해 석 새로운 운영시스템이 다음 달에 설치될 거예요.

Point 조동사+be+p.p(조동사 다음에 be가 오는 것에 주의하자.)

Not ~~The new operating system will is installed next month~~.

Voca operating system 운영시스템 install 설치하다 next month 다음 달

17. Many accidents **are being** caused by falling asleep at the wheel.

해 석 많은 사고가 졸음운전 때문에 일어난다.

Point s+be+being+p.p로 진행형 수동태를 만든다.

Voca accident 사고 cause 야기하다 falling asleep at the wheel 졸음운전

완료조동사 총정리

완료조동사	의 미
may/might+have+p.p	~이었을지도 모른다
may/might+not+have+p.p	~하지 않았을 수도 있다
could+have+p.p	~할 수도 있었는데
cannot+have+p.p	~했을 리가 없다
would+have+p.p	~이었을 수도 있다(실제로 일어나지 않은 일)
will+have+p.p	~이었을 수도 있다(실제로 일어났다고 생각하는 일)
should+have+p.p	~했어야 했는데(과거에 대한 후회, 유감)
shouldn't+have+p.p	~하지 말았어야 했는데(과거에 대한 후회, 유감)

must+have+p.p	~임에 틀림없다(과거에 대한 강한 추측)
needn't+have+p.p	~할 필요가 없었는데(과거에 하고나서 후회)

【1】 may(= might)+have+p.p

'~이었을지도 모른다'는 의미로 과거의 추측이나 가능성을 나타낸다.

Examples

1. She **may(= might) have had** a lovely voice before.

해 석 그녀는 전에 목소리가 감미로웠을 지도 몰라.

Voca lovely 감미로운, 사랑스러운, 애교 있는

2. I **might have left** my bag in the cinema.

해 석 나는 극장에 가방을 놓고 왔을지도 몰라.

Voca leave-left-left 떠나다, 남기다 cinema 영화관

3. Do you think she **may have finished** the work by now.

해 석 그녀가 지금쯤 일을 끝마쳤을 거라고 생각하니?

Voca think-thought-thought 생각하다 finish 끝마치다 work 일 by now 지금

4. She **may have been** asleep.

해 석 그녀는 자고 있었을지도 모른다.

Voca be-was/were-been 이다, 있다 asleep 졸고 있는

5. He **may not have had** time to meet you.

해 석 그는 널 만날 시간이 없었을지도 몰라.

Point may+not+have+p.p ~하지 않았을 수도 있다

Voca meet–met–met 만나다

More study

may/might+have+p.p가 미래 의미로 쓰일 때

may/might+have+p.p는 과거, 미래에서 가능한 일에 대한 추측을 나타낼 때 사용한다. 완료조동사 하면 과거 일에만 국한된다고 생각하기 쉽지만 꼭 그런 것은 아니다. 다음 문장을 보자.

Do you think she might have set the table by now?
해 석 | 그녀가 지금 쯤 식사 준비를 했을 거라 생각하니? (past)

His pronunciation may/might have improved by the time the course finishes.(future)
해 석 | 그 과정이 끝날 때 쯤 그의 발음은 향상될 것이다.

【2】 could+have+p.p

'~할 수도 있었다'는 의미로 과거에 할 수도 있었는데 하지 않은 일에 대한 비난을 나타낸다. *Not* ~~can have+p.p~~는 사용하지 않는다.

Examples

1. She **could have done** very well.

해 석 그녀는 잘 할 수도 있었다.

Point could+have+p.p는 과거에 할 수 있었던 일을 하지 않았다는 책망이 섞여 있다.(Talking about an ability or opportunity not used.)

Voca do-did-done 하다

2. She **could have gone** to the soccer match.

해 석 그녀는 축구시합에 갈 수도 있었다.

Point = She didn't go to the soccer match.

Voca go-went-gone 가다 soccer match 축구시합

3. The situation was not good, but it **could have been** much worse.

해 석 상황은 좋지 않았지만 더 나쁠 수도 있었다.

Point = The situation was not good, but it didn't get much worse.

Voca situation 상황 bad-worse-worst 원급-비교급-최상급

4. You **could have stayed** with me while you were in Korea.

해 석 한국에 있는 동안 나하고 머무를 수가 있었다.

Point = You didn't stay with me while you were in Korea.
과거에 가능한(possible) 경우였지만 그렇게 하지 않았음(didn't happen)을 알 수 있다.

Voca stay 머무르다 while 동안에 be in ~에 있다

5. She **could have hurt** herself when she was run over by the car.

해 석 그녀는 차에 치였을 때 다쳤을 수도 있었다.

Point = She didn't get hurt when she was run over by the car.(결국은 다치지 않았다는 뜻이다.)

Voca hurt-hurt-hurt 다치게 하다 run over ~을 치다

6. Do you think she **could have finished** all the housework by now?

해 석 지금쯤이면 그녀가 집안일을 다 끝냈을 거라 생각하니?

Point can이나 be able to는 완료형과 어울리지 못한다.

Not ~~Do you think she can have finished all the housework by now~~?

Not ~~Do you think She is able to have finished all the housework by now~~?

More study

could/might have+p.p가 비난의 어조를 나타낼 때

She didn't finish the work. She might/could have finished it.

해 석 | 그녀는 그 일을 끝마치지 못했다. 그녀는 그것을 마쳐야 했는데.

Point | could/might have+p.p 표현은 마땅히 해야 하는 일에 대해 상대방이 하지 않았을 때 비난의 어조로 사용할 수 있다.

【3】 would+have+p.p

'~이었을 수도 있다'는 의미로 과거의 사실과는 다른 상황을 나타낼 때 사용한다.

Examples

1. She **would have heard** the news, but she didn't attend the meeting.

   해 석 소식을 들을 수도 있었지만 그녀는 회의에 참석하지 않았다.

   Point = She didn't hear the news.

   Voca hear–heard–heard 듣다 attend 참석하다 meeting 회의, 모임

2. I **would have been** busy, but I wasn't busy because of her help.

   해 석 바쁠 수도 있었지만 그녀의 도움 덕택에 나는 바쁘지 않았다.

   Point 과거 일에 대한 상상을 나타낸다.

   Voca be–was/were–been busy 바쁜 because of ~때문에 help 도움

More study

would+have+p.p vs will+have+p.p

Turn down the radio. Everyone **will have gone** to bed.
해 석 | 라디오 소리 좀 줄이렴. 모두 잠자리에 들었을 거야.
Point | will+have+p.p는 과거에 실제로 일어났다고 생각하는 일을 나타낸다.

I **would have been** happy to pass the test, but I didn't pass.
해 석 | 시험을 통과했다면 행복했을 텐데 그렇지 못했다.
Point | would+have+p.p로 과거의 사건이나 상황을 가정한다.
(Prediction about an imaginary past event or situation.)

【4】 should/ought to+have+p.p

'~했어야 했는데' 의미로 '과거에 하지 않은 일'에 대한 후회나 유감을 나타낸다. 반면에 shouldn't have+p.p는 '~하지 말았어야 했는데'로 '과거에 한 일'에 대한 후회나 유감을 나타낸다.

Examples

1. I **should have taken** your advice.

해 석 너의 충고를 받아들였어야 했다.

Point = I didn't take your advice.

Voca take-took-taken 받아들이다 you-your-you 주격-소유격-목적격 advice 충고

2. We **should have waited** for her to come here.

해 석 그녀가 여기에 올 때까지 기다려야 했다.

Point I am sorry we didn't.(후회나 비난을 나타냄)

Voca wait for+사람 ~를 기다리다 come-came-come 오다 here 여기

3. You missed a good opportunity. You **should have seized.**

해 석 당신은 좋은 기회를 놓쳤다. 기회를 잡았어야 했는데.

Point = You missed a good opportunity. You didn't seize.

Voca miss 놓치다 opportunity 기회 seize 붙잡다

4. I am wondering why she's so late. She **should have arrived** 20 minutes ago.

해 석 그녀가 왜 이리 늦는지 모르겠다. 20분 전에 도착했어야 했는데.

Point = I am sorry she didn't arrive 20 minutes ago.

Voca wonder 궁금하게 여기다 late 늦은 arrive 도착하다 minute 분 ago 전에

5. Your salary was so low. You **should have found** a new job.

해 석 너의 봉급은 정말 적었어. 새로운 일자리를 구해야 했는데.

Point = Your salary was so low, but you didn't find a new job.

Voca salary 월급 low 낮은 find-found-found 찾다

More study

should/ought to+have+p.p 일어날 일에 대한 기대

The writer should/ought to have completed the manuscript by the end of this month.

해 석 | 작가는 이번 달 말까지 원고를 끝낼지도 몰라.

Point | should+have+p.p는 대부분 과거에 대한 후회나 유감을 나타내지만 상황에 따라서는 앞으로 일어날 일에 대한 의미로 사용되기도 한다.

Voca writer 작가 complete 끝마치다 manuscript 원고 by the end of ~말까지

【5】 must+have+p.p

'~했음에 틀림없다' 는 의미로 과거 일에 대한 강한 추측을 나타낸다. 과거 일에

대해 자신감을 가지고 말할 때 사용한다. 참고로 may(= might) have+p.p는 과거 일에 대한 약한 추측을 나타낸다.

Examples

1. I **must have forgotten** it.

해 석 그것을 잊어버렸음에 틀림없다.

Point must+have+p.p는 과거사실에 대한 강한 추측을 나타낸다.

Voca forget–forgot–forgotten 잊다

2. She **must have been** drunk.

해 석 그녀는 취해 있었음에 틀림없다.

Voca drink–drank–drunk 마시다, 술에 취한

3. He **must have borrowed** it from his friend.

해 석 그가 친구로부터 그것을 빌려왔음에 틀림없다.

Voca borrow–borrowed–borrowed 빌리다 from ~로 부터

4. Fire **must have brought** about a big change in the past.

해 석 불은 과거에 큰 변화를 가져왔음에 틀림없다.

Voca bring about 초래하다 bring–brought–brought 가져오다 a big change 큰 변화 in the past 과거에

5. The housekeeper **must have forgotten** to do the laundry.

해 석 가정부가 세탁할 것을 잊었음에 틀림없다.

Point forget+to 부정사는 ~할 것을 잊다 forget+–ing ~했던 것을 잊다

[비교] The housekeeper must have forgotten doing the laundry.(세

탁한 것을 잊은 경우)

Voca | housekeeper 가정부 forget-forgot-forgotten ~을 잊다 do the laundry 세탁을 하다

More study

must be+-ing 말하고 있는 시점에 대한 추측을 나타냄

I can't hear any sound. You must be imagining.

해 석 | 나는 어떠한 소리도 들을 수 없어. 너는 상상하고 있는 것 같아.

Point | must be+-ing는 말하고 있는 시점에 대한 추측을 나타낸다.

Voca hear-heard-heard 듣다 sound 소리 imagine 상상하다

must be going to

Why are they changing school uniforms? I think they must be going to change the design.

해 석 | 왜 학교 유니폼을 바꾸려고 하죠? 디자인을 변경하려는 것 같아요.

Point | must be going to로 가능성 있는 미래 일을 나타낸다.

Voca change 바꾸다 uniform 유니폼 design 디자인

【6】 need+not have+p.p

'~할 필요가 없었는데'라는 의미로 과거에 할 필요가 없었던 일을 한 경우에 사용한다.

Examples

1. They **needn't have done** it.

해 석 그들은 그것을 할 필요가 없었다.

Point They didn't need to do it, but they did it.(과거에 할 필요가 없었던 일을 한 경우)

Voca | do-did-done 하다

2. You **needn't have gone** there.

해 석 너는 거기에 갈 필요가 없었다.

Point = You didn't need to go there, but you went there.

Voca go-went-gone 가다 there 거기에

3. I **needn't have got up** so early.

해 석 나는 일찍 일어날 필요가 없었다.

Point = I didn't need to get up so early, but I did.

[비교] I didn't need to get up so early.(일찍 일어날 필요가 없어 일어나지 않은 경우)

Voca get-got-got/gotten early 일찍

More study

needn't+have+p.p vs didn't need+to+v

I needn't have got up so early. vs I didn't need to get up so early.

해 석 | 나는 일찍 일어날 필요가 없었다.(일어난 경우) vs 일찍 일어날 필요가 없었다.(안 일어난 경우)

Point | needn't have p.p 표현은 그렇게 할 필요가 없었는데 한 경우, didn't need to+v는 그렇게 할 필요가 없어서 과거에 하지 않은 경우로 didn't have to+v로 바꿔 쓸 수 있다.

【7】 used to

과거의 습관이나 상태를 나타내며 현재까지 지속성은 없다. 부정문은 didn't use to+v/used not to+v를 이용하며 의문문은 Did you use to+v이다.

Examples

1. She **used to** dance in the club.

해 석 그녀는 클럽에서 춤추곤 했다.

Point Not ~~She use to dance in the club.~~(Only use the word 'used' here)

Voca dance 춤추다 club 클럽

2. I **used to** have long hair but I cut it.

해 석 긴 머리를 하고 다녔지만 지금은 잘랐다.

Point hair는 셀 수 없는 명사(uncountable noun)이기 때문에 관사를 사용하지 않는다.

[비교] There's a hair in the food.(머리카락 하나가 음식에 있기 때문에 hair가 셀 수 있는 명사화되었다.)

Voca cut-cut-cut 자르다

3. My mom **used to** make banana bread every weekend.

해 석 엄마가 매 주 바나나 빵을 만들어 주시곤 했다.

Point 예전에는 엄마가 바나나 빵을 해주셨지만 더 이상 안 만들어 주신다는 뜻이다.

Voca mom, mommy 엄마
[참고] at the weekend/at weekends 영국식영어 on the weekend/on weekends 미국식영어

4. I **used to** eat a lot of unhealthy hamburgers.

해 석 나는 건강에 좋지 않은 햄버거를 많이 먹곤 했다.

Point [비교] 시간을 나타내는 표현(months, years, days etc)등에는 a lot of 나 lots of 대신에 many를 더 자주 사용한다. I used to spend many hours studying English.

Voca a lot of 많이 eat-ate-eaten 먹다 unhealthy 건강에 좋지 않은

5. My father **used to** drive to work every day, but recently he goes by bike.

해 석 아빠께서 매일 출근을 차로 하셨지만 요즘은 자전거로 하신다.

Point *Not* ~~My father is used to drive to work every day, but recently he goes by bike~~.

Voca recently 최근에 by bike 자전거로 by+교통수단

6. My family **used to** live in a small apartment, but now we live in a big apartment.

해 석 우리 가족은 조그마한 아파트에서 살았지만 지금은 큰 아파트에서 산다.

Point used+to+v는 과거의 일만 나타내며 접속사 but을 통해 변화를 나타낸다.

More study

s+used to+v의 부정 → s+didn't+use to+v

My family didn't use to live in a small apartment.

해 석 | 우리 가족은 작은 집에 살지 않았다.

Point | = Once my family didn't live in a small apartment, but now I live in.
예전에는 작은 집에 살지 않았지만 지금은 작은 집에 산다는 의미다.

Voca family 가족 small 작은 apartment 아파트 now 지금 live 살다

7. She **used to** go to the theater very often.

해 석 그녀는 극장에 자주 가곤 했다.

Point used to+v 표현이 과거의 습관을 나타낼 때 앞에 be동사를 사용하지 않도록 주의하자.

Not ~~She is used to go to the theater very often~~.

Voca go to the theater 극장에 가다 very often 매우 종종

More study

used to+v ~하곤 했다

be used to+명사/동명사 ~에 익숙하다

She **is used to driving** a big car.

해 석 | 그녀는 큰 차를 운전하는데 익숙하다.

Point | = She is good at driving a big car.

be used to+명사/동명사 = be accustomed to+명사/동명사 = be good at+명사/동명사

I **am getting used to living** in a big city.

해 석 | 나는 큰 도시에 사는 것에 익숙해지고 있다.

Point | 동사에 진행형을 사용하여 변화를 강조하고 있다.

Voca a big city 대도시

She **wasn't used to living** with others.

해 석 | 그녀는 다른 사람들과 사는 것이 익숙하지 않았다.

Point | = Once she wasn't used to living others, but now she is.(지금은 익숙하다는 것)

Voca live with others 다른 사람들과 살다

Don't worry about the result. You'll **get used to** the result.

해 석 | 결과에 대해 너무 걱정하지 마. 익숙해질 거야.

Point | be동사 대신 get을 사용할 수 있다.

= You'll be used to it.

Voca worry about ~에 대해 걱정하다

This map can **be used to** guide a foreigner through the city.

해 석 | 이 지도는 외국인에게 도시 안내를 위해 사용될 수 있다.

Point | be used to+v는 use의 수동태(passive) 표현으로 be used to+-ing형과 혼동하지 말자.

Not ~~This map is used to guiding us through the area.~~

Voca guide 안내하다 through ~을 통해 area 지역

【8】 may와 might의 사용상 주의

Examples

1. *Not* ~~He wants to may go at once.~~

해 석 그는 즉시 가기를 원한다.

Point He wants to be allowed to go at once.로 표현하자.

may와 might는 조동사이기 때문에 to부정사나 분사가 될 수 없으며 뒤에 동사원형이 와야 한다.

Voca be allowed to ~을 허락받다 at once 즉시

2. I **might** go to America.

해 석 나는 미국에 갈지도 모른다.

Point may와 might는 모두 현재, 미래의 추측이나 가능성을 나타내는 말이지만 might는 may에 비해 가능성이 적음을 나타낸다.

[비교] I may go to America.

3. *Not* ~~May you go shopping~~?

해 석 너 쇼핑갈 거니?

Point may는 어떤 일이 일어날 가능성에 대한 의문문으로 사용하는 것은 부자연스럽기 때문에 다음처럼 자연스러운 문장을 사용해야 한다.

= Are you likely to go shopping?

4. **Might** you go shopping?

해 석 너 쇼핑 갈거니?

Point might는 다소 형식적인 표현이지만 직접의문문에서 사용하기도 한다.

= Do you think you may/might go shopping?

5. She **may not/might not** go shopping.

해 석 그녀는 쇼핑을 가지 않을 지도 모른다.

Point may/might의 부정은 may/might not의 형태를 취한다.

[비교] She can't go shopping.(She certainly won't go shopping.)

cannot+v 원형은 어떤 일에 대해 가능성이 없음을 나타낸다.

【9】 may와 can의 관용적 표현

Examples

1. You **may well** be proud of your grade.

해 석 당신이 성적을 자랑스러워하는 것은 당연하다.

Point may well 사이에 동사를 넣지 않도록 하자.

Not ~~You may be well proud of your grade~~.

Voca may well ~하는 것은 당연하다 be proud of ~을 자랑스러워하다 grade 성적, 등급

2. You **may as well** go at once.

해 석 너는 바로 가 보는 게 좋겠다.

Point may/might as well은 '어떤 일을 하는 것이 더 낫겠다'는 것으로 제안을 할 때 사용한다.

비교 had better+v '~하는 게 낫다'라는 뜻으로 긴급함이나 요구사항을 나타낸다.

Voca go-went-gone 가다 at once 바로

3. You **might as well** throw your money as spend it in gambling.

해 석 너는 도박에 돈을 탕진하느니 차라리 버리는 것이 낫다.

Point might as well A as B 형태로 'B하느니 차라리 A하는 것이 낫다'는 비교 표현이다.

Voca throw 던지다 spend 시간(돈) 등을 소비 소모하다 gambling 도박

4. I **can't** but laugh at the sight.

= I **can't** help laughing at the sight.

= I **can** do nothing but laugh at the sight.

해 석 그 광경을 보고 웃지 않을 수 없었다.

Point 모두 같은 의미를 가진 관용표현으로 '~하지 않을 수 없다'라는 뜻이다.

Voca at the sight 그 광경을 보고

More study

Not ~~It can snow tonight.~~

해 석 | 오늘밤 눈이 올지도 몰라.

Point | may, might, could는 사용 가능하나 can은 미래의 가능성에는 사용할 수 없다.

It may/might/could snow tonight.

【10】 should

일반적으로 '~해야 한다'라는 뜻으로 의무나 권고사항을 나타내며 확인, 요청을 하는 의문문에서도 사용한다.

Examples

1. It is strange that he **should** do such a thing.

해 석 그가 그런 일을 하다니 이상하다.

Point should가 판단의 의미로 쓰인다.

Voca strange 이상한 do-did-done 하다

2. I **should have shown** pity for her.

해 석 그녀에게 연민을 느껴야 했어.

Point should+have+p.p 과거 일에 대한 후회나 유감을 나타낸다.

Voca show-showed-showed/shown 보다 pity 연민, 동정

3. He **should** be here on time.

해 석 그는 정각에 여기에 와야 해.

Point should의 일반적 의미는 '~해야 한다' 로 의무(obligation)를 나타낸다.

Voca here 여기에 on time 정각에 비교 in time 시간 안에

4. **Should** we tell him the truth?

해 석 그에게 진실을 말해야 하나요?

Point should는 확인, 조언을 제의하는 데 사용할 수 있다.

Not ~~Do we should tell him the truth~~? (조동사가 있는 문장은 조동사를 앞으로 이동하여 의문문을 만든다.)

Voca tell-told-told 말하다 truth 진실

5. You **should/ought to** wear car seat belts.

해 석 너는 안전벨트를 매야한다.

Point should, ought to는 '~해야 한다'라는 뜻으로 must에 비해 약한 의무를 나타내다.

Voca wear-wore-worn 입다 car seat belts 안전벨트

6. *Not* ~~You ought to/should keep an eye on my bag.~~

해 석 내 가방 좀 봐줘.

Point ought to, should는 정중한 요구에는 쓰이지 않는다. 다음처럼 표현하는 것이 자연스럽다.

Could/Would/Can you keep an eye on my bag?

Voca keep an eye on ~을 감시하다, 봐주다

7. *Not* ~~You had better have seen the movie.~~

해 석 너도 그 영화를 봤어야 했는데

Point 과거의 일에는 had better를 사용하지 않는다.

= You should/ought to have seen the movie.

8. You really **ought to/should** be more careful.

해 석 너는 좀 더 조심해야 한다.

Point ought to 부정형은 ought not to = oughtn't to

Not ~~You really ought not be more careful.~~(to가 빠져 틀린 문장)

Voca really 정말로 more 좀 더 careful 신중한

【11】 조동사 진행형

Examples

1. He isn't here. He **may be playing** outside.

해 석 그는 여기에 없다. 밖에서 놀고 있을지도 몰라.

Point may/might be+-ing 현재, 미래에서 가능한 일에 대한 추측을 나타낸다.

Voca outside 밖에서

2. I can't find him. He **may/might be working** in the garden.

해 석 그를 찾을 수 없다. 그는 정원에서 일하고 있을지도 모른다.

Voca find-found-found 찾다 in the garden 정원에서

【12】 조동사가 사용된 기타 예문들

Examples

1. The cars **can be seen** in the street.

해 석 거리에 차들이 보인다.

Point 조동사+be+p.p로 조동사를 포함한 수동형이다.

Voca see-saw-seen 보다 street 거리

2. My car has disappeared. It **must have been** stolen.

해 석 내 차가 사라졌어. 누군가가 훔쳐갔음에 틀림없다

Point 조동사 have+been+p.p 완료수동태형이다.

Voca disappear 사라지다(자동사로 수동태 불가) steal-stole-stolen 훔치다

3. **Must** she finish it right now?

해 석 그녀가 그것을 바로 끝내야 하나요?

Point = Does she have to finish it right now?
must를 이용한 의문문은 좀 딱딱한 표현이 되기 때문에 조동사 do를 사용하자.

4. *Not* ~~She mustn't be 34 years old~~.

   She can't be 34 years old.

   해 석 그녀가 34세 일리 없어.

   Point must가 추측 의미일 때 반대표현은 can't/couldn't으로 mustn't가 아니다.

5. I think it's **going to** snow.

   해 석 눈이 올 거 같아.

   Point 현재 느낌이나 생각을 바탕으로 예견할 때 be going to+v를 사용한다.

   Voca think–thought–thought 생각하다

More study

조동사구

used to ~하곤 했다, ~이었다
be going to ~할 예정이다
be supposed to ~하기로 되어 있다
be able to ~할 수 있다/바로 일어날 것 일에 대하여 사용
have (got) to ~해야 한다

Grammar Review

다음 문장에서 잘못된 부분을 찾아 올바르게 고치시오. 1-5

1. You can bought the tickets online or at the box office.

2. He was able to speak English when he was very young but he wasn't able to writing until he was older.

3. My wife could have go on holiday but she decided not to.

4. There can snow tomorrow. *can은 미래의 가능성에 사용 불가

5. We shall have waited for the snow to stop.

다음 각 문항에서 알맞은 것을 고르시오. 6-12

6. The writer (should/shall) have finished by the end of the week.

7. You should have (catch/caught) a later bus.

8. She (had better not/had not better) be late again or she'll be in trouble.

9. You (don't need to be/must not need to be) over 20 to watch the movie.

10. I (could/was able to) explain the problem to my son.
*과거의 구체적 사건에 대한 가능성에 대해 얘기할 때

11. Did you (succeed in/succeed to) finding the evidence?

12. We (have got to/has to) pay for the tuition in advance.

다음 각 문장을 밑줄 친 부분에 유의하여 해석하시오. 13-20

13. We didn't need to get up early because we had no homework to do.

....

14. We needn't have got up early. No homework to do.

....

15. We didn't have to arrive in time.

....

16. Do you think we should visit her?

....

17. She shouldn't have been wasting like that. *express of criticism

....

18. Candidates must not start writing until the examiners tell them to.

....

19 You mustn't touch the button! You'll hurt yourself.

....

20. I can't hear the sound. You must be imagining it. *말하고 있는 시점

....

다음 각 문장을 영작하시오. 21-40

21. 그는 의사 가운을 입고 있다. 그는 의사임에 틀림없다. *wear 입다 uniform 가운

22. 그녀는 내 메시지를 받았을 리가 없다. *message 메시지

23. 우리는 무언가를 하는 편이 낫겠다. *may/might as well ~하는 편이 낫다

24. 그가 강도질을 했을 리가 없다. 그는 우리와 함께 있었다.
*can't/couldn't have+p.p ~했을 리가 없다 commit 저지르다 robbery 강도질

25. 나는 그녀가 집에 있는지 모른다. 그녀는 밖에 있을지도 모른다. *be at home 집에 있다

26. 많은 사고는 약간 조심만 하면 막을 수 있다. *accident 사고 prevent 막다 care 조심

27. 나는 내일 그녀에게 이 메일일 보내야 한다. *must = have (got) to ~해야 한다

28. 나는 내일 너를 볼 수 있다. *can = be able to ~할 수 있다

29. 그는 오기 싫으면 오지 않아도 된다. *don't/doesn't need to+v ~할 필요가 없다

30. 마지막 기차가 11시 30분에 떠나기 때문에 그녀는 10시에 떠나야 했다. *leave 떠나다

31. 선생님들은 더 많은 봉급을 받아야 한다. *should+v

32. 당신은 밤에 그 거리를 다니면 안 된다. *shouldn't+v

33. 그녀는 누구에게도 그것에 대해 말하지 않았어야 했다. *shouldn't have+p.p

34. 그가 다른 사람을 비방하지 않는 편이 나아. *had better+v speak ill of 비방하다

35. 우리는 이것을 이용하는 것에 돈을 지불할 필요가 없다. *don't need to+v

36. 이번 주말에 비가 올지도 몰라. *미래의 가능성 추측은 can 사용 불가

37. 음식과 음료는 반입금지입니다. *may와 수동태 사용하기

38. 아기들은 보는 모든 것을 만지려한다. *주어의 특징적인 행동이나 습관 will

39. 그녀가 37살 일리 없어. *must가 추측의미로 쓰일 때 반대말은 can't/couldn't

40. 눈이 올 것 같아. *현재 상황을 바탕으로 예견하는 일은 be going to 사용

Unit 5
GRAMMAR

To-Infinitive
to 부정사

FOCUS 동사에 변화주기

to 부정사 기본용법과 시제

"to 부정사(To-Infinitive)"

인칭, 수, 시제에 따라서 제한받지 않는 동사 형태로 기본형은 to+동사원형이다. to부정사는 동사에서 왔기 때문에 목적어나 보어를 취하고 부사의 수식을 받을 수 있으며 시제를 가진다. to부정사는 명사, 형용사, 부사적 역할을 하는데 첫째, 명사적 용법은 주어, 목적어, 보어로 사용되고 둘째, 형용사적 용법은 명사를 수식하거나 동사 다음에 와서 예정, 의무, 가능, 운명 등을 나타낸다. 셋째, 부사적 용법은 판단, 이유, 결과, 목적, 양보, 원인 등으로 쓰인다. 어떠한 용법으로 사용되는가를 따지기 보다는 다양한 위치에 온다는 것, 시제를 가진다는 것, 동사의 성질이 있다는 것, 문장을 길어지게 하는 역할을 한다는 것에 주의하자.

【1】 부정사가 오는 다양한 자리

s+v+o(to부정사) : 동사의 목적어 자리에 오는 to부정사

Examples

1. I remember **to speak** to her.

해석 나는 그녀에게 말할 것을 기억하고 있다.

Point remember+to+v는 ~할 것을 기억하다

Examples

s+v+o+o.c(to부정사): 목적격보어 자리에 오는 to부정사

1. She forced her daughter **to tell** the truth.

해 석 그녀는 딸에게 진실을 말하도록 강요했다.

Point 목적어로만 의미전달이 불충분함으로 목적격보어가 온다. 하지만 모든 동사의 목적격보어 자리에 to부정사가 오는 것은 아니다.

[비교] She had her daughter tell the truth.

s+사역동사+o+o.c(동사원형)

목적어와 목적격보어가 능동관계일 때 목적격보어는 동사원형을 사용한다.

Examples

s+v+c+to부정사 : 형용사 다음에 오는 to부정사

1. I am happy **to be** here with you.

해 석 너와 함께 여기에 와서 기쁘다.

Point 일부 형용사 뒤에는 to부정사가 뒤따라온다.

be sure, delighted, eager, glad, careful, difficult, foolish, impo-ssible, mad, ready, willing, curious+to부정사

Examples

s+would like+someone+to부정사 : ~가 ~하기를 원하다

1. I would like you **to help** me tomorrow.

해 석 내일 날 좀 도와줘.

Point s+would like/love/prefer/hate+to부정사를 취한다.

[비교] s+would rather+동사원형에 주의하자.

I would rather stay here.

Not ~~I would rather to stay here~~.

Examples

s+v+o+원형부정사 : 목적격보어 자리에 to없는 부정사 사용

1. I let my son **do** whatever he likes.

해 석 나는 아들이 좋아하는 것을 하도록 내버려 둔다.

Point 사역동사+o+o.c로 목적격보어 자리에 동사원형을 사용한다.

Not ~~I let my son to do whatever he likes~~.

Examples

s+v+o+-ing : 목적격보어 자리에 진행 의미를 둘 때

1. I can hear her **singing** under the tree.

해 석 그녀가 나무 아래에서 노래 부르는 게들려.

Point = I can hear her sing under the tree.(의미상 차이가 미비함.)
지각동사는 feel/watch/hear+목적어+동사원형/~ing로 사용되며 목적어가 생략된 경우에는 -ing형이 바로 온다.
I heard singing.

Not ~~I heard sing~~.

【2】 부정사의 기본 용법

명사적 용법	주어, 목적어, 보어
형용사적 용법	명사 뒤에서 수식, be+to부정사로 예정, 의무, 가능, 운명
부사적 용법	목적, 원인, 판단의 이유, 결과, 조건, 양보, 형용사 수식

2-1 명사적 용법

to부정사가 주어, 목적어, 보어 자리에 위치하여 명사가 된다.

Examples

1. **To learn** English is important in modern times.

해 석 영어를 배우는 것은 현대사회에서 중요하다.

Point 동사 자체가 주어 자리를 차지할 수 없으므로 동사가 주어자리에 오려면 to부정사나 동명사로 변해야 한다. 현대영어는 to부정사 주어보다 동명사 주어를 보편적으로 많이 사용한다.

Voca learn-learned/learnt-learned/learnt 배우다 important 중요한 modern 현대의

2. **To wait** for people makes me angry.

해 석 사람들을 기다리는 것은 나를 매우 화나게 한다.

Point 2번 예문은 1번처럼 동사를 명사로 만들기 위해 to부정사 주어가 온다. 현대영어는 to부정사 주어를 피하고 waiting처럼 동명사 주어를 선호한다.

Voca wait for ~를 기다리다 make 시키다, 만들다 angry 화난

3. His plan is **to study** Japanese for two years.

해 석 그의 계획은 일본어를 2년간 공부하는 것이다.

Point to부정사가 보어 자리에 오는 경우로 주어(His plan)과 보어(to study~) 관계가 의미상 동격임을 알 수 있다.

Voca plan 계획 study 공부하다 Japanese 일본어

4. **To get** up late is not good for health.

해 석 늦게 일어나는 것은 건강에 좋지 않다.

Point to부정사 이하가 명사구가 되어 주어자리에 온다.

Voca | gut up 일어나다 late 늦은 good 좋은

5. Why did you decide **to enroll** in that computer course?

해 석 너는 왜 컴퓨터 과정을 신청하려고 했니?

Point to부정사가 목적어 자리에 위치하고 있다.

Voca | decide 결심하다 enroll 등록하다, 신청하다 course 과정

6. I expected **to pass** the exam.

해 석 나는 시험에 통과하기를 기대했다.

Point to부정사가 expected의 목적어로 사용된다.

Voca | pass 통과하다 exam = examination 시험

7. We are planning **to visit** Europe this year.

해 석 우리는 올 해 유럽을 방문할 계획이야.

Point to visit는 are planning의 목적어로 사용된다.

Voca | plan 계획하다 visit 방문하다 this year 올해

8. She pretended not **to know** me.

해 석 그녀는 나를 모르는 체 했다.

Point not to know가 pretended의 목적어로 사용된다. to부정사의 부정은 to 앞에 not이나 never를 위치시킨다.

Not ~~She pretended to not know me~~.(not의 위치가 틀림.)

Voca | pretend ~인 체하다 know–knew–known 알다

9. I have decided **to become** a teacher.

해 석 나는 선생님이 되기로 결심했다.

Point to become이 have decided의 목적어로 사용된다.

Voca decide 결심하다

10. I just don't want **to have** tuna any more.

해 석 더 이상 참치를 먹고 싶지 않다.

Point to have가 want의 목적어로 사용된다.

Voca want 원하다 have 먹다 not~ any more 더 이상 ~하지 않다

11. What do you plan **to do** this weekend?

해 석 이 번 주 말에 무엇을 할 계획이니?

Point to do는 plan의 목적어로 사용된다.

Voca plan+to부정사 ~계획하다 weekend 주말

12. I would like **to go** to the beach.

해 석 나는 해변에 가고 싶어.

Point would like/love/prefer to부정사는 ~을 하고 싶다

= I would love to go to the beach.

Voca go to the beach 해변에 가다

13. I am happy that you remembered **to send** it.

해 석 당신이 그것을 보낼 것을 기억하고 있어서 기쁩니다.

Point remember+to 부정사는 ~할 것을 기억하다

[비교] She remembered sending it.(remember+-ing ~한 것을 기억하다)

Voca happy 행복한 send-sent-sent 보내다

14. I don't **remember seeing** her.

해 석 그녀를 만났던 것을 기억하지 못한다.

Point remember+-ing는 ~한 것을 기억하다

Not ~~I don't remember to see her~~.(위 문장 의미로는 쓰이지 못함.)

[비교] remember+to 부정사 ~할 것을 기억하다

15. **To eat** vegetables is good for your health.

해 석 야채를 먹는 것은 건강에 좋다.

Point to부정사는 문장의 주어로 사용될 수 있으나 흔한 표현은 아니고 일반적으로 동명사를 주어로 사용하는 편이 낫다. to부정사가 문두에 오면 이유나 목적을 나타내는 부사구이다.

[참고] To go to work, you have to use your own car.

More study

to부정사를 목적어로 취하는 동사

want, hope, decide, deserve, seem, learn, need, expect, promise, appear, try, would like, plan, offer, pretend, would love, intend, agree, mean, refuse, forget, fail, threaten, afford

2-2 형용사적 용법

부정사가 명사 뒤에서 명사를 수식하는 형용사로 쓰임(명사+to부정사)

Examples

1. Who was the first person **to climb** Everest?

해 석 에베레스트 산을 최초로 등반한 사람은 누구니?

Point to clime~ 이하가 최상급을 뒤에서 수식하고 있다.

Voca | first 최초의 person 사람 climb 오르다

2. I need medicine **to stop** my stomachache.

해 석 복통을 멈추게 할 약이 필요합니다.

Point s+need+something+to부정사

Voca | need 필요하다 medicine 약 stop 멈추다 stomachache 복통

3. My daughter needs a friend **to play** with.

해 석 딸은 함께 놀 친구가 필요해.

Point to play with가 a friend를 뒤에서 수식하며 전치사를 수반한다.

Not ~~My daughter needs a friend to play~~.

4. Everybody has a wish **to be** rich.

해 석 모든 사람들은 부자가 되려는 소망이 있다.

Point everybody, somebody, someone, nobody, anything 등은 단수 취급한다.

Not ~~Everybody have a wish to be rich~~.

Voca | everybody 모든 사람 wish 소망 rich 부유한

5. I have no friend **to help** me.

해 석 나를 도와 줄 친구가 없다.

Point no, none of는 not a, not any에 비해 강조표현이다.

[비교] I don't have any friend to help me.

Voca | friend 친구 help 돕다

6. She made a decision **to leave** her job.

해 석 그녀는 직장을 그만 둘 결심을 했다.

Point to leave가 decision을 수식한다.

Voca make a decision 결심하다 leave 떠나다, 그만두다 job 직장

7. He has no house **to live** in.

해석 그는 살 집이 없다.

Point to live in이 house를 수식해 주고 있다.

Not ~~I have no house to live~~.(전치사 in 사용에 주의)

8. Let's find a place **to sit** on.

해석 앉을 곳을 찾아보자.

Point = How about finding a place to sit on?

= Why don't we find a place to sit on?

Let's+동사원형은 권유, 제안 표현으로 How about~?, What about~?, Why don't we(= you)~?, Shall we~?와 같다.

Voca place 장소 sit 앉다

9. We have a long journey **to make**.

해석 우리는 가야 할 길이 멀다.

Point = We have a long journey that we have to make.

Voca journey 여행

10. There's nothing **to do**.

해석 할 일이 하나도 없다.

Point There+동사+주어는 '~있다'로 존재구문이다.

Not ~~There are nothing to do~~.(s+v의 일치(agreement) 주의)

11. My son needs some paper **to write** on.

해석 아들은 쓸 종이가 필요하다.

Point to 부정사가 전치사를 수반한 상태에서 앞의 명사를 수식하여 형용사로 쓰인다.

12. She wanted something **to drink.**

해 석 그녀는 마실 것을 원했다.

Voca want 원하다 something 무언가 drink 마시다

13. It's time **to have** dinner.

해 석 저녁 먹을 시간이야.

Point It's+(about/high)+time to+부정사 ~할 시간이다.

[참고] It's time to go to bed.

Voca dinner 저녁

14. Give her something **to eat.**

해 석 그녀에게 먹을 것 좀 줘.

Point to eat이 something을 수식한다.

Voca give-gave-given 주다 eat-ate-eaten 먹다

15. The chairman is **to make** a speech tonight.

해 석 회장은 오늘밤 연설할 예정이다.

Point be동사 다음에 to부정사가 와서 예정, 의무, 가능, 운명을 나타낸다.

Voca chairman 회장 make a speech 연설을 하다 tonight 오늘밤 to make ~이하는 예정

16. You are **to be** back tomorrow.

해 석 너는 내일까지 돌아와야 한다.

Point to be ~이하는 의무

Voca | be back 돌아오다 tomorrow 내일

17. ***Not*** a man was **to be seen** in the street.

해 석 거리에는 한 명도 보이지 않았다.

Point to be ~이하는 가능

[참고] My car is supposed to be repaired today.(to+be+p.p는 to부정사 수동형)

Voca | not a man 한 사람도 street 거리

18. If we are **to succeed,** we had better study English hard.

해 석 성공하기를 원한다면 영어공부를 열심히 하는 것이 낫다.

Point are to~ 이하가 의도를 나타낸다.

Voca | succeed 성공하다 had better ~하는 편이 낫다(It is a good idea to do something.)

19. He was never **to see** his son.

해 석 그는 다시는 아들을 못 볼 운명이었다.

Point to see~ 이하는 운명을 나타낸다.

Voca | never 결코~이 아니다 see-saw-seen 보다 son 아들

2-3 부사적 용법

to부정사가 목적, 원인, 이유, 결과, 조건, 양보의 뜻으로 쓰이거나 형용사 뒤에서 수식하는 경우이다. to부정사 이하는 생략 가능하다.

Examples

1. I worked hard **to live** in comfort.

해 석 나는 편하게 살기 위해 열심히 일했다.

Point to live가 목적을 나타낸다.

Voca work 일하다 hard 열심히 live 살다 in comfort 편안히

2. The girl smiled **to see** me dancing.

해석 소녀는 내가 춤추는 것을 보고 웃었다.

Point to see가 원인을 나타낸다.

Voca smile 웃다 see-saw-seen 보다 dance 춤추다

3. She must be upset **to shout** like that.

해석 그처럼 소리 지르는 것을 보니 그녀는 화난 것임에 틀림없다.

Point to부정사가 이유를 나타낸다.

Voca must ~해야 한다, ~임에 틀림없다 upset 화난 shout 소리치다 like ~처럼

4. I awoke up **to find** myself famous.

해석 깨어나 보니 유명해진 것을 알았다.

Point to find 이하가 결과를 나타낸다.

Voca awake-awoke-awaken 깨다 find-found-found 알다 myself 내 자신 famous 유명한

5. You will get healthy **to work** out.

해석 운동을 한다면 건강해 질 것이다.

Point to부정사가 조건을 나타낸다.

Voca healthy 건강한 work out 운동하다

6. **To do** his best, he couldn't do it.

해석 그가 최선을 다할 지라도 그것을 할 수 없었다.

Point To do his best = Although he did his best(양보)

Voca do one's best 최선을 다하다

7. She is a fool **to refuse** my offer.

해석 내 제안을 거절하다니 그녀는 바보다.

Point to refuse는 판단을 나타낸다.

Voca fool 바보 refuse 거절하다 offer 제안

8. Are you ready **to leave** now?

해석 지금 떠날 준비가 되었나요?

Point to leave 이하가 형용사 ready를 수식하고 있다.

Voca be ready to ~할 준비가 되다 leave 떠나다 now 지금

9. Most people are afraid **to hear** the truth about themselves.

해석 대부분 사람들은 자신에 대한 진실을 듣는 것에 두려워해.

Point 재귀대명사는 인칭에 따라 myself, ourselves, yourself, yourselves, himself, herself, itself, themselves가 있다.

Voca most 대부분의 people 사람들 afraid 두려워하는 hear 듣다 truth 진실

10. She is certain **to win** the contest.

해석 그녀가 대회에 이길 것은 확실하다.

Point to win 이하는 형용사 certain을 수식한다.

Voca certain 확실한 win-won-won 이기다 contest 시합

11. I was fortunate **to pass** the exam.

해석 시험에 합격하다니 운이 좋았다.

Point to pass 이하가 fortunate를 수식한다.

Voca | fortunate 운 좋은 pass 통과하다 exam 시험

【3】 부정사의 관용 표현

3-1 too~to 너무 ~해서 ~할 수 없다

Examples

1. He is **too** old **to** climb the mountain.

   = He is **so** old **that** he **can't** climb the mountain.

   해 석 그는 너무 나이가 들어서 산에 오를 수가 없다.

   Point too~to은 so~that~cannot 의미로 문장에 부정어를 넣지 않도록 한다.

   Not ~~He isn't too old to climb the mountain.~~

   Voca | old 나이 든 climb 오르다, 등반하다 mountain 산

2. She was **too** tired **to** go to sleep easily.

   해 석 그녀는 너무 피곤해서 쉽게 잠을 이룰 수가 없었다.

   Point *Not* ~~She wasn't too tired to go to sleep easily.~~

   Voca | tired 지친 go to sleep 잠들다 easily 쉽게

3-2 형용사/부사+enough+(for 목적격)+to부정사 ~할 정도로 충분한

Examples

1. My son is **old enough to talk** with me.

   해 석 내 아들은 나와 얘기를 할 수 있을 정도로 충분한 나이이다.

Voca enough 충분한 talk with/to+사람 ~와 이야기하다

2. My wife studied **hard enough to** pass the exam.

해 석 아내는 시험에 합격할 정도로 열심히 공부했다.

Voca study–studied–studied 공부하다 hard 열심히 pass 통과하다 exam 시험

3. The box is **heavy enough for** her to lift.

해 석 그 상자는 그녀가 들기에 무겁다.

Voca heavy 무거운 lift 들어올리다

4. He is **rich enough to buy** a seaside villa.

해 석 그는 해변에 별장을 살 수 있을 정도로 부자다.

Voca rich 부유한 buy–bought–bought 사다 seaside 해변 villa 별장

5. She was **kind enough to take** me home.

해 석 그녀는 나를 집에 데려다 줄 정도로 친절했다.

Voca kind 친절한 enough 충분한, 충분히 take 데려가다

6. It was **warm enough to take** a walk at night.

해 석 밤에 산책을 할 정도로 따뜻했다.

Voca warm 따뜻한 take a walk 산책하다 at night 밤에

3-3 독립부정사 : 문두나 문중에 관용적으로 쓰인다

to make matters worse	설상가상으로
to tell the truth	진실을 말하면

to be frank with you	솔직히 말해서
to be sure	확실히
to begin with	우 선
strange to say	이상한 말이지만
not to speak of	~은 말할 것도 없이
so to speak	말하자면, 즉
needless to say	말할 필요도 없이
to conclude	결론적으로

【4】 부정사의 의미상 주어

to부정사는 동사에서 왔기 때문에 동사의 성질 즉, 주어를 가지려 한다. 부정사의 의미상 주어는 ① 문장주어가 의미상 주어인 경우, ② 목적어가 의미상 주어인 경우, ③ for+목적격으로 나타내는 경우, ④ of+목적격으로 나타내는 경우가 있다. 특히 ③, ④의 경우처럼 별도로 의미상 주어를 나타낼 때 주의하자.

Examples

1. It is difficult **for him** to do it.

해 석 그가 그 일을 하는 것은 어렵다.

Point s+adjective+for object+to부정사 형태이다.
다음과 같은 형용사에서 부정사의 의미상 주어는 for+object 형태를 쓴다. dangerous, expensive, easy, happy, good, safe, necessary, te-rrible, wonderful

2. It is clever **of you** to say so.

해 석 그렇게 말하다니 영리하다.

Point *Not* ~~It is clever for you to say so.~~
의미상 주어는 of+목적격으로 나타낸다. 이런 경우는 문장의 형용사가 사람의 성품이나 성향을 나타낼 때 사용된다. 다음과 같은 형용사의 경우이다. nice, kind, sensible, foolish, brave, generous, polite, thoughtful, unreasonable, unprofessional

3. It is nice **of her to show** me the way to the post office.

해 석 그녀가 우체국 가는 길을 알려주는 것을 보니 친절하다.

Voca nice 친절한 show 알려주다 way 길, 방식 post office 우체국

4. It was foolish **of you to do** that.

해 석 네가 그렇게 하는 것은 어리석었다.

Point = You were foolish to do that.

Not ~~It was foolish for you to do that.~~

Voca rude 무례한

5. The goal of this workshop is **for the staff to** improve teamwork.

해 석 워크숍의 목적은 직원들이 팀워크를 향상시키는 것이다.

Voca goal 목표, 목적 workshop 워크숍 staff 직원 improve 향상시키다 teamwork 팀워크

6. My dream is **for my daughter to inherit** the family business.

해 석 내 꿈은 딸이 가업을 계승하는 것이다.

Point for+의미상주어+to부정사

Voca inherit 계승하다 family business 가업

【5】 부정사의 시제

5-1 단순부정사(to+v) : 술어동사와 시제가 일치하는 경우에는 단순부정사를 사용한다

Examples

1. He seems **to be** ill a lot.

해 석 그는 많이 아파 보인다.

Point = It seems that he is ill a lot.

부정사도 동사에서 왔기 때문에 시제를 취할 수 있다.

Voca seem ~처럼 보이다 ill 아픈 a lot 많이

2. She pretends **to be** poor.

해 석 그녀는 가난한 체 한다.

Voca pretend ~인 체하다 poor 가난한

5-2 완료부정사(to have+p.p) : 술어동사 보다 한 시제 앞설 때 완료부정사를 사용하며 과거 일이나 이미 완료된 행위에 대해 명확히 하고자 할 때 사용한다

Examples

1. He seems **to have been** rich.

해 석 그는 부자였던 것처럼 보인다.

Point = He seems that he was rich.

Voca seem ~처럼 보이다

2. I am sorry **to have kept** you waiting.

해 석 너를 기다리게 해서 미안해.

Point keep+-ing 계속~하게 하다

3. It's nice **to have finished** work.

해 석 일을 끝마쳐서 기쁘다.

Point = It's nice that I have finished.

Voca finish 끝마치다

4. He meant **to have met** her, but he forgot the appointment.

해 석 그녀를 만나려고 했지만 약속을 잊어버렸다.

Point 완료부정사는 과거에 어떠한 일이 실제로 일어나지 않은 경우에도 사용한다.

Voca appointment 약속

【6】 부정사의 부정

부정사 앞에 not, never를 쓴다.

Examples

1. Try **not to be** late agin.

해 석 다시 늦지 않도록 해라.

Point *Not* ~~Try to not be late again.~~(not 위치에 주의)

2. He pretended **not to be smoking.**

해 석 그는 담배를 안 피우는 척 했다.

Point to+be+-ing형은 부정사의 진행형이다.

3. I turned off the radio **in order not to disturb** her.

해 석 그녀를 방해하지 않기 위해 라디오를 껐다.

Voca turn off 끄다 turn on 켜다 in order to ~하기 위해 disturb 방해하다

【7】 수동형 부정사 : to be+p.p/to have+been+p.p

Examples

1. My car is supposed **to be repaired** today.

해 석 내차는 오늘 수리될 거야.

Point 차는 수리되어지기 때문에 수동형을 사용한다.

Not ~~My car is supposed to repair today~~.

Voca be supposed to+v ~하기로 예정되다, 해야 한다 repair 수리하다 today 오늘

2. Jane seemed **to have been killed** in the war, but she came back home.

해 석 제인은 전사했던 것처럼 보였으나 살아서 돌아왔다.

Point seem은 연결동사(linking~ verb)로 형용사보어가 뒤따라온다.

Not ~~She seems angrily. She seems angry~~.

Voca seem ~처럼 보이다 war 전쟁 come back home 집에 돌아오다

3. Your bike seems **to have been stolen**.

해 석 네 자전거가 도난당한 것 같다.

Point 완료형 to부정사 수동태형

Voca bike 자전거 seem ~처럼 보이다 steal-stole-stolen 훔치다

4. [참고] He seemed **to have been waiting** there for an hour.

해 석 그가 한 시간 동안 그곳에서 기다린 것 같았다.

Point 완료부정사 진행형이다.

Voca wait 기다리다 hour 시간

More study

to부정사 목적어 vs 동명사 목적어 사용에 따른 의미변화에 주의하자

remember+to+v	~할 것을 기억하다
remember+-ing	~한 것을 기억하다
forget+to+v	~할 것을 잊다
forget+-ing	~한 것을 잊다
try+to+v	~하려고 노력하다
try+-ing	~을 시도하다
regret+to+v	~하게 되어 유감이다
regret+-ing	~을 후회하다

She **remembered to fix** the car.

해 석 | 그녀는 차를 수리할 것을 기억했다.

Point | remember+to+v ~할 것을 기억하다(미래의 일)

She **remembered fixing** the car.

해 석 | 그녀는 차를 고친 것을 기억했다.

Point | remember+-ing ~한 것을 기억하다(과거의 일)

Voca remember 기억하다 fix 고치다

He **forgot to** tell her the news.

해 석 | 그는 그녀에게 소식을 전할 것을 잊었다.

Point | forget+to+v는 ~할 것을 잊다(미래의 일)

Voca news 소식

He **forgot telling** his secret.

해 석 | 그는 비밀을 말한 것을 잊었다.

Point | forget+-ing는 ~한 것을 잊다(과거의 일)

Voca forget-forgot-forgotten 잊다 secret 비밀

I **tried to get** good marks.

해 석 I 나는 좋은 성적을 받으려고 노력했어.

Point I try to+v는 ~하려고 노력하다

Voca marks 성적

He **tried raising** the volume.

해 석 I 그는 음량을 높여 보았다.

Point I try+-ing는 ~하려고 시도하다

Voca raise 올리다 volume 음량

I **regret to tell** you the fact

해 석 I 너에게 사실을 말하게 되어 유감스럽다.

Point I regret to+v는 ~하게 되어 유감이다(미래의 일)

Voca regret 후회하다 for+사실

She **regrets not studying** when she was young.

해 석 I 그녀는 젊었을 때 공부하지 않은 것을 후회한다.

Point I regret+-ing은 ~한 것을 후회하다(과거의 일)

Voca regret 후회하다 young 어린

【8】 원형부정사가 사용되는 경우

8-1 사역동사의 목적격 보어자리에 : s+v+o+o.c(원형부정사)

Examples

1. She **made** her son **eat** vegetables.

해 석 그녀는 아들이 야채를 먹도록 했다.

Point 사역동사(causative verb)란 상대방의 의지와는 상관없이 주어의 의지대로 무언가를 시키는 것을 말한다. 대표적인 사역동사는 make, have, let, help가 있다.

Voca vegetable 야채

2. She **let** the children **play** outside.

해 석 그녀는 아이들이 밖에서 놀도록 했다.

Point let은 주어의 허락 하에 목적어가 무언가를 하는 것을 말한다.

let-let-let 형태에 주의

Voca outside 밖에

3. She **had** her daughter **do** her homework first.

해 석 그녀는 딸에게 먼저 숙제를 하도록 했다.

Point 사역동사 have는 make 보다는 **사역의 의미가 조금 덜한 편**이다.

Voca have-had-had 시키다 daughter 딸 do-did-done 하다 homework 숙제 first 처음으로

4. My father **let** me **go** out at night.

해 석 아빠께서 밤에 나갈 수 있도록 해주셨다.

Voca father 아빠 let 시키다, 허락하다 go out 나가다 at night 밤에

5. We will **help** you **(to) carry** these things downstairs.

해 석 우리는 네가 이것들을 아래층으로 나르는 것을 도와주겠다.

Point help는 준사역동사로 목적격보어 자리에 to 사용은 선택적(optional)적이다.

8-2 지각동사의 목적격보어 자리에 : s+v+o+o.c(원형부정사)

Examples

1. I **saw** a stranger **go** into your car.

해 석 낯선 사람이 당신의 차에 들어가는 것을 보았다.

Point 지각동사(verbs of perception)는 인간의 오감을 나타내는 동사로 목적어와 목적격보어가 능동관계일 때 목적격보어 자리에 동사원형이나 현재분사(현대영어는 동명사라 칭하기도 한다)가 주로 사용된다.

Voca stranger 낯선 사람

2. He **felt** something **moving** behind him.

해석 그는 무언가가 뒤에서 움직이는 것을 느꼈다.

Point = He felt something **move** behind him.
목적격보어자리에 현재분사가 사용되면 진행의 의미가 있지만 동사원형이 오는 경우와 크게 차이는 없다.

Voca feel-felt-felt 느끼다 move 움직이다 behind 뒤에

3. I **could** hear her **singing** a lullaby to her baby.

해석 나는 그녀가 아기에게 자장가를 들려주는 걸 들을 수 있었다.

Point = I could hear her **sing** a lullaby to her baby.

Voca hear-heard-heard 듣다 lullaby 자장가 baby 아기

4. **Have** Mr. Kim come in, please.

해석 미스터 김을 들여보내세요.

Point 사역동사가 명령문을 이끌고 있다.

8-3 관용표현에 원형동사 사용하기

Examples

1. You **had better** not meet her.

해석 너는 그녀를 만나지 않는 편이 낫다.

Point had better는 '~하는 편이 낫다'로 부정은 뒤에 not을 위치한다.

More study

We **had better call** the police.

해 석 | 경찰을 부르는 게 좋겠다.

Point | had better+v는 '~하는 게 낫다'라는 의미로 긴급함이나 요구 또는 어떤 일을 하는데 있어 좋은 생각임을 나타낼 때 사용한다.

Voca call 전화하다 the police 경찰

She's a selfish woman, but somehow we **can't (help) but like** her.

해 석 | 그녀는 이기적이지만 어쨌든 우리는 그녀를 좋아할 수밖에 없다.

Point | can't help but+v ~할 수 밖에 없다

= She's a selfish woman, but somehow we can't help liking her.

Voca selfish 이기적인 woman 여성 somehow 어째든, 아무튼 like 좋아하다

I **would rather not tell** you.

해 석 | 너한테는 말하지 않는 게 낫겠다.

Point | would rather+v 차라리 ~하다

Grammar Review

다음 문장에서 틀린 부분을 올바르게 고치시오. 1-10

1. What do you plan do this weekend?

2. I would like going the beach, but my mom told me to avoid going out in the sun.

3. I got angry because one of my students kept on talked during the class.

4. She hopes passing the driver's license test tomorrow.

5. All of us object to go to the concert.

6. Would you love to took a trip to Chicago?

7. The little boy pretended be sick, so the teather allowed him to go home.

8. He promised helping me with this work, but he didn't.

9. She's getting weight. She has got to avoid ate meat and fried food.

....

10. I might be able to put off go to the dentist till tomorrow.

....

다음 괄호속의 표현 중 올바른 것을 고르시오. 11–20

11. Why do you want (to go, going) there with her?

12. He thought about (going, to go) later, but he really wants (to go, going) right now.

13. The architect expects(to complete, completing) the building in December.

14. She gave up (to smoke, smoking) three months ago.

15. Have you finished (to paint, painting) the wall?

16. I managed (to avoid, avoiding) (having, to have) an accident.

17. She refused (to accept, accepting) any money for the work she had done.

18. The police forced her (to tell, telling) the truth.

19. They didn't allow visitors (parking, to park) their cars here.

20. Some parents let their children (did, do) whatever they do.

다음을 영작하시오. 21-40

21. 나는 그가 손톱을 물어뜯는 것을 못하게 했다. *stop+o+o.c

22. 당신이 결정한 것을 우리에게 알리세요. *사역동사 let 사용

23. 사장님은 이번 주 우리가 회의에 참석하는 것을 원한다. *would like+to+v

24. 나는 잠자리에 들기 전에 따뜻한 우유를 마셔보려고 한다. *be going to, go to bed

25. 내일 눈이 올 것은 확실하다. *It's certain ~이 확실하다 snow 눈이 내리다

26. 나는 그녀를 만나게 되어 매우 기쁘다. *be pleased to ~하게 되어 기쁘다

27. 우리는 그의 강의를 이해하기가 어렵다. *It ~for ~to+v

28. 그녀는 직장을 그만두기로 최종적으로 결정했다. *make a decision 결정하다

29. 나는 새가 밖으로 나갈 수 있도록 창문을 열어 놓았다. *leave 어떠한 상태로 남겨 두다

30. 너는 나갈 준비가 아직 안 됐니? *be ready to+v ~할 준비가 되다

31. 전주에 도착하기 전 가이드북을 읽었기 원한다. *완료부정사 to have+p.p

32. 나는 그녀가 기다리기를 원했지만, 그녀는 떠나기를 원했다. *want+o+o.c

33. 나는 널 오늘밤 만나기 원해. *would love to+v

34. 그들은 우리가 담배 피는 것을 허락하지 않는다. *allow+목적어+to+v

35. 우산 가져가는 걸 기억하렴. *remember+to+v ~할 것을 기억하다

36. 그는 그것을 말한 것을 후회한다. *regret+-ing ~한 것을 후회하다

37. 내 차를 세차해야 해. *사물주어+need형사용

38. 주의 깊게 듣는 것은 중요하다. *It~ to~ 가주어(예비주어) 진주어 사용

39. 우리가 해야 할 일은 아무 것도 없다. *There+v+s+for+목적격+to+v

40. 아이들이 잘 시간이다. *It's time+for+목적격+to+v

Unit 6
GRAMMAR

Gerund
동명사

FOCUS 단순동명사와 완료동명사

동사에 변화 주기

"동명사(Gerund)"

동명사는 v+-ing형으로 Unit5의 부정사와 같은 성향을 가지고 있다. 이러한 이유는 부정사, 동명사, 분사는 준동사(verbal)로 모두다 동사에서 변형된 형태이기 때문이다. 동명사는 동사적 성질을 가지면서 명사적인 성질을 함께 가지고 있는데 먼저 동사적 성질이란 동명사가 목적어나 보어를 가지며 부사의 수식을 받을 수 있다는 것이고 명사적 성질이란 문장에서 주어, 목적어, 보어 역할을 한다는 것이다. 이러한 점에 유념하여 동명사가 각 문장에서 어떻게 쓰이는지 알아보기로 한다.

【1】 동명사의 성질

1-1 동사적 성질

목적어나 보어를 수반하거나 부사의 수식을 받을 수 있다.

Examples

1. Luke enjoys **writing poems.**

해 석 Luke는 시 쓰는 것을 좋아한다.

Point writing은 동사 enjoys의 목적어 역할을 하며, 동시에 poems를 목적어로 취한다.

Not ~~Luke enjoys to write poems.~~(enjoy는 동명사를 목적어로 취함.)

Voca enjoy 즐기다 write–wrote–written 쓰다 poem 시

2. He often watches TV instead of **reading a book.**

해 석 그는 책을 읽는 대신 종종 텔레비전을 본다.

Point reading은 전치사구 instead of의 목적어 역할을 하며 동시에 타동사 성질을 가지고 있기 때문에 목적어 a book을 동반한다.

Not ~~He often **looks at** TV instead of reading a book.~~(동사 사용이 올바르지 못함.)

3. He is famous for **writing well.**

해 석 그는 글을 잘 쓰는 것으로 유명하다.

Point writing은 전치사 for의 목적어로 사용되는 명사적 기능 외에 부사의 수식을 받는 동사적 성질도 가지고 있다.

Voca famous 유명한 be famous for ~로 유명하다 well 잘

4. I don't approve of **hunting wild animals** for sport.

해 석 나는 재미로 야생동물을 사냥하는 것에 반대한다.

Point 동명사 hunting이 목적어로 wild animals를 받는다.

Voca approve of 찬성하다 hunt 사냥하다 wild animal 야생동물 for sport 재미로

1-2 명사적 성질

문장의 주어, 보어, 목적어 자리에 쓰인다.

주어자리에 쓰이는 경우

Examples

1. **Talking** and action are two quite different things.

해 석 말과 실천하는 것은 꽤 다르다.

Point 동명사 talking이 주어로 사용된다.

[참고] 동사가 주어 자리에 오려면 to부정사나 동명사로 바꿔야 하는데 동명사 주어를 사용하는 편이 보편적이다.

Voca talk 말하다 action 실천, 실행 quite 꽤 different 다른

2. **Driving** to work usually takes ten minutes.

해 석 차로 통근하면 보통 10분 걸린다.

Point 빈도부사(frequency adverbs)는 일반동사 앞에 위치한다.

Not ~~Driving to work takes usually ten minutes.~~

Voca usually 일반적으로

3. **Sunbathing** can be dangerous, especially at midday.

해 석 일광욕하는 것은 위험할 수 있는데 특히 한낮에는 더욱 그렇다.

Point sunbathing은 동명사로 주어자리에 온다.

Voca sunbathe 일광욕하다 dangerous 위험한 especially 특히 at midday 한낮에

4. **Saving** money is difficult.

해 석 저축하는 것은 어렵다.

Point 동명사 saving이 주어자리에 오면서 money를 수반한다.

Voca save 절약하다, 저축하다, 목숨을 구하다 **[참고]** saving n. 절약, 검약 savings 저축 .

5. **Reading** English is much easier than speaking it.

해 석 영어로 읽는 것은 말하는 것보다 훨씬 더 쉽다.

Point reading이 주어자리에서 명사로 쓰인다.

[참고] 비교급을 수식하는 부사 much, still, even, far, a lot, 최상급 강조 부사 much, the very

Not ~~Reading English is very easier than speaking it~~.

Voca easy–easier–easiest 원급–비교급–최상급

6. **Smoking** is not allowed here.

해 석 이곳에서 흡연은 금지되어 있어요.

Point smoking이 주어자리에 사용된다.

Voca be allowed ~을 허락받다 smoking 흡연 here 여기

목적어자리에 쓰이는 경우

Examples

1. I began **teaching** when I was 20.

해 석 나는 20살 때 가르치기 시작했다.

Point teaching은 타동사(transitive verbs) began의 목적어이다.
= I started teaching when I was 20.

Voca begin–began–begun 시작하다

2. You should give up **going** there.

해 석 너는 거기 가는 것을 포기해야 한다.

Point going이 구동사 give up의 목적어이다.

Voca give up 포기하다

3. I started/began **working** here two years ago.

해 석 나는 2년 전에 여기에서 일을 시작했다.

Point working은 타동사 started/began의 목적어이다.

start는 begin처럼 동명사와 to 부정사를 둘 다 목적어로 취할 수 있으나 의미상 차이는 크게 없다.(There is no difference in meaning.)

4. She regrets **having** bought the car.

해 석 그녀는 차 산 것을 후회한다.

Point 완료동명사 having bought는 타동사 regrets의 목적어이다.

= She regrets buying the car.(단순동명사를 사용해도 의미상 차이는 없다.)

Voca regret 후회하다

5. Have you finished **cleaning** yet?

해 석 청소 다 끝냈니?

Point finish는 동명사를 목적어로 취하는 동사이다.

Not ~~Have you finished to clean yet~~?

Voca finish 끝마치다 clean 청소하다

More study

동명사와 to 부정사를 둘 다 목적어로 취할 수 있는 동사

begin, hate, like, prefer, love, continue

동명사와 to부정사가 목적어자리에 쓰이는 경우

Examples

1. I like **going** to a movie.

I like **to go** to a movie.

해 석 나는 영화 보러 가는 것을 좋아한다. 나는 영화 보러 가고 싶다.

Point 의미상 차이는 크게 없지만 동명사는 '~하는 행위 자체를 좋아 한다', to 부정사는 '~하고 싶다'는 뜻으로 약간의 차이가 있을 뿐이다.

2. She prefers **hanging** around with her friends.

She prefers **to hang** around with her friends.

해 석 그녀는 친구들과 어울려 다니기를 좋아한다.

Point 목적어 형태가 의미에 영향을 미치지는 않는다.

Voca prefer 좋아하다 hang around with 어울려 다니다

그러나 다음 예문은 어법상 주의가 필요하다.

3. I **would love** to go to a movie.

I **would like** to go to a movie.

해 석 나는 영화 보러 가고 싶다.

Point would like to+v, would love to+v 형태만이 가능하다.

Not ~~I would love/like going to movies.~~

보어자리에 쓰이는 경우

Examples

1. My job is **teaching** English.

해 석 내 직업은 영어를 가르치는 것이다.

Point teaching은 보어로 my job과 teaching English는 동격관계이다.

Voca teach–taught–taught 가르치다

2. The purpose of life is not **wasting** our time.

해 석 삶의 목적은 시간 낭비가 아니다.

Point the purpose of life와 not wasting our time은 동격관계이다.

Voca purpose 목적 life 삶 enjoy 즐기다

3. One of her bad habits is **biting** her nails.

해 석 그녀의 나쁜 습관중 하나는 손톱을 물어뜯는 것이다.

Point one of+복수명사에서 수의 일치는 of 앞의 명사에 따른다.

Not ~~One of her bad habits **are** biting her nails.~~(habits에 동사의 수를 맞추지 말 것)

Voca habit 습관 bite-bit-bitten 물어뜯다 nail 손톱

전치사의 목적어로 쓰이는 동명사

Examples

1. How **about going** to the cinema tonight?

해 석 오늘밤에 영화관 가는 게 어때?

Point How about~?는 '~은 어때?'로 상대방에게 권유나 제안을 하는 표현이다.

= Let's go to the cinema tonight.

2. She went to work in spite **of feeling** ill.

해 석 그녀는 아팠지만 일하러 나갔다.

Voca in spite of ~에도 불구하고 feel-felt-felt 느끼다 ill 아픈

3. I'm thinking **about changing** my job.

해 석 직장을 바꾸려고 생각중이야.

Point 전치사 about 다음에 동명사가 필요하다.

Not ~~I think about changing my job~~.(의미상 진행형이 올바르다.)

Voca change 바꾸다 job 직업

4. They accused me **of telling** lies.

해 석 그들은 내가 거짓말을 한다고 비난했다.

Point 전치사 of 다음에 동명사를 사용한다.

Voca accuse A of B A를 B로 비난, 고소하다 lie 거짓말, 거짓말하다

5. She is very good **at making** friends.

해 석 그녀는 친구를 잘 사귄다.

Point be good at은 ~에 능숙 하다로 전치사 at 다음에 동명사를 사용한다.

Not ~~She is very good at making friend~~.(friend에 s를 빠뜨리지 않도록 주의)

Not ~~She is very good at getting friends~~.(getting을 사용하지 않도록 주의)

Voca make friends 친구를 사귀다

More study

have 자리에 get을 쓰지 말 것

In April, she had a baby, Yubum.

해 석 | 4월에 그녀는 유범이를 낳았다.

Point | *Not* ~~In April, she got a baby, Yubum~~.

Voca have a baby 아이를 낳다

make 자리에 get을 쓰지 말 것

Yubum was able to make new friends.

해 석 | 유범이는 새로운 친구들을 사귀었다.

Point | *Not* ~~Yubum was able to get new friends~~.

Voca make friends 친구를 사귀다

6. He confessed **to stealing** the car.

해 석 그는 차를 훔쳤다고 자백했다.

Point stealing은 전치사 to의 목적어이다.

Voca confess to 자백하다, 시인하다 steal-stole-stolen 훔치다

7. We thanked him **for supporting** us.

해 석 그가 우리를 도와줘서 고마웠다.

Point **과거 의미를 강조**할 때에는 완료동명사(having+p.p)를 사용한다.

[비교] We thanked him for having supported us.

Voca thank A for B ~에게 ~로 감사하다

【2】 동명사의 관용적 표현

have a hard time+-ing ~하는데 어려움을 겪다

= have difficulty+-ing = have trouble+-ing

= have a hard time+-ing = have a difficult time+-ing

Examples

1. I **have a hard time** finishing this work.

해 석 이 일을 마무리 하는데 어려움을 겪고 있다.

Voca hard 곤란한, 어려운, 하기 힘든

It is no use ~ing ~해봐야 소용없다

Examples

1. **It is no use** worrying about it.

해 석 걱정해봐야 소용없다.

Voca worry about ~에 대해 걱정하다

on+-ing ~하자마자

Examples

1. **On** seeing the police, she ran away.
   = **As soon as** she saw the police, she ran away.
   = **The instant** he saw the police, she ran away.
   = **The moment** he saw the police, she ran away.
   = **The minute** he saw the police, she ran away.
   = **Scarcely** had he seen the police **before** she ran away.
   = **Hardly** had he seen the police **when** he ran away.
   = **No sooner** had he seen the policeman **than** he ran away.

for the purpose of~-ing ~할 목적으로

Examples

1. He went abroad **for the purpose of** studying English.
   해 석 그는 영어를 공부할 목적으로 해외로 나갔다.
   Point for the purpose of+-ing = with a view to+-ing

   Voca go abroad 해외로 나가다

in spite of ~ing ~에도 불구하고

Examples

1. **In spite of** being injured, I went to see her.

해 석 다쳤을지라도, 나는 그녀를 만나러 갔다.

Voca | injure 상처를 입히다

feel like ~ing ~하고 싶다

Examples

1. I don't **feel like** going out tonight.

해 석 나는 오늘밤 나가고 싶지 않다.

Voca | go out 나가다 tonight 오늘 밤

far from ~ing 결코 ~하지 않는

Examples

1. She is **far from** being pretty.

해 석 그녀는 결코 예쁘지 않다.

Voca | pretty 예쁜

have a good time ~ing ~하는데 좋은 시간을 보내다

Examples

1. I **had a good time** talking with her.

해 석 그녀와 이야기를 하며 좋은 시간을 보냈다.

Voca talk with ~와 이야기하다

besides ~ing ~뿐만 아니라

Examples

1. **Besides** being intelligent, he is fairly good-looking.

   해 석 그는 지적일 뿐만 아니라 잘 생겼다.

   Voca besides 게다가 intelligent 지적인 strong 강한

2. **Besides** teaching English, she is studying at law school.

   해 석 영어를 가르칠 뿐만 아니라 그녀는 로스쿨에서 공부중이다.

   Voca law school 법무대학원

【3】 동명사의 시제

3-1 단순동명사

단순동명사(v+-ing)는 주절의 동사와 대부분 같은 시간을 나타내지만 때에 따라서는 술어동사 이후의 시간을 나타내기도 한다.

Examples

1. She admitted **breaking** the window.

   해 석 그녀는 창문을 깬 것을 인정했다.

Voca | admit 인정하다 break-broke-broken 깨다

2. I don't mind **doing** lots of work.

해 석 나는 일 많이 하는 것을 꺼려하지 않아.

Voca | mind+-ing 꺼려하다 lots of 많은 work 일

3. He is excited about **going** to America.

해 석 그는 미국에 가는 것에 들떠 있어.

Point 단순동명사 going은 술어동사보다 **미래의 일**을 나타낸다.

Voca | excited 흥분한

4. I am looking forward to **seeing** him.

해 석 그를 만나길 기대합니다.

Point seeing은 술어동사보다 **미래의 일**을 나타낸다.

Not ~~I am looking forward to see him~~.(전치사 to 다음에는 동명사)

Voca | look forward to ~을 기대하다, 기다리다

5. We listened to their **arguing** all night.

해 석 우리는 밤새도록 그들이 싸우는 것을 들었다.

Point arguing은 listened to와 같은 시간대이다.

Voca | argue 논쟁하다 all night 밤새도록

3-2 완료동명사

완료동명사(having+p.p)는 술어동사보다 **먼저 일어난 일**을 나타낸다.

Examples

1. He is proud of **having been** rich.

해 석 그는 부자였던 것을 자랑한다.

Point 그가 과거에 부자였다는 것을 알 수 있다.

[비교] He is proud of being rich.(그가 현재 부자라는 것)

Voca be proud of ~을 자랑스러워하다

2. I admit **having known** him.

해 석 나는 그를 알았다는 것을 인정한다.

Voca admit 인정하다 know-knew-known 알다

3. They regret **having got** married.

해 석 그들은 결혼한 것을 후회한다.

Point = They regret **getting married.**(단순동명사 사용과 의미상 차이 없음.)

Voca regret 후회하다 get married 결혼하다

4. She denied **having stolen** the purse.

해 석 그녀는 지갑을 훔친 것을 부인했다.

Point = She denied **stealing** the purse.

완료동명사는 having+p.p로 술어동사보다 먼저 일어난 일을 나타내지만 **때로는 단순동명사를 사용해도 의미상 차이는 없다.**

【4】 동명사의 의미상 주어를 명시하는 경우

동명사는 동사에서 왔기 때문에 주어를 가지려는 성질이 있으며, 동명사의 의미상

주어는 원칙적으로 **소유격**을 사용하나 회화체나 보다 자연스러운 문장에서는 **목적격**을 사용하기도 한다.

Examples

1. Please excuse **my being** late.

해 석 늦어서 죄송합니다.

Point 의미상주어 my를 사용하여 늦은 행위를 한 주체를 나타낸다.

Voca excuse 용서하다 late 늦은

2. I really don't mind **his doing** the housework.

해 석 나는 그가 집안일 하는 것을 꺼려하지 않는다.

Point doing의 의미상 주어는 his이다.

[비교] I really don't mind doing the housework.(doing의 의미상 주어는 문장주어와 같다.)

Voca mind 꺼려하다 housework 가사일

3. They insisted on **our staying** for lunch with them.

해 석 그들은 함께 점심을 하자고 했다.

Voca insist on 주장하다 stay 머무르다 lunch 점심

【5】 동명사의 의미상 주어를 따로 표시하지 않는 경우

의미상 주어가 문장의 주어나 목적어와 일치하는 경우이다.

Examples

1. **She** enjoys **being** alone.

   해 석 그녀는 혼자 있는 것을 즐긴다.

   Point being의 의미상 주어는 문장주어와 동일하다.

   Voca enjoy 즐기다 alone 혼자

2. Suddenly **everybody** stopped **talking.**

   해 석 모든 사람들이 갑자기 얘기를 멈췄다.

   Point talking의 의미상주어는 문장주어 everybody와 동일하다.

   Not ~~Suddenly everybody stopped to talk~~.(stop+-ing 그만두다)

   Voca suddenly 갑자기 everybody 모든 사람 silence 침묵, 고요

3. Do **you** mind **waiting** for him a few minutes?

   해 석 그를 잠시 기다려 주실래요?

   Point waiting의 의미상주어는 문장주어 you와 동일하다.

   Voca mind 꺼려하다 wait 기다리다 a few 약간 있는 minute 분, 잠시

4. **He** is afraid of **being** lonely.

   해 석 그는 혼자 있는 것을 두려워한다.

   Point being의 의미상주어는 문장주어 he이다.

   Voca be afraid of ~을 두려워하다 lonely 외로운

5. **He** regrets **drinking** too much.

   해 석 그는 술을 많이 마셨던 것을 후회한다.

   Point drinking의 의미상주어는 문장주어 he이다.

Voca | regret 후회하다 drink-drank-drunk 마시다 too much 정말 많이

6. **She** went on **studying** until she was in her seventies.

해 석 그녀는 70대 까지 계속해서 연구했다.

Point studying의 의미상주어는 문장주어 She이다.

= She didn't stop working until she was in her seventies.

Voca | go on+-ing 계속 ~하다 until ~까지

【6】 동명사 수동형

being+p.p/having been+p.p

동명사는 동사적 성질이 있기 때문에 **수동형이 가능**하며 단순형 수동태와 완료형 수동태 두 가지로 분류된다.

Examples

1. I imagined **being awarded** the grand prize.

해 석 나는 최우수상을 받는 상상을 했다.

Point 상을 주는 것이 아니라 받는 것이기 때문에 수동형으로 표현한다.

Voca | imagine 상상하다 award 수여하다 grand prize 최우수상

2. I am not good at **being treated** like this.

해 석 나는 이렇게 대접 받는 것에 익숙하지 않다.

Point 대접하는 것이 아니라 대접받는 것이기 때문에 수동형으로 표현하다.

Voca | be good at ~ing 은 ~에 익숙하다 treat 대접하다 like ~처럼(전치사)

3. She doesn't like **being touched.**

해 석 그녀는 몸에 손이 닿는 것을 싫어한다.

Point 만져지는 것이니까 수동형 사용한다.

Voca touch 만지다

4. He is ashamed of **being laughed** at by her.

해 석 그는 그녀에게 비웃음 당한 것을 부끄러워하고 있다.

Point = He is ashamed that he is laughed at by her.(of 이하는 that절로 변환 가능)

Voca be afraid of ~을 두려워하다 laugh 비웃다

5. Did you forget **having been despised** by her?

=Did you forget being despised by her?(단순형 수동태와 의미가 같다.)

해 석 그녀에게 무시 받은 것을 잊으셨나요?

Point having been+p.p는 완료형수동태이다.

Voca forget-forgot-forgotten 잊다 despise 무시하다, 경멸하다

【7】 S+need, want, require, deserve+-ing은 수동의 의미

Examples

1. Your hair **needs cutting.**

해 석 머리 좀 깎아야겠다.

Point 영국식 영어표현이다.

[비교] = Your hair needs **to be cut.**(미국식 표현)

Voca | need 필요하다 cut 자르다

2. The car **needs washing** right now.

해 석 세차 좀 해야겠어.

point 사물주어+need+-ing = 사물주어+need+to be+p.p

= The car needs **to be washed** right now.

Voca | wash 세차하다 right now 지금

3. The flat **needs reconstructing.**

해 석 그 아파트는 재건축 돼야 한다.

Point 사물주어+need+-ing = 사물주어+need+to be+p.p

= The flat needs **to be reconstructed**.

Voca | flat 아파트 reconstruct 재건축하다

4. The batteries in the car **need changing.**

해 석 배터리를 갈아야겠다.

Point 사물주어+need+-ing = 사물주어+need+to be+p.p

[비교] = Somebody needs to change the batteries.(사람주어인 경우)

Voca | battery 배터리

5. Do you think my room **needs cleaning?**

해 석 방을 청소해야 하나요?

Point 사물주어+need+-ing = 사물주어+need+to be+p.p

= Do you think my room needs **to be cleaned**?

Voca | think-thought-thought 생각하다 clean 청소하다

More study

s(사람주어)+need+to부정사 : ~할 필요가 있다

Someone needs to wash the car.

해 석 | 세차 좀 해야겠다.

Point | The car needs washing/to be washed.(사물주어인 경우)

We need to repair this house.

해 석 | 이 집을 수리해야해.

Point | This house needs to be repaired.(사물주어인 경우)

Voca repair 수리하다

You need to take more exercise.

해 석 | 너는 운동을 더 해야 한다.

Point | It is necessary for you to take more exercise.

【8】 진행형 다음에 동명사 목적어 피하기

start와 같이 동명사와 to부정사를 둘 다 목적어로 취하는 동사가 진행형으로 쓰일 때는 동명사 목적어는 피하고 to부정사를 취한다. 동명사를 목적어로 취하면 발음이 용이하지 않기 때문이다.

Examples

1. It's starting to snow.(natural)

해 석 눈이 오기 시작한다.

Point [비교] ***Not*** ~~It's starting snowing~~.(unnatural)

【9】 동명사를 목적어로 취하는 동사

admit, anticipate, avoid, complete, consider, delay, discuss, dislike, enjoy, understand, suggest, resent, recommend, practice, finish

[주의] advise, recommend, allow+-ing형이나 advise, recommend, allow+목+to 부정사

【10】 prefer의 목적어 색깔 찾기

Examples

1. I **prefer** these clothes **to** the clothes you showed me yesterday.

해 석 당신이 어제 보여줬던 옷보다 이 옷이 더 마음에 든다.

Point prefer something **to** something 구조이다.

Not ~~I prefer these clothes than the clothes you showed me yesterday~~.

Voca prefer 선호하다 show 보여주다

2. I **prefer** walking **to** driving.

해 석 나는 운전하는 것보다 걷는 것을 좋아한다.

Point prefer doing something to doing something 구조이다.
prefer의 목적어로 동명사(gerund)가 사용되는 경우이다.

Voca prefer A to B B보다 A를 더 좋아하다

3. I **prefer** to study English **rather than** study any other language.

해 석 다른 언어를 학습하는 것보다 영어 학습을 더 좋아한다.

Point prefer **to do** something **rather than** (do) something else 구조이다.
prefer의 목적어로 to부정사가 오는 경우 to를 이용해서 비교급을 만들지 말고 rather than을 사용하도록 하자.

Grammar Review

다음 문장에서 틀린 부분을 옳게 고치시오. 1-10

1. She suggested to go to the cinema with me.

    ....

2. I'll do the shopping when I've finished clean the room.

    ....

3. The student tried to avoid answered my question.

    ....

4. I have ever considered went to live in another city.

    ....

5. She enjoys having not to study in the library.

    ....

6. We should give up to carry out the plan.

    ....

7. He keeps on interrupt when I am phoning her.

    ....

8. We can't stop them to do what they want.

    ....

9. She doesn't mind to be kept waiting.

10. They admitted to steal the money.

다음 각 문항의 주어진 단어를 어순에 맞게 배열하시오. 각 문항 해설을 참조하시오. 11-20

11. avoids, driving, in, rush, hour, usually, she (그녀는 러시아워에 운전하는 것을 피한다.)

12. making, avoid, I, hoped, things, worse, to (나는 상황이 악화되는 것을 피하고 싶었다.)

13. have finished, we, the flat, decorating (우리는 아파트 장식을 끝마쳤다.)

14. a party, someone, having, suggested (누군가 파티를 제안했다.)

15. denied, the radio, she, breaking (그녀는 라디오 고장 낸 것을 부인했다.)

16. would, mind, you, the radio, turning down? (라디오 소리 좀 줄여 주실래요?)

17. What she saw, she, saying, regretted (그녀는 본 것에 대해 말한 것을 후회했다.)

....

18. We, like this, can't, living, go on (우리는 계속 이렇게 살 수 없다.)

....

19. Shall, postpone, we, the building, painting, until next month? (다음 달까지 건물을 칠하는 것을 연기할까요?)

....

20. I, putting up, a tent, don't enjoy, in the rain. (나는 비속에서 텐트 치는 것을 좋아하지 않아.)

....

다음을 영작하시오. 21-40

21. 우리는 그녀가 들어 왔을 때 이야기를 멈췄다. *stop+-ing 그만두다

....

22. 나는 어제 밤 그와 이야기 한 것을 기억한다. *remember+-ing ~한 것을 기억하다

....

23. 그 집은 페인트칠을 해야 해. *need+-ing 필요하다

....

24. 우리는 서울에서 살아보려고 했다. *try+-ing 시도하다

....

25. 그들은 이곳에 주차를 허가하지 않는다. *allow+-ing 허락하다

26. 나는 오늘 편지 부칠 것을 기억해야해. *remember+to+v ~할 것을 기억하다

27. 나는 편지를 어제 부친 것을 기억한다. *remember+-ing ~한 것을 기억하다

28. 사람들은 영화가 끝나기 전에 극장을 떠나기 시작했다. *begin+to부정사/동명사

29. 너는 외식하는 것을 좋아하니? *fancy+-ing 좋아하다

30. 그녀는 파티를 하기로 결심했다. *have a party 파티를 하다

31. 나는 기다리는 것을 꺼려하지 않는다. *mind+-ing 꺼려하다

32. 의사들은 수영이 가장 좋은 운동 종류라고 말한다. *swimming 수영

33. 독서는 지식의 열쇠다. *key 열쇠

34. 나는 다른 어떤 것보다도 독서를 즐긴다. *enjoy+-ing 즐기다

35. 나는 치과 가는 것을 모레까지 연기할 지도 몰라. *put off 연기하다

....

36. 그녀는 며칠 동안 쉬기를 진심으로 고대하고 있다. *look forward to ~을 학수고대하다

....

37. 그는 참치 샌드위치에 물려있다. *be tired of ~에 물리다

....

38. 그녀는 3년 전에 담배를 끊었다. *stop+-ing 그만두다

....

39. 나는 튀긴 음식을 피해야 한다. *avoid+-ing 피하다

....

40. 스위치를 왼쪽으로 돌려보는 게 어때? *try+-ing 시도하다

....

Unit 7
GRAMMAR

Participle
분 사

FOCUS 현재분사와 과거분사

동사에 색깔 입히기

"분사(Participle)"

분사란 동사의 어형변화를 통해 형용사적 기능을 하는 것으로 시제, 부정형, 태를 만들 수 있다. 분사의 종류에는 현재분사와 과거분사가 있으며 현재분사는 v+-ing형으로 동명사를 만드는 방법과 동일하며 과거분사는 v+-ed형의 규칙변화와 불규칙변화로 만든다. 분사에서 가장 중요한 점은 현재분사는 능동과 진행 의미, 과거분사는 수동과 완료 의미를 가진다는 점이다. 분사의 기능은 크게 동사, 형용사, 부사로 나뉘어지는데 동사적 기능이란 분사가 동사자리에 위치하여 진행형, 수동형 등을 만드는 것이고, 형용사적 기능이란 명사 앞뒤에 위치하여 수식을 하는 것이며 부사적 기능은 부사절을 부사구로 만드는 것이다.

분사의 종류	현재분사(능동/진행) 과거분사(수동/완료)
현재분사의 기능	It was **snowing** when I got home.(동사적 기능) I loved the sound of **falling** rain.(형용사적 기능) **Walking** along the street, I met an old friend.(부사적 기능)
과거분사의 기능	I was **shocked** at her attitude.(동사적 기능) She has got a **decayed** tooth.(형용사적 기능) **Frightened** by the noise, the baby cried for a while.(부사적 기능)

【1】 동사적 기능

동사에서 왔기 때문에 목적어나 보어를 가질 수 있고 부사의 수식도 받으며, 진행형, 완료형, 수동태를 만든다.

Examples

1. I have a friend **learning Korean.**

   해 석 한국어를 학습하는 친구가 한 명 있다.

   Point 현재분사 learning은 타동사 성질을 지녀 목적어 Korean을 받는다.

   Not ~~I have a friend learnt Korean.~~(friend와 능동관계인 현재분사가 필요)

2. The man, **feeling nervous,** couldn't sing his song.

   해 석 그 남자는 초조해서 노래를 부를 수 없었다.

   Point feeling 다음에 nervous란 보어가 온다.

   Voca feel-felt-felt 느끼다 nervous 초조한

3. The lady **walking fast** is my mom.

   해 석 빠르게 걷는 여성은 나의 엄마다.

   Point 현재분사 walking이 부사 fast의 수식을 받고 있다.

   Voca fast 빠르게

4. When she had the accident, she **was driving** very fast.

   해 석 사고가 났을 때, 그녀는 빠르게 운전하고 있었다.

   Point 현재분사 driving이 부사 very fast의 수식을 받는다.

   Not ~~When she had the accident, she drove very fast.~~(지속적으로 일어난 일에 진행형 사용)

Voca | accident 사건, 사고 have an accident 사고가 나다

5. She **was putting away** the plate.

해 석 그녀는 접시를 나르는 중이였다.

Point 현재분사 putting이 과거진행형에 사용되고 있다.

Voca | put away 나르다 plate 접시 drop 떨어뜨리다

6. I **have been to** Mexico many times and I hope to go again this year.

해 석 나는 멕시코에 많이 가봤지만 올해 다시 가고 싶다.

Point s+has/have+p.p의 현재완료(present perfect)에 과거분사가 사용된다.

Voca | has/have been to ~를 다녀오다 many times 많이

7. We **have had** 10 tests so far this month.

해 석 우리는 이 번 달 까지 시험을 10번 봤다.

Point 현재완료형은 끝나지 않은 행위나 상태에 쓰인다.(incomplete)

Not ~~I have gone to America several times when I was in college~~.

[비교] I went to America several times when I was in college.

8. The food **was** still **being cooked** when visitors started to arrive.

해 석 방문객들이 도착했을 때 한창 요리중이였다.

Point 과거분사 cooked가 진행형수동태(be being+p.p)에 사용된다.

Voca | food 음식 still 여전히 cook 요리하다 visitor 방문객 arrive 도착하다

9. The final exam **will be given** on December 17th.

해 석 기말고사는 12월 17일에 실시될 거야.

Point 과거분사가 조동사가 있는 수동태(조동사+be+p.p)에 사용되고 있다.

Voca | final exam 기말시험 December 12월

10. She doesn't have a car tonight. Her car is **being fixed** in the garage.

해 석 그녀는 오늘밤 차가 없어. 정비소에서 수리 중이야.

Point 진행형수동태 be being+p.p이다.

Voca | tonight 오늘밤 fix 고치다 garage 정비소, 차고

11. Little attention **was paid to** this situation by her.

해 석 그녀는 이 상황에 주의를 거의 기울이지 않았다.

Point = She paid little attention to this situation.

Voca | pay attention to ~에 주의를 기울이다 little 거의 없는 pay-paid-paid situation 상황

12. A man **is known by** the company he keeps.

해 석 사귀는 친구를 보면 그 사람을 알 수 있다.

Point be known by ~에 의해 알 수 있다.

Voca | company 친구, 회사 keep 사귀다, 지키다, 계속하다

More study

수동태 문장에 오는 다양한 전치사

She was frightened **by** the news.(수동태 문장에서 보편적으로 쓰이는 by)

해 석 | 그녀는 그 소식에 놀랐다.

I was annoyed **by** the way he spoke to me.(수동태 문장에서 보편적으로 쓰이는 by)

해 석 | 나는 그가 나에게 말하는 방식에 화가 났다.

Voca speak to+사람 ~에게 화가 나다

Her whereabouts **are known to** the police.(by 이외의 전치사)
해 석 | 그의 거처는 경찰에게 알려졌다.

Voca whereabouts 거처 be known to ~에게 알려지다

The building **is filled with** thick smoke.(by 이외의 전치사)
해 석 | 그 건물은 짙은 연기로 가득하다.

Voca be filled with ~로 가득차다 hick (안개, 연기 등이) 짙은, 두꺼운 smoke 연기

【2】 형용사적 기능

분사가 형용사로 명사 앞이나 뒤에서 수식하거나 **보어**로 쓰이는 경우이다. 일반적으로 분사는 명사 앞에 위치하지만 분사 뒤에 따라 나오는 말이 길 때는 명사 뒤에 위치한다.

Examples

1. I saw a very **frightened** animal in the zoo.

   해 석 나는 동물원에서 매우 겁에 질린 동물을 보았다.

   Point frightened가 명사 animal을 수식한다.

   Not ~~I saw a much frightened animal in the zoo.~~(과거분사가 형용사일 때는 very로 수식)

2. Your idea seems **exciting**.

   해 석 너의 생각은 재밌는 것 같아.

   Point exciting은 Your idea의 주격보어로 사용된다.

   Voca idea 생각 seem ~처럼 보이다 exciting 흥미 있는

3. We have people **scheduled for interviews** today.

해 석 우리는 오늘 면접을 볼 사람들이 있다.

Point 분사가 뒤에 보어, 부사어, 목적어를 수반하여 앞의 명사를 수식하는 경우이다.

Voca people 사람들 scheduled for ~하기로 계획된 interview 인터뷰

4. It's a **home-made** cake.

해 석 집에서 만든 케이크다.

Point home-made가 형용사로 cake를 수식한다.

Voca home-made/homemade 가정에서 만든

5. I am **looking** for a **lost** dog.

해 석 나는 잃어버린 개를 찾고 있어.

Point lost가 dog를 수식한다.

Voca a lost dog 잃어버린 개 lose-lost-lost로 변화

6. Those **killed** in front of the hotel were innumerable.

해 석 호텔 앞에 죽은 사람들이 헤아릴 수 없이 많았다.

Point 과거분사가 부사구를 수반하여 앞의 명사를 수식한다.

= Those who were killed in front of the hotel were innumerable.

(killed 앞에는 관계대명사+be동사 who were가 생략)

Voca kill 죽이다 in front of ~앞에 hotel 호텔 innumerable 셀 수 없을 정도로 많은

【3】 분사의 부사적 기능

분사구문(participle clause/participle structure)

분사구문은 **부사절을 부사구로 만드는 것**으로 분사의 부사적 기능이다. 분사구문을

분사 편에서 함께 다루고자 하는 이유는 분사구문은 분사에 대한 선행 이해를 바탕으로 만들어 지기 때문이다. 간혹 문법 분류에 있어 분사구문을 분사에 포함시켜야 하는지 의문이 들 수도 있지만 어떤 기준을 두고 분류를 하느냐에 따라 다를 것이다. 중요한 것은 분류보다는 절이 구로 **간결화**가 된다는 것이다.(We use reduction of adverb clause to modifying adverbial phrases.)

분사구문을 만드는 순서

① 접속사를 생략한다. 단, 의미를 분명히 할 경우에는 사용

② 부사절의 주어와 주절의 주어가 같으면 부사절의 주어 생략, 다르면 사용

③ 주어 동사가 능동관계면 **현재분사**를 사용하고, 수동 관계면 **과거분사**를 사용

④ 주절은 그대로 사용

Examples

1. If you go straight, you will find the museum.

[전환] **Going** straight, you will find the museum.

해 석 곧장 가시면 박물관을 찾으실 거예요.

Point 부사절의 주어와 주절의 주어가 같기 때문에 부사절의 주어를 생략하고 주어와 동사가 능동관계이므로 현재분사를 사용한다.

Voca go straight 쭉 가다 find-found-found 찾다 museum 박물관

2. Because he reads many books, he is very wise.

[전환] **Reading** many books, he is very wise.

해 석 그는 책을 많이 읽어서 매우 현명하다.

Point 분사구문의 주어는 주절의 주어와 같을 때 생략한다.

Voca wise 현명한

3. As I didn't receive any answer, I wrote to him again.

[전환] Not **receiving** any answer, I wrote to him again.

해 석 나는 답장을 받지 못했기 때문에 그에게 다시 편지를 썼다.

Point 분사구문의 부정은 분사 앞에 not, never를 위치시킨다.

Voca receive 받다 answer 대답, 대답하다 write (to)+사람 ~에게 편지를 쓰다 again 다시

4. As it was fine, we went hiking

[전환] **It being** fine, we went hiking.

해 석 날씨가 좋았기 때문에 우리는 하이킹을 갔다.

Point 부사절의 주어와 주절의 주어가 다른 경우에는 분사 앞에 주어를 명시해야 한다. 이런 경우를 독립분사구문이라 한다.(A participle clause can have its own subject.)

Voca go hiking 하이킹가다 go+–ing ~하러 가다

5. When I arrived at the campsite, I called mom.

[전환] **(When) arriving** at the campsite, I called mom.

해 석 야영장에 도착했을 때, 나는 엄마에게 전화했다.

Point 분사구문에서 뜻을 명확히 하기 위해서는 접속사를 사용하는 경우도 있다.
= Arriving at the campsite, I called mom.(접속사 사용은 선택사항)

Voca campsite 야영지, 캠프장

6. As I didn't have my purse, I couldn't buy the ticket.

[전환] **Not having** my purse, I couldn't buy the ticket.

해 석 지갑이 없어서, 나는 티켓을 살 수 없었다.

Point 3번의 예문처럼 분사구문이 부정으로 시작하는 경우다.

Voca purse 지갑 buy–bought–bought 사다 [참고] bring–brought–brought 가져오다

7. Though he lives on the seashore, he can't swim well.

[전환] **Living** on the seashore, he can't swim well.

해 석 바닷가 근처에 살지만, 그는 수영을 잘 못한다.

Point 양보의 부사절을 만드는 접속사는 though, although, even though, even if, while이 있다.

Voca though ~일지라도 on the seashore 바닷가 swim-swam-swum 수영하다

8. When she met her son again, Karen was sad.

[전환] **Meeting** her son again, Karen was sad.

해 석 그녀의 아들을 다시 만났을 때, 카렌은 슬펐다.

Point 시간부사절을 만드는 접속사는 when, while, before, after, since, as soon as, as가 있다.

Voca meet-met-met 만나다 son 아들 again 다시 sad 슬픈

More study

before, after 등 시간을 나타내는 부사절을 분사구문으로 바꾸는 것은 문어체(written)이다. 주로 **일상영어에서는 부사절로 사용**하는 것이 좀 더 일반적이고 자연스럽다.

After I finished my homework, I hang around with my friend.(natural)

[전환] Finishing my homework, I hang around with my friend.(unnatural)

【4】 완료형 분사구문

완료형 분사구문 형태는 having+p.p로 주절의 동사보다 이전의 시점을 나타낸다.

Examples

1. After I **had finished** the lecture, I **went** out.

   [전환] **Having** finished the lecture, I went out.

   해 석 나는 강의를 끝마친 후 밖으로 나왔다.

   Point 부사절의 시점이 주절보다 한 시점 앞서는 것을 볼 수 있다. 부사절의 시간은 과거완료(past perfect)이고 주절(main clause)은 단순과거(simple past)이기 때문에 분사구문을 만들 때 having+p.p로 완료형 분사구문을 이용한다.

2. After she **had taken** a vacation, she **came back** refreshed and energized.

   [전환] **Having taken** a vacation, she came back refreshed and energized.

   해 석 휴가를 보내고 나서 그녀는 활기가 넘쳤다.

   Point 휴가를 보낸 것이 1차적이고 다녀와서 활기찬 것은 2차적이다. 시간의 선후관계를 따져보면 완료형 분사구문을 파악할 수 있다.

   Voca take a vacation 휴가를 보내다 refreshed 활기찬 energized 힘이 넘치는, 활기찬

3. Because he **was born** in America, he **is** good at English.

   [전환] **(Having been)** born in America, he is good at English.

   해 석 미국에서 태어났기 때문에 그는 영어에 능숙해.

   Point 부사절의 시점이 주절의 시점보다 한 시점 앞서니까 완료형 분사구문이 필요하고 수동형분사구문에서 being이나 having been은 생략될 수 있다.(수동형에서 생략되는 요소는 일정함.)

   Voca be born 태어나다 be good at = be used to ~ing ~에 능숙하다

4. Because he **is** sociable, he **has** many acquaintances.

   [전환] **(Being)** sociable, he has many acquaintances.

해 석 그는 사교적이라 아는 사람이 많다.

Point 형용사, 명사, 과거분사 앞의 being, having been은 생략할 수 있다.

Voca sociable = outgoing 사교적인 acquaintance 지인

【5】 부대상황을 나타내는 법

동시동작, 연속동작, with+목적어+목적보어

동시동작

Examples

1. As he **watched** TV, he **had** lunch.

   [전환] **Watching** TV, he had lunch.

   해 석 TV를 보면서 그는 점심을 먹었다.

   Point 동시동작이란 어떠한 사건이 동시에 일어나는 경우를 말하며 두 가지 사건의 시간상 선후 관계가 없다. and, as, while로 나타낸다.

연속동작

Examples

1. It **snowed** all day long **and** completely **ruined** my holiday.

   [전환] It snowed all day long, completely **ruining** my holiday.

   해 석 하루 종일 눈이 와서 휴가를 망쳤다.

   Point 연속동작이란 동작이나 사건이 계속해서 일어나는 경우에 사용된다.

   Voca snow 눈이 내리다 all day long 하루 종일 completely 완전히 ruin 망치다 holiday 휴가

with+목적어+목적보어

Examples

1. **With his eyes closed,** he leaned against the wall.

해 석 눈을 감은 채로 그는 벽에 기대어 있었다.

Point with+목적어+목적보어 형태로 '~한 채로' 의 뜻이다.

Voca close (문, 창문 등을) 닫다, (눈을) 감다 lean 기대다 against ~에 대하여 wall 벽

2. **With night coming on,** we started for home.

해 석 밤이 되자 우리는 집으로 향했다.

Point 목적어와 목적보어 관계가 능동으로 현재분사를 사용한다.

Not ~~With night came on, we started for home.~~

Voca start 출발하다

3. **With all his family travelling,** the house was empty.

해 석 그의 모든 가족들이 여행을 가서 집이 텅 비었다.

Point 목적어와 목적보어 관계가 능동으로 현재분사를 사용한다.

Voca travel–travelled/traveled–travelled/traveled–travelling/traveling 여행하다

More study

기타 부대상황 표현

with one's mouth full	입안이 가득한 채로
with one's arms folded	팔짱을 긴 채로
with one's hat on(off)	모자를 쓴 채로, 벗은 채로
with one's legs crossed	다리를 꼰 채

【6】 관용적 용법의 독립분사구문

Considering	~을 고려할 때
Depending on	~에 따라서
Frankly speaking	~솔직히 말해서
Granting that	~을 인정하더라도
Judging from	~으로 판단하건데
Regarding	~에 관하여
Speaking of	~에 관해 말하면
Strictly speaking	~엄격히 말해서
Talking of	~에 관해 말해볼 때

Grammar Review

다음 문장에서 문법적으로 틀린 부분을 찾아 올바르게 고치시오. 1-10

1. The person taught English is my friend.

2. The woman live next door usually comes to my home.

3. The book publishing last year is her second novel.

4. We watched excited movies last night.

5. I have two friends learnt Japanese.

6. The boy exercising hardly is my son.

7. Met my friend in the street, I was so happy.

8. We have got to learn English speak in many countries.

9. The girl injuring in the accident will be taken to hospital.

10. Who is the woman stood outside?

다음 괄호속의 표현 중 올바른 것을 고르시오. 11-20

11. The books (order, ordered, to order) online will arrive soon.

12. I became (acquainted, acquaints, acquaint) with her without difficulty.

13. She listened to the radio, (reading, to read, read) a newspaper.

14. With the mortgage (paid, to pay, pay), I could buy another apartment.

15. (Driving, Driven) to work in the rain, she had an accident.

16. You will receive a letter (inform, informed, informing) you to pick up the notice.

17. (Having just eaten, Eating), she wasn't hungry. *부사구가 한 시점 앞

18. I heard my wife (scolding, to scold, scolded) the girl for smoking.

19. I've never (heard, hearing) her spoken well of.

20. We have a (bothered, bothering) problem.

다음을 번역하시오. 21-30

21. Though he lives near the beach, he can't swim very well.

22. While I was walking along the bank, I came across an old friend.

23. Not knowing what to say, I remained silent.

24. She feels sad whenever she sees fallen leaves in the autumn.

25. The work must be done right now.

26. Nobody having any more to say, the meeting was closed.

27. After talking to him, I always feel better.

28. Your life will be changed by this book.

29. We couldn't agree on any of the problems discussed.

30. I've forgotten your name.

다음을 분사구문을 이용해서 영작하시오. 31-40

31. 가끔 외롭지만 나는 자유를 즐긴다. *lonely 외로운

32. 불편함을 느꼈지만 나는 계속 그 일을 했다. *uneasy (몸이)거북한, 불편한, 불쾌한

33. 학생들이 배고플지도 모른다고 생각해서 나는 그들에게 먹을 것을 주었다. *offer 제공하다

34. 학교가 끝나자, 그는 서둘러 집으로 갔다. *be over 끝나다

35. 무엇을 해야 할지 몰라서 나는 아무것도 할 수 없었다. *what to do 무엇을 할지

36. 파랗게 칠해져서 그 집은 예쁘다.

37. 발표내용을 철저히 검사했기 때문에 나는 푹 잘 수 있을 거야. *contents 내용

38. 공항에 도착했을 때 가방 하나가 없어진 것을 알았다. *suitcase 여행용 가방

39. 그녀는 피곤해서 일찍 잠자리에 들었다. *go to bed 잠자리에 들다

40. 그것을 많이 경험해서 그는 주의를 기울이지 않았다. *pay attention to 주의를 기울이다

Unit 8
GRAMMAR

Passive
수동태

FOCUS 수동태의 개념과 다양한 변화

수동태는 영어의 꽃

"수동태(Passive)"

행위의 주체(agent)가 주어로 표시되는 경우를 능동태(active)라 하고, 주어가 행위를 받는 경우를 수동태(passive)라 한다. 능동태 문장을 수동태로 바꾸기 위해서는 능동태 문장의 목적어가 수동태 문장의 주어로 이동하기 때문에 자동사 appear, arrive, remain, disappear, die, rise, remain 등은 수동태를 만들 수가 없으며 타동사라 할지라도 상태를 나타내는 have, lack, resemble, suit, like 등은 수동태 문장을 만들 수 없다. 능동태를 수동태로 바꿀 때 수동태 시제는 능동태 시제와 일치시키고, 조동사가 사용된 능동태 문장은 수동태에서 조동사+be+p.p처럼 조동사를 빠뜨리지 말아야한다. 또한 능동태에서 목적격보어가 동사원형인 경우 수동태로 바꿀 때 목적격보어 앞에 'to'를 사용해야 한다.

[참조] 수동태 시제

	수동태 시제	예 문
1	현재(simple present) **am/are/is+p.p**	**Are** you **acquainted with** Picasso's work?
2	과거(simple past) **was/were+p.p**	She **was** so **confused about** this situation.
3	미래(simple future) **will/shall be+p.p**	He **will be caught in** a shower in his way home.
4	현재진행형(present continuous) **am/are/is being+p.p**	This conversation **is being recorded**.
5	과거진행형(past continuous) **was/were being+p.p**	Our conversation **was being recorded**.

6	현재완료(present perfect) **have/has been+p.p**	The concert **has been cancelled**.
7	과거완료(past perfect) **had been+p.p**	He **had been inspected** until last month.
8	미래완료(future perfect) **will have been+p.p**	I **will have been inspected** by the end of February.

✔ 그 밖의 수동태 시제는 잘 사용하지 않는다.

【1】 수동태가 가능한 경우

능동태 문장이 목적어를 가지고 있을 때 특별한 경우([2] 수동태가 불가능한 경우 참조)를 제외하고 수동태 문장으로 바꿀 수 있다.

주어+동사+목적어

Active He has analyzed the results.
(the results: O)

Passive The results **have been analyzed** by him.

해 석 결과는 그에 의해서 분석된다.

Voca analyze 분석하다 result 결과

주어+동사+간접목적어+직접목적어

Active My father bought me the car.
(me: I.O, the car: D.O)

해 석 아빠가 나에게 차를 사주셨다.

Passive *Not* ~~I was bought the car by my father~~.(간접목적어를 이동하면 틀림.)

해 석 나는 아빠에 의해 차를 받았다.

Passive The car was bought for me by my father.(직접목적어를 이동)

해 석 그 차는 아빠에 의해서 나를 위해 사졌다.

Point 목적어가 두 개 존재하는 경우에는 목적어를 하나씩 문두로 이동해서 **의미상 논리관계가 올바른지 확인**해야 한다.

주어+동사+목적어+목적보어

Active They helped her (to) change some money.

Passive She was helped (to) change some money.

해 석 그들은 그녀가 돈 바꾸는 것을 도왔다.

Point change money = exchange one currency for another

【2】 수동태가 불가능한 경우

상태나 소유를 나타내는 타동사(become, want, resemble, lack, have, escape, etc)는 무의지 동사로 수동태가 불가능하다.

Examples

1. Everyone **wants** her to be a lawyer.

해 석 모든 사람들은 그녀가 변호사가 되길 바래.

Point 상태나 소유를 나타내는 동사는 수동태로 사용되지 않는다.

Not ~~She is wanted to be a lawyer~~.

Voca lawyer 변호사

2. She **resembles** her father.

해 석 그녀는 아빠를 닮았다.

Point 상태나 소유, 지각을 나타내는 동사는 수동태로 쓰이지 않는다.

Not ~~Her father is resembled by her~~.

Voca resemble 닮다

3. The blue desk **becomes** this place.

해 석 파란 책상이 이 장소에 잘 어울린다.

Point Not ~~This place is become by this blue desk~~.

4. They **have** a very good relationship.

Not ~~A very good relationship is had by them~~.

해 석 그들은 관계가 좋다.

Voca have a good relationship 좋은 관계를 유지하다

5. The pen **belongs to** him.

해 석 그 펜은 그의 것이다.

Point Not ~~He is belonged to the pen~~.

Voca belong to 속하다

6. She **caught** a cold.

Not ~~A cold was caught by her~~.

해 석 그녀는 감기 걸렸다.

Voca catch a cold 감기 걸리다

7. My shoes didn't **fit** me.

Not ~~I wasn't fitted by my shoes~~.

해 석 신발이 맞지 않았어.

Voca fit 맞다

8. She **was taking** a rest.

Not ~~A rest was being taken by her~~.

해 석 그녀는 쉬고 있는 중이였다.

Voca take a rest 휴식을 취하다

【3】 수동태가 필요한 이유

3-1 주어가 분명하지 않은 경우

Examples

1. Too many grammar books **have been written.**

해 석 정말로 많은 문법책이 만들어 진다.

Point 각각의 책을 누가 저술했는지 관심이 없거나 말하기를 원하지 않는다.

Voca grammar 문법 write-wrote-written

2. The city **is** well **supplied with** water.

해 석 그 도시는 물 공급이 원활해.

Point 주어가 사물로 동작이나 상태를 받는(receiver) 입장이다. 누군가가 물 공급을 하는 것이 중요한 것이 아니라 그 도시 자체가 물 공급을 잘 받는다는 것을 의미한다.

Voca city 도시 supply 공급하다 supply-supplied-supplied

3. English **is taught** in Korea.

해 석 영어는 한국에서 가르쳐진다.

Point 누가 영어를 가르치는 것이 중요한 사항이 아니라 '한국에서 영어가 교육된다'는 사실에 초점을 맞추고 있다.

Voca teach-taught-taught

4. He **was killed** at the war.

해 석 그는 전쟁 중에 전사했다.

Point 누가 그를 죽였는지에 대한 것은 중요하지 않고 전사했다는 사실에 초점이 있다.

Voca | at the war 전쟁에서 kill-killed-killed

3-2 종사, 위치, 출생, 병, 부상의 의미를 나타내는 경우

Examples

1. I **am** now **engaged** in teaching English.

해 석 나는 영어를 가르치는 일에 종사한다.

Point 전치사+명사/동명사 in teaching~

Not ~~I am now engaged in teach English.~~

Voca | be engaged in ~에 종사하다 engage-engaged-engaged

2. My house **is situated** on the hill.

해 석 나의 집은 언덕에 위치해 있다.

Point be situated on ~에 위치하다 be born in+place(장소)

Voca | on the hill 언덕에

3. He **was born** in Seoul.

해 석 그는 서울에서 태어났다.

Point be born in ~에서 태어나다

Voca | bear-bore-born 태어나다 be born in+place(장소)

4. She **was injured** in the accident.

해 석 그녀는 사고로 다쳤다.

Voca | injure 다치게 하다 accident 사건, 사고

5. She **was burnt** to death in the flames.

해 석 그녀는 불에 타 죽었다.

Voca burn-burnt-burnt 태우다 flame 화염

3-3 감정, 심리상태를 나타내는 경우

Examples

1. I **was shocked** to hear of her death.

해 석 나는 그녀가 죽었다는 말을 듣고 놀랐다.

Voca death 죽음

2. We **were disappointed with/in** the food.

해 석 우리는 음식에 실망했다.

Voca be disappointed with/in ~에 실망하다

3. I **was exhausted from** the trip.

해 석 나는 여행으로 지쳤다.

Voca be exhausted from ~에 지치다 exhaust 지치게 하다

4. **Are** you **done with** the homework?

해 석 너 숙제 다 끝마쳤니?

Voca be done with ~을 끝마치다 do-did-done

3-4 능동태보다는 수동태가 더 자연스러운 경우

Examples

1. He **was elected** President in Korea.

해 석 그는 한국에서 대통령으로 선출됐다.

Point 행위의 주체(국민)보다는 대상(대통령)을 강조한다.

2. The gate of that shop **is shut** regularly at 10 p.m. every day.

해 석 가게는 매일 저녁 10시에 규칙적으로 닫힌다.

Point 누군가 가게를 닫는 것 보다는 규칙적인 시간에 닫히는 것을 나타낸다.

Voca gate 문 shut 닫다 regularly 규칙적으로

3. The mid term **will be given** this month.

해 석 이번 달에 중간고사를 볼 거야.

Point 누군가 중간고사를 실시하는가 보다 중간고사가 치러진다는 것이 자연스럽다.

Voca mid term 중간고사 this month 이번 달에

【4】 수동태를 만드는 법

4-1 주어+동사+목적어

Examples

Active Picasso painted **the picture**.(능동태의 목적어 파악이 급선무)
S V O

해 석 그 그림은 피카소가 그렸다.

Passive **The picture** was painted by Picasso.

해 석 그 그림은 피카소에 의해 그려졌다.

Point 능동태 문장을 수동태로 만들기 위한 순서

① 능동태 목적어 the picture가 수동태 주어자리로 이동을 한다.

② 동사부분은 시제가 과거이기 때문에 기본시제 be+p.p를 이용해 was painted가 된다.

③ 마지막으로 능동태 주어 Picasso는 수동태에서 by+능동태주어에 의해 by Picasso로 변환된다.

4-2 주어+동사+간접목적어+직접목적어

수여동사는 목적어를 두 개 취하며 기본적으로 수동태 문장도 2개 생성될 수 있다.(Some verbs can be followed by two objects. The first one is a person and the second one is a thing.)

Examples

1. My uncle gave **me** **a camera**.
   I.O D.O

해 석 삼촌은 나에게 카메라를 주셨다.

Passive I was given a camera by my uncle.(간접목적어를 수동태 주어로)

해 석 나는 카메라를 삼촌에 의해서 받았다.

Passive **A camera was given** (to) me by my uncle.(직접목적어를 수동태 주어로)

해 석 카메라는 삼촌에 의해서 나에게 주어졌다.

2. She taught **me** **Korean**.
   I.O D.O

해 석 그녀는 나에게 한국어를 가르쳤다.

Passive I was taught Korean by her.(간접목적어를 수동태 주어로)

해 석 나는 그녀에 의해 한국어 가르침을 받았다.

Passive Korean was taught for me by her.(**직접목적어를 수동태 주어로**)

해 석 한국어는 그녀에 의해 나에게 가르쳐졌다.

Point 간접목적어, 직접목적어 둘 다 수동태가 되는 경우이다.

4-3 주어+동사+간접목적어+직접목적어에서 간접목적어를 수동태 문장의 주어로 할 수 없는 경우

buy, bring, get, send, make, cook, choose등과 같은 동사는 간접목적어를 수동태 문장의 주어로 만들 수 없는데 의미상 논리관계가 어색하기 때문이다.

Examples

1. My Mom made **me** **a blue sweater**.
   I.O D.O

해 석 엄마는 나에게 파란색 스웨터를 만들어 주셨다.

Passive **A blue sweater was made** for me by my mom.

해 석 파란색 스웨터는 엄마에 의해서 나를 위해 만들어졌다.

Point *Not* ~~I was made a blue sweater by mom.~~(간접목적어를 이동하면 논리관계가 어긋남.)

make는 능동태의 직접목적어가 수동태의 주어로 이동해야 올바르다.

2. They bought me a book.

해 석 그들은 나에게 책 한 권을 사주었다.

Passive A book was bought for me by them.

해 석 그들은 나에게 책 한 권을 사줬다

Point *Not* ~~I was bought a book by them.~~(간접목적어를 이동하면 논리관계가 어긋남.)

직접목적어만 수동태가 될 수 있다.

More study

She wrote me a letter.
D.O

해 석 | 그녀가 나에게 편지 한통을 썼다.

[Passive] ① A letter was written **to** me by her.(직접목적어를 수동태 주어로)

해 석 | 편지 한통이 그녀에 의해서 나에게 쓰였다.

[Passive] ② A letter was written **for** me by her.(직접목적어를 수동태 주어로)

해 석 | 편지 한 통이 나를 위해 그녀에 의해서 쓰였다.

Point | ①번과 ②번 문장은 전치사 사용이 다른데 ②번 문장은 '내가 편지를 쓸 상황이 못 되어서 그녀가 나를 위해 편지를 대신 써주었다'는 의미다.
= I had broken my finger and couldn't hold a pen, so she wrote a letter for me.

【5】 목적격보어가 있는 능동태 문장의 경우

주어+동사+목적어+목적격보어형태에서 목적어가 수동태의 주어로 이동하면 뒤에 남은 목적격보어는 그대로 사용한다. 단, 목적격보어가 동사원형인 경우에는 능동태에 없었던 to를 붙이는데 이러한 이유는 수동태의 동사부분과 목적격보어를 **분리하는 요소가 필요**하기 때문이다.

1. I painted the box **white**.
O O.C

해 석 나는 상자를 하얗게 칠했다

Passive The box **was painted white** by me.

해 석 상자는 나에 의해 하얀색으로 칠해졌다.

Point 목적격보어가 있는 능동태 문장을 수동형으로 바꿀 때 목적격보어가 동사원형인 경우를 제외하고 그대로 내려오면 된다.

Voca paint-painted-painted

2. They asked her **to be** back on Monday.
o.c

해 석 그들은 그녀가 월요일 까지 돌아올 것을 요청했다.

Passive She **was asked to be** back on Monday.

해 석 그녀는 월요일까지 돌아오라고 요청받았다.

Point 목적격보어가 to 부정사인 경우에 그대로 내려오면 된다.

3. I **made** her **clean** the corridor.(**목적격보어가 동사원형인 경우**)
사역동사 o.c

해 석 나는 그녀가 복도를 청소하도록 시켰다

Passive She **was made to** clean the corridor by me.

해 석 그녀는 나에 의해 교실을 청소하도록 시켜졌다.

Point 사역동사(causative verb)가 사용된 능동태에서 목적격보어의 품사가 동사원형일 때 수동태로 전환 시 동사와 목적격보어 사이를 분리시키는 전치사 to가 필요하다.

4. We **saw** her **enter** the classroom.(**목적격보어가 동사원형인 경우**)
지각동사 o.c

해 석 우리는 그녀가 교실에 들어가는 것을 보았다.

Passive She **was seen to** enter the classroom.(**목적격보어 앞에** to **사용**)

해 석 그녀는 교실에 들어가는 것으로 보였다.

Point 지각동사(verb of perception)가 사용된 능동태 문장에서 목적격보어가 동사원형일 때 수동태 전환 시 목적격보어 앞에 to가 사용된다. 능동태에서 없었던 to가 사용되는 만큼 주의가 필요하다.

5. The students elected **him** **chairman**.
o o.c

해 석 학생들은 그를 회장으로 선출했다.

Passive He **was elected chairman** by the students.

해 석 그는 학생들에 의해 회장으로 선출됐다.

*Not ~~Chairman was elected him by the students.~~

*Not ~~Not He chairman was elected by the students.~~

Point *위의 문장들은 목적어와 목적격보어의 명확한 구분을 못해 잘못 된 수동태를 만든 경우다.

6. She kept **me** **waiting** for two hours.
O O.C

해 석 그녀는 나를 두 시간동안 기다리게 했다.

Passive I **was kept waiting** for two hours by her.

해 석 나는 그녀에 의해 두 시간동안 기다려졌다.

Point 목적격보어가 현재분사(present participle)인 경우 수동태에서 그대로 사용한다.

【6】 동사구 수동태

능동태의 문장에 동사구(phrasal verb)가 사용된 경우 동사구 전체를 하나의 의미로 파악한다. 동사구가 따로 분리되어 수동태로 전환되지 않도록 주의하자.

6-1 자동사+전치사

Examples

1. She **laughed at** me.
V O

해 석 그녀는 나를 비웃었다.

Passive I **was laughed at** by her.

Point laugh at을 하나의 동사로 취급해 at을 분리시키면 안 된다.

2. My son **accounted for** the result.
V O

해 석 아들은 결과를 설명했다.

Passive The result **was accounted for** by my son.

해 석 결과는 아들에 의해 설명되었다.

Point account for는 '~에 대해 설명하다'로 수동태 전환 시 하나의 동사로 취급한다.

6-2 타동사+부사

동사부분이 동사+전치사, 동사+타동사처럼 하나의 단어이상으로 구성된(ex. take care of, put off, hand in, etc) 경우로 수동태로 바꿀 때 동사와 의미상 밀접한 관계가 있는 전치사와 부사를 **떨어뜨리지 않도록** 해야 한다.

Examples

1. She **had to put off** the plan.
V O

해 석 그녀는 계획을 연기해야 했다.

Passive The plan **had to be put off** by her.

해 석 계획은 그녀에 의해 연기돼야 했다.

Point 이 문장은 수동태 전환 시 주의해야 할 요소가 두 가지 있다. 첫 번째는 조동사가 있는 경우는 조동사가 그대로 내려온다는 점이고 둘째는 동사구 형태인 put off는 분리되지 않고 그대로 사용되어 be put off 형태가 된다는 점이다.(s+조동사(helping verbs)+be+p.p)

2. He **called off** the game.
V

해 석 그는 경기를 취소했다.

Passive The game **was called off** by him.

해 석 경기는 그에 의해서 최소 되었다.

Voca call off = postpone 취소하다

3. I <u>crossed out</u> a wrong word.
V

해 석 나는 틀린 단어에 줄을 그었다.

Passive A wrong word was crossed out by me.

해 석 틀린 단어 부분은 나에 의해서 줄이 그어졌다.

Point cross out을 하나의 의미단위 cross out = draw a line through

4. They **<u>should fill out</u>** the form.
V

해 석 그들은 양식을 기입해야 한다.

Passive The form **should be filled out** by them.

Point fill out은 하나의 동사구로 수동태에서도 분리되어서는 안 된다.
fill out = completely a paper

5. You should **<u>hand in</u>** your paper today.
V

해 석 보고서를 오늘까지 제출해야 한다.

Passive Your paper <u>should be handed in</u> today.

해 석 보고서는 오늘 까지 제출되어야 한다.

Point hand in '제출하다'의 뜻으로 분리되어서는 안 된다.
조동사(helping verb)+hand in(phrasal verb)

【7】 부정문 수동태

부정어 표현

능동태 표현	수동태 표현
no	not~any
neither	not~either
nothing	not~anything
never	not~ever
nobody	not~anybody

Examples

1. **Nothing** pleased me.

해 석 무엇도 나를 기쁘게 해주지 못했다.

Passive I was not pleased with **anything**.

해 석 나는 어떠한 것으로도 기쁘지 않았다.

Point *Not* ~~I was pleased with nothing~~.(nothing은 not~anything의로 변환)

Voca be pleased with ~에 기뻐하다

2. **Nobody** believed that she would succeed.

해 석 그녀가 성공할 거라고 누구도 믿지 않았다.

Passive It was not believed by **anybody** that she would succeed.

해 석 그녀가 성공할 거라고는 어느 누구에 의해서도 믿어지지 않았다.

Point nobody는 not~ anybody로 believe 믿다, succeed 성공하다

【8】 전치사 by이외의 수동태

by 이외에 다양한 전치사가 수동태에 이용될 수 있으니 평소 숙어형태로 기억해 두자.

be acquainted with ~에 정통하다, ~와 아는 사이가 되다

Examples

1. **Are** you **acquainted with** her?

   해 석 그녀와 알고 지내시나요?

be accustomed to ~에 익숙하다

Examples

1. **Are** you **accustomed to** eating vegetables instead of meat?

   해 석 고기 대신 야채를 먹는 거에 익숙해 졌나요?

be ashamed of ~을 부끄러워하다

Examples

1. He **is ashamed of** what he said.

   해 석 그는 그가 말한 것을 부끄러워하고 있다.

be bored with/by ~에 싫증나다

Examples

1. I **was bored with** what she said.

   해 석 나는 그녀의 말에 싫증이 났다.

be impressed with/by ~에 감동받다

Examples

1. We **were impressed with/by** the service at the shopping mall.

해 석 우리는 쇼핑몰의 서비스에 감동받았다.

be convinced of ~을 확신하다

Examples

1. I **am convinced of** the need to increase income.

해 석 수입을 늘려야 한다는 생각이 들어.

be devoted to ~에 헌신하다

Examples

1. She **was devoted to** her job and students.

해 석 그녀는 자신의 일과 학생들에게 헌신했다.

Point devoted는 무언가를 열정적(enthusiastic)으로 하는 것을 말한다.

be done with ~을 끝마치다

Examples

1. Could I use your computer when you **are done with** the job?

해 석 당신이 작업을 다하면 내가 컴퓨터 좀 사용해도 될까요?

Point do-did-done 하다

be interested in ~에 흥미를 가지다

Examples

1. I **am** very **interested in** travelling around the world.

   해 석 나는 전 세계를 여행하는 것에 매우 흥미가 있어.

   Point *Not* ~~I am very interesting in travelling around the world.~~(올바른 분사사용하기)

be known for ~로 유명하다

Examples

1. Korea **is known for** its old history.

   해 석 한국은 오래된 역사로 유명하다.

   Point be known for+이유

be known to ~에게 알려져 있다

Examples

1. The language school **is known to** every student.

   해 석 그 어학원은 모든 학생들에게 알려져 있다.

   Point be known to+대상

be known as ~로 알려져 있다

Examples

1. He **is known as** a famous professor.

해 석 그는 유명한 교수로 알려져 있다.

Point be known as+자격

be opposed to ~에 몹시 반대하다

Examples

1. My father **was opposed to** me going there.

해 석 아빠는 거기 가는 것을 반대하셨어.

Point oppose ~에 반대하다

be scared of, by ~을 무서워하다

Examples

1. I **am** not **scared of** anything.

해 석 나는 어떤 것도 무서워하지 않는다.

Point scare 위협하다, 겁나게 하다

be tired of, from ~에 싫증나다

Examples

1. We **are tired of** eating curry and rice every day.

해 석 매일 카레라이스를 먹는 것에 물려.

Point curry and rice 카레라이스

~ be worried about ~에 대해 걱정하다

Examples

1. She **isn't worried about** her grades.

   해 석 그녀는 성적에 대해 걱정하지 않는다.

   Point worry 걱정하다 grade 등급, 성적

【9】 능격동사(ergatives)

능격동사는 목적어 없이 사용되는 타동사로 문장형태는 능동태이지만 의미는 수동태로 특정한 부사를 수반한다.(Ergatives are transitive verbs that are used without an object.)

능격동사의 종류

bake, catch, clean, lock, peel, read, cut, sell, cook, melt, open, wash, etc.

Examples

1. The window **locks automatically.**

   해 석 창문은 자동으로 잠긴다.

   Voca window 창문 lock 잠기다 automatically 자동적으로

2. Oranges **peel well.**

   해 석 오렌지는 껍질이 잘 벗겨진다.

Voca | orange 오렌지 peels 껍질을 벗기다 well 잘

3. These sentences **read as follows.**

해 석 이 문장들은 다음처럼 읽힌다.

Voca | this-these, that-those sentence 문장 as follows 다음처럼

4. This paragraph **translates easily.**

해 석 지문은 쉽게 번역이 된다.

Voca | translate 번역하다 easily 쉽게

5. He always **photographs well.**

해 석 그는 항상 사진이 잘 나온다.

Point always 빈도부사로 일반동사 앞에 위치

Not ~~He photographs always well~~.

Voca | photograph 사진을 찍다

6. This knife **cuts well.**

해 석 이 칼은 잘 든다.

Voca | knife 칼 cut 자르다

7. The park **closes** at six thirty.

해 석 공원은 여섯시 반에 문을 닫는다.

Point = The park is closed at six thirty.

8. The snow **is melting.**

해 석 눈이 녹고 있다.

Point 능격동사는 자연현상을 묘사할 때 사용한다.

Voca melt 녹다

【10】 get을 이용한 수동태

비형식적(informal) 표현에는 be동사대신 get+p.p를 사용할 수 있다.(We can use get+past participle instead of be+past participle as a passive.)

Examples

1. She'll **get paid** on Monday.

해 석 그녀는 월요일에 월급을 받을 거야.

Point = She'll be paid on Monday.

Voca pay-paid-paid 지불하다 **요일 앞에 전치사 on 사용**

2. My car **got damaged** when the basement **got flooded** yesterday.

해 석 어제 지하실이 물로 가득 차서 차가 손상됐어.

Point = My car was damaged when the basement was flooded yesterday.

Voca damaged 손상을 입은 basement 지하실 flood 범람시키다 flooded 범람된

【11】 Have+사물목적어+과거분사(해물쌍피!!)

have는 be+had형태로 수동태가 되지 않으며 'have+사물+p.p'로 지시나 명령을 나타낸다.(Have+object+past participle can mean 'cause somebody to do something', giving instructions or orders.)

Examples

1. He must **have my chair repaired.**

해 석 그는 내 의자를 고쳐야 해.

Point '의자를 누군가에 의해 고쳐지도록 한다.'는 것이다.(Cause something to be done.)

[비교] He must repair his chair. = He must repair his car himself. (자신이 직접 고침)

2. We **are going to have the roof painted** white.

해 석 우리는 지붕을 하얗게 칠할 거야.

Point 외부 사람에 의해 '지붕이 칠해지도록 한다'는 것이다.

Voca be going to ~할 예정이다 roof 지붕 paint-painted-painted

3. I **am going to have my hair cut** this Sunday.

해 석 이 번 주 일요일에 머리 자를 거야.

Point have+사물+p.p는 미래시제와 함께 어울릴 수 있다.

Voca cut-cut-cut

4. She **had the flowers delivered.**

해 석 그녀는 꽃이 배달되도록 했다.

Point 누군가(somebody)에 의해서 '꽃이 배달되도록 한다'는 것을 알 수 있다.

Voca deliver 배달하다

5. I **had my passport stolen** in the street.

해 석 거리에서 여권을 도둑맞았다.

Point have 동사가 사역의 의미(causative)를 가지고 있으면서 목적어와 목적격보어가 수동관계임을 알 수 있다.

Voca steal–stole–stolen 훔치다

6. She **had her car vandalized.**

해 석 그녀의 차가 파손되었다.

Point 그녀의 차가 외부 사람에 의해 파괴되어 지는 경우이다.

Voca vandalize 고의적으로 파괴하다

More study

have+something+동사원형/현재분사는 경험을 나타낸다

I had a foreigner **come** to my house yesterday.

해 석 | 어제 외국인이 집에 왔었어.

Point | 목적어와 목적격보어 관계가 능동관계이다.

I found we had water **dripping** through the toilet.

해 석 | 나는 변기에서 물이 새는 것을 찾아냈다.

Point | 목적격보어 자리에 현재분사를 사용하면 진행의 의미가 있다.

Grammar Review

다음 능동태 문장을 수동태로 변환하시오. 1-35

1. This book will change your life.

2. She has looked at the plan carefully.

3. They stole a wallet from her.

4. He delivers the goods everyday.

5. His mom made him do all the dirty work.

6. We have used fire since ancient times.

7. She will delete the infected files.

8. You can't change my ID.

9. I'll record this conversation.

10. We found the puppies still alive.

11. I saw him run out of the alley.

12. We always keep the doors locked.

13. A witness saw a man break into my car.

14. We felt that she was the right woman for the job.

15. Tom has to send the letter.

16. Tom must send the letter.

17. They made the suspect tell them everything.

18. Ann had helped me.

19. Ann will have helped me.

20. Ann was helping me.

21. They elected him President.

22. Edison invented the electric light bulb.

23. They have delayed our plan.

24. He has stolen my money.

25. They are feeding the animals.

26. We all regard her as an angel.

27. They should feed the animals.

28. They closed the cinema down.

29. Nobody listens to him.

30. My father built this bookcase.

31. People grow flowers in here.

32. He will have helped me.

33. Tom will write a letter.

34. She handed her a note.

35. They elected him President twice.

다음 괄호속의 표현 중 올바른 것을 고르시오. 36-40

36. Wine (is made, makes, to make) from grapes.

37. Oil (has to be imported, has to import).

38. Some trees (have been cut down, have cut).

39. It (is built, was built) in 1970. It was completely (renovate, renovated) in 2006.

40. Five students (were given, give) a test in which they were asked to answer 70 questions.

다음 문장을 수동태 문장으로 영작하시오. 41-45

41. 주차금지입니다. *prohibit 금지하다

42. 이 모든 일이 하루 만에 처리 될 수 없다. *all this work 이 모든 일

43. 독감은 바이러스에 의해 일어나며 항생제를 이용해서 치료될 수 없다.
*cause 일어나다 cure 치료하다 antibiotics 항생제

44. 피해가 광범위하다고 보도되어진다. *damage 피해 extensive 광범위의

45. 그녀는 병원에서 치료받고 있다. *treat 치료하다

Unit 9
GRAMMAR

Conditional
가정법

FOCUS 생각은 자유다

가정법의 정확한 분류

"가정법(Conditional)"

가정법은 현재나 과거의 상황을 반대로 가정해 보거나, 직설법과는 달리 일어날 가능성이 희박한 경우에 사용하며 가정뿐만 아니라 소망, 양보, 주장, 제안 등 다양한 의미를 나타낸다. 현재 학교문법에서는 가정법 현재, 과거, 과거완료, 미래로 구분하지만 저자는 제로가정법, 1차가정법, 2차가정법, 3차가정법으로 분류하기로 한다. 가정법은 만드는 방법에 따라 if가정법, as if 가정법, wish가정법, but for가정법 등 다양한 형태가 존재한다.

가정법의 분류와 쓰임

가정법의 종류	If 절(if clause)	주절(main clause)	문장의 의미
제로 가정법 (zero-conditional)	If+주어+현재동사	주어+현재시제	일상적인 행동이나 진리
1차가정법 (first-conditional)	If+주어+현재동사 현재진행형/현재완료/현재완료진행형/can/should 사용 가능	주어+will/can/may/could/might/should/ought to/must/be going to+v	현재나 미래의 일 가정
2차가정법 (second-conditional)	If+주어+과거동사 If+주어+were to+v	주어+would/could/might+v	미래에 일어날 것 같지 않은 일이나 현재와 반대 되는 상황을 가정
3차가정법 (third-conditional)	If+주어+had+p.p	주어+would/could+have+p.p	과거에 일어날 것 같지 않은 일에 대한 가정

【1】 제로가정법(The zero conditional)

제로가정법은 일상적인 행동이나 일반적인 진리에 사용.(We use the zero conditional to talk about things that are generally true as a result of an action or situation.)

일반적인 사실이나 습관을 나타냄

[Pattern] If+주어+현재시제(present simple), 주어+현재시제(present simple)

Examples

1. If I **get** ill, I **rest** in bed.

   해 석 나는 아프면 침대에서 휴식을 취한다.

   Voca ill 아픈 rest 휴식하다

2. If you **eat** too much, you **get** fat.

   해 석 너무 많이 먹으면 살이 찔 거야.

   Voca eat-ate-eaten 먹다 fat = chubby 살찐 [참고] slim 날씬한

3. If something **is** lighter than water, it **floats** on the water.

   해 석 물보다 가벼운 것은 물에 뜬다.

   Voca light-lighter-lightest 원급-비교급-최상급 than ~보다 float 뜨다

4. If I **don't use** sun cream, **I get** burnt.

   해 석 자외선 차단제를 사용하지 않으면 탈거야.

   Voca use 사용하다 burn-burnt-burnt 타다

【2】1차가정법(The first conditional)

현재 또는 미래에 관한 상상을 진술하며 **불확실, 반신반의한 심리상태**를 나타낸다.(We use the first conditional to talk about something that is likely to happen in the future as a result of an action or situation.)

현재나 미래의 일을 가정

[Pattern] If+주어+현재동사/현재진행형/현재완료/현재완료진행형/can/should, 주어+will/can/could/might/should/ought to/must+동사원형

Examples

1. **If** he **does** well in his exams, he'll **go** to college.

   해 석 그는 시험을 잘 보면 대학에 갈 거야.

   Point 미래에 시험을 잘 볼 수 있을지 반신반의 하는 상태이다.

   Voca do well 잘하다 exam 시험 college 대학

2. **If** we **don't win** on Monday, our team **will be** in trouble.

   해 석 월요일에 이기지 못하면 우리 팀은 힘들 거야.

   Voca win-won-won 이기다 be in trouble 어려움에 빠지다

3. **If** you **visit** our shop, you **can get** a free ticket.

   해 석 가게를 방문하시면 무료티켓을 얻을 수 있어요.

   Point 상대방이 가게를 방문할지 안할지 모르는 상태이다.

   Voca visit 방문하다 shop 가게 free ticket 무료티켓

4. **If** he**'s still waiting** for you, he**'ll be** angry.

해 석 그가 아직도 너를 기다리고 있다면 화가 날 거야.

Point 아직도 기다리는지 안 기다리는지 모르는 상태이다.

Voca wait for ~를 기다리다 angry = upset 화난

5. **If** she's **been listening to** the news, she'**ll be** worried.

해 석 그녀가 소식을 듣고 있다면 걱정할 거야.

Point 소식을 계속해서 듣고 있는지 모르는 상태이다.

Voca listen to 귀 기울이다 news 소식 worried 걱정하는

6. **If I should hear** from them, **I'll let** you know.

해 석 그들에게 소식을 들으면 너에게 알리겠다.

Point 내가 그들로부터 소식을 들을 수 있을지 장담할 수 없을 때 사용한다.

Voca hear from ~로부터 소식을 듣다 let+목적어+동사원형

7. **If** she **passes** her exams, her father **is going to buy** her a car.

해 석 그녀가 시험에 통과하면 그녀 아빠는 차를 사 주실 거야.

Point 그녀가 시험에 통과할지 반신반의한 상태이다.

Voca be going to ~할 예정이다 buy+사람+물건 ~에게 ~을 사주다

8. **If** you **phone** me after twelve, I **might be** in bed.

해 석 12시 이후에 전화하면 나는 자고 있을지도 몰라.

Point 상대방이 12시 이후로 전화 할지, 그 때 내가 자고 있을지 불확실한 상태이다.

Voca might 추측의 조동사 be in bed 자고 있다

9. **If** you **fix** my car, I'**ll give** you twenty dollars.

해 석 차를 수리해 준다면 당신에게 20달러를 주겠소.

Point 상대방이 차를 수리할지 불확실한 상태이다.

Voca fix 고치다 give+사람+사물 ~에게 ~을 주다

【3】 2차가정법(The second conditional)

현재사실과 **반대**되는 가정, 또는 미래에 일어날 **가능성 없는 상상**을 나타낸다. 학교문법(School grammar)의 가정법과거에 해당된다.(We use the second conditional to talk about unlikely future events or situations and imaginary or improbable situations in the present.)

2차가정법은 미래에 일어날 것 같지 않은 사건이나 상황 또는 현재 상황의 반대를 가정
[Pattern] If+주어+과거시제(simple past), 주어+would/could/might+동사원형

Examples

1. If I **were** a doctor, I **could help** her.

   해 석 내가 의사라면 그녀를 도울 수 있을 텐데.

   Point 현재 내가 의사가 아니며 의사가 될 가능성이 없다.

2. If he **were** here, he **would tell** us what to do.

   해 석 그가 여기에 있다면 우리에게 무엇을 할지 말해 줄 텐데.

   Point 그가 여기에 있을 가능성이 전혀 없다.
   what to do 의문사+to부정사로 목적어 역할을 한다.

3. If I **knew** the answer, I'**d tell** you.

   해 석 내가 정답을 알고 있다면 너에게 말해 줄 텐데.

Point 내가 정답을 알고 있을 가능성이 없다.

Voca know-knew-known 알다 answer 대답 tell-told-told 말하다

4. If I **were** rich, I'**d leave** my job and travel with you.

해 석 내가 부자라면 직장을 그만두고 너랑 여행을 할 텐데.

Point = As I am not rich, I can't leave my job and travel with you.

Voca leave 그만두다 job 직업 travel 여행하다

5. If I **were** in your shoes, I **wouldn't worry about** that.

해 석 내가 당신 입장이라면 그것에 대해 걱정하지 않아.

Point 내가 당신의 입장이 될 수 없다.

Voca worry about ~에 대해 걱정하다

6. If I **could understand** his lectures, I'm sure I'**d learn** a lot from him.

해 석 그의 강의를 이해한다면 많은 것을 배울 수 있다고 확신해.

Point 내가 그의 강의를 이해하기 어렵다.

Voca lecture 강의 learn 배우다 a lot 많이

7. If we **had** more free time, we **could go** out more often.

해 석 좀 더 자유시간이 있다면 좀 더 자주 외출할 수 있을 거야.

Point 더 많은 자유시간을 갖기가 힘들다.

Voca free 자유로운 go out 나가다 more 좀 더 often 종종, 자주

8. If you **weren't** so late, you **could have** coffee.

해 석 너는 지각을 하지 않으면 커피를 마실 수 있을 거야.

Point 상대방이 지각하지 않을 가능성이 없다는 것

Voca | late 늦은 have-had-had

9. If we **had** more money, we **wouldn't be** living here.

해 석 우리가 좀 더 돈이 있다면 여기에서 살지 않을 텐데.

Point 돈이 더 있을 가능성이 없다.

Voca | money 돈 live 살다

10. If she **changed** her job, she'**d be** much happier.

해 석 그녀가 직업을 바꾼다면 훨씬 더 행복해질 텐데.

Point 그녀가 직업을 바꿀 가능성이 없다.

Voca | change 바꾸다 happier 더 행복한 much '훨씬 더'로 비교급 수식

11. If we **asked** him, he **would come** with us.

해 석 그에게 부탁하면 그는 우리와 함께 갈 거야.

Point 현재 우리가 그에게 부탁하지 않고 있다는 것이다.

Voca | ask 부탁하다

12. If he **hurried**, he **could arrive** at the airport on time.

해 석 그가 서두른다면 제시간에 공항에 도착할 수 있을 텐데.

Point 그가 서두르지 않아 제 시간에 도착할 가능성이 희박하다.

Voca | hurry 서두르다 on time 정각에

13. If there **were** no oxygen on earth, life wouldn't exist.

해 석 지구에 산소가 없다면 생명체는 존재하지 못할 거야.

Point 지구에 산소가 없어질 가능성은 없다는 것

Voca | oxygen 산소 exist 존재하다

【4】 3차가정법(The third conditional)

과거사실과 반대되는 **가정**, **상상**을 표현한다. 학교문법(school grammar)의 if가정법과거완료에 해당된다.(We use the third conditional to talk about possible events in the past that didn't happen to talk about regrets or to make criticism.)

3차가정법은 과거 일에 대한 반대 상황을 가정

[Pattern] If+주어+과거완료(past perfect), 주어+would/could+현재완료(present perfect)

Examples

1. If I **had worked** harder, I **would have passed** my exams.

   해 석 내가 좀 더 열심히 공부했다면 시험에 통과했을 텐데.

   Point 과거에 열심히 공부하지 않아 시험에 떨어졌다는 것이다.

   Voca hard-harder pass-passed-passed

2. If you **had set** the alarm, we **wouldn't have missed** the train.

   해 석 당신이 알람을 맞춰 놓았다면 우리는 기차를 놓치지 않았을 텐데.

   Point would have+p.p ~했을지도 모른다

   Voca miss 놓치다 train 기차

3. If you **had told** me it was dangerous, I **would have stayed** home.

   해 석 당신이 위험하다고 말했더라면 나는 집에 있었을 거야.

   Point = As you didn't tell me it was dangerous, I didn't stay home.

   Voca dangerous 위험한 stay 머무르다

4. If we **had been travelling** in that car, we **would have been injured.**

해 석 우리가 그 차로 여행을 했다면 사고가 났을지도 몰라.

Point 과거에 그 차로 여행을 하지 않아 사고를 피할 수 있었다는 것

Voca travel 여행하다 injure 상처를 입히다, 다치게 하다

5. If we **could have got** a taxi, we **would have come** to see you.

해 석 우리가 택시를 잡을 수 있었다면 너에게 갔을 텐데.

Point = As we couldn't get a taxi, we didn't come to see you.

6. If I **hadn't been hiking**, I **wouldn't have broken** my leg.

해 석 하이킹을 가지 않았다면 다리가 부러지지는 않았을 거야.

Point if절에 과거완료진행형(past perfect continuous)을 사용할 수 있다.

Voca break one's leg 다리가 부러지다 break–broke–broken 부수다, 다치게 하다

7. If you **had told** me about your plans earlier, I **could have arranged** to meet you.

해 석 좀 더 일찍 계획을 말해주었다면 나는 당신을 만나려고 했을지도 몰라.

Point = As you didn't tell me about your plans earlier, I couldn't arrange to meet you.(상대방이 좀 더 일찍 말해주지 않아 그렇게 하지 못했다는 것)

Voca plan 계획 early–earlier–earliest 원급–비교급–최상급 arrange 정하다, ~의 예정을 세우다

8. If the police **had arrived** sooner, they **might have caught** the burglars.

해 석 경찰이 좀 더 일찍 도착했더라면, 그들은 도둑을 잡았을지도 모른다.

Point = As the police didn't arrive sooner, they didn't catch the burglars. (경찰이 늦게 도착을 해서 도둑을 놓쳤다는 사실을 알 수 있다.)

Voca might have+p.p ~했을지도 모른다 catch–caught–caught 잡다 burglar 도둑

9. If I **had known** you needed help, I **would have been** there.

해 석 당신이 도움이 필요했다는 것을 알았더라면 나는 거기에 있었을 텐데.

Point = As I didn't know you needed help, I wasn't there.

Voca know-knew-known 알다 need 필요하다 there 거기에

【5】 혼합가정법(Mixed conditionals)

한 문장 안에 가정법 과거완료와 과거가 **혼합**되어 있는 경우로 과거의 일이 현재까지 영향을 미치고 있음을 나타낸다.(The if clause and the main clause refer to different times.)

혼합가정법은 과거에 일어난 일이 현재까지 영향을 끼치는 경우

[Pattern] If절은 가정법과거완료(과거사실), 주절은 가정법 과거(현재사실)

Examples

1. If She **had gone to** university, she **might have** a better job now.

해 석 그녀가 대학에 갔더라면 지금 좀 더 좋은 직장을 다닐 텐데.

Point 혼합가정법(mixed conditional)은 if절은 가정법 과거완료(과거사실), 주절은 가정법 과거(현재사실)로 나타낸다.

Voca go to university 대학에 가다 good-better-best 원급-비교급-최상급

2. If she **had bought** a ticket, she **could be coming** with us to the game tonight.

해 석 그녀가 티켓을 샀다면 우리와 함께 오늘밤 경기에 갈 수 있을 텐데.

Point 과거에 그녀가 티켓을 사지 않아서 현재 우리와 함께 가지 못하는 상황

을 나타낸다.

Voca remember 기억하다 ticket 티켓

3. If you **had watered** the flower well, it **could still survive.**

해 석 당신이 꽃에 물을 잘 주었다면 지금도 살아 있을 텐데.

Point 과거에 물을 주지 않아서 죽었다는 것을 알 수 있다.

Voca water 물을 주다 survive 생존하다 could have+p.p ~할 수도 있었는데

4. If it **had not snowed** last night, the road **would be** better now.

해 석 지난밤에 눈이 오지 않았다면 지금 도로 상태가 더 좋을 텐데.

Point 지난밤에 눈이 와서 현재 도로 상태가 좋지 않음을 알 수 있다.

Voca good-better-best 원급-비교급-최상급 snow 눈이 내리다

5. If she **had followed** the diet her doctor gave her, she **might not be** ill now.

해 석 그녀가 의사의 지시대로 식이요법을 따랐다면 지금 안 아플 텐데.

Point 과거에 의사의 지시대로 식이요법을 하지 않아 현재 아프다는 뜻이다.

Voca follow 따르다 diet 식이요법 ill 아픈

6. If I **had worked** last month, I **wouldn't be** so busy now.

해 석 지난달에 열심히 일했다면 지금처럼 많이 바쁘지 않을 텐데.

Point 혼합가정법에서 if절에는 과거 표시 부사어(last month), 주절에는 현재 표시 부사어(now)가 사용되어 의미를 명확하게 해준다.

Voca last month 지난달 busy 바쁜

7. If you **had not drunk** much beer last night, you **wouldn't have** a

stomachache now.

해 석 어젯밤에 맥주를 많이 마시지 않았다면 지금 배가 아프지 않을 텐데.

Point = As you drank much beer last night, you have a stomachache now.

Voca stomach 위, 배 have a stomachache 배가 아프다

8. If I **had marked** the page, it would be even easier to find it.

해 석 페이지에 표시를 해 두었더라면 찾기가 더 쉬울 텐데.

Point = As I didn't mark the page, it is difficult to find it.

Voca mark 표시하다 easy-easier-easiest 원급-비교급-최상급

9. If she **had caught** the plane, she **would be** dead now.

해 석 그녀가 그 비행기를 탔으면 지금쯤 죽었을 텐데.

Point = As she didn't catch the plane, she is still alive.

Voca catch-caught-caught 잡다 plane 비행기 dead 죽은

【6】 wish 가정법(Wish conditionals)

현재나 과거의 실현 될 수 없는 일에 대한 가정으로 **wish 가정법 과거**와 **wish 가정법 과거완료**가 있다.(To express dissatisfaction with a present and past situation.)

6-1 wish 가정법 과거

'~라면 좋을 텐데'로 현재나 과거에 반대되는 가정이나 소망

[Pattern] s+wish s+simple past

Examples

1. I **wish** you **would stop** smoking.

   해 석 네가 담배를 끊었으면 좋겠어.

   Point = Why won't you stop smoking?(Express regret or annoyance that something will not happen.)

   Voca stop+-ing ~을 그만두다

2. I **wish** I **didn't have** to go to work.

   해 석 일하러 안가면 좋을 텐데.

   Point = I am sorry I have to go to work.(이루어질 수 없는 소망을 나타낸다.)

   Voca go to work 일하러 가다

3. I **wish** I **had** an extra copy.

   해 석 여분의 사본이 있었으면 좋을 텐데.

   Point = I am sorry I don't have an extra copy.

   Voca wish 바라다 extra 여분의 copy 사본, 복사

4. She **wishes** she **wasn't/weren't** busy today.

   해 석 그녀는 오늘 바쁘지 않기를 바란다.

   Point = It would be nice if she wasn't/weren't busy today.

   Voca busy 바쁜 today 오늘

5. I **wish** tomorrow **was/were** Sunday.

   해 석 내일이 일요일이라면 좋을 텐데.

   Point = I am sorry tomorrow isn't Sunday.

6. I **wish** I **were** with you.

해 석 너와 함께 있으면 좋을 텐데.

Point = I am sorry I cannot be with you.

7. I **wish** students **listened to** me.

해 석 나는 학생들이 내 말에 집중하기를 바래.

Point = It would be nice if students listened to me.

Voca listen to 귀 기울이다

8. I **wish** my teacher **wouldn't treat** me like a child.

해 석 선생님이 나를 어린아이처럼 다루지 않으면 좋을 텐데.

Point = It would be nice if my teacher wouldn't treat me like a child.

Voca treat 다루다, 취급하다 like ~처럼

9. I **wish** I **could remember** her e-mail address.

해 석 그녀의 이메일 주소를 알면 좋을 텐데.

Point = I cannot remember her e-mail address.

Voca remember 기억하다 e-mail address 이메일 주소

6-2 wish 가정법 과거완료

'~였다면 좋을 텐데'로 주절의 동사보다 먼저 일어난 일에 대한 유감이나 소망을 나타냄.(Past perfect tenses are used for wishes about the past.)

[Pattern] s+wish s+had+p.p

Examples

1. I **wish** he **hadn't been** angry with his brother.

해 석 나는 그가 동생에게 화내지 않았기를 바래.

Point = I am sorry he was angry with his brother.

= It would be nice if he hadn't been angry with his brother.

Voca angry 화난

2. I **wish** I **had known** you were coming.

해 석 네가 온다는 것을 알았으면 좋을 텐데.

Point = It would be nice if I had known you were coming.(과거에 상대방이 올 것을 몰랐다는 것)

Voca know-knew-known 알다

3. I **wish** I **had been** with you.

해 석 너와 함께 했다면 좋을 텐데.

Point = I am sorry I couldn't be with you.

= It would be nice if I had been with you.

Voca be-was/were-been 이다 be with~ ~와 함께하다

4. I **wish** I **had done** so.

해 석 그렇게 했어야 했는데.

Point = I am sorry I didn't do so.

= It would be nice if I had done so.

Voca do-did-done 하다

5. I **wished** I **had had** more time.

해 석 좀 더 시간이 있었다면 좋았을 텐데.

Point = I was sorry I had not had more time.

Voca have time 시간이 있다

【7】 as if(= as though)

as if(= as though)는 '마치~인 것처럼' 뜻으로 **as if s+과거동사**는 '가정법 과거'로 주절의 시제와 같은 일을 가정하며, **as if s+had+p.p**는 '가정법과거완료'로 현재나 과거의 반대되는 사실을 가정한다.(As if and as though are both used to say what a situation seems like.)

7-1 as if 가정법 과거

[Pattern] s+v as if(= as though) s+과거동사 : 마치 ~인 것처럼

Examples

1. She's looking at him **as though** she **knew** him.

해 석 그녀는 마치 그를 아는 것처럼 쳐다보고 있어.

Point = In fact, she doesn't know him.

Voca look at 쳐다보다 know–knew–known 알다

2. He talks **as if** he **knew** the news.

해 석 그는 그 소식을 아는 것처럼 말한다.

Point = In fact, he doesn't know the news.

3. You speak **as if** you **knew** the secret.

해 석 너는 마치 비밀을 아는 것처럼 말한다.

Point = In fact, you don't know the secret.

Voca secret 비밀

4. He looks **as if** he **were/was** ill.

해 석 그는 마치 아픈 것처럼 보인다.

Point 격식체에서 were(Common in American English), 비격식체에서는 1,3 인칭에 was를 사용

= In fact, he isn't ill.

5. She acts **as if** she **were** in love with him.

해 석 그녀는 마치 그를 사랑하고 있는 것처럼 행동한다.

Point = In fact, she isn't in love with him.

Voca be in love with 사랑에 빠지다

More study

① She looks as if she is rich. vs ② She looks as if she were rich.

Point | ①번 문장은 '아마도 그녀가 부자일 거다'는 가능성이 높을 때 사용하며 ②번 문장은 가정법으로 '그녀가 부자일 리가 전혀 없다'는 뜻이다.

7-2 as if 가정법과거완료

[Pattern] s+v as if(as though) s+had+p.p : 마치~했던 것처럼

1. He spoke **as though** he **had met** a lot of famous singers.

해 석 그는 유명한 가수들을 많이 만났던 것처럼 말했다.

Point = In fact, he had not met a lot of famous singers.

Voca speak-spoke-spoken 말하다 meet-met-met 만나다 a lot of 많은 famous 유명한

2. She acts **as if** she **had been** in love with me.

해 석 그녀는 마치 나를 사랑했던 것처럼 행동한다.

Point = In fact, she wasn't in love with me.

= In fact, she hasn't been in love with me.

Voca act 행동하다 be in love with 사랑에 빠지다

3. He talks about China **as if** he **had been** there.

해 석 그는 마치 중국에 가봤던 것처럼 말한다.

Point = In fact, he hasn't been there.

Voca talk about ~에 대해 말하다

4. She pretended **as if** she **had been** ill.

해 석 그녀는 마치 아팠던 체 했다.

Point = In fact, she wasn't ill.

Voca pretend ~인 체하다 ill 아픈

5. It looks **as if** there **had been** a fire in the classroom.

해 석 마치 교실에 화재사건이라도 있었던 것처럼 보인다.

Point = In fact there hasn't been a fire in the classroom.

Voca a fire 화재사건 classroom 교실

【8】 But for/without 가정법

8-1 But for/without 가정법과거

'~이 없다면'으로 가정법 과거의 if절을 대신하며 절로 바꾸면 **If it were not for~**가 된다. 말 그대로 어떠한 것이 없다는 가정 하에 일어날 수 있는 상황을 나타내는 것이다.

[Pattern] But for/Without~, s+would/should/could/might+동사원형

Examples

1. **Without** water, nothing **could live.**

   해 석 물이 없다면 어떠한 것도 살 수 없다.

   Point = If it were not for water, nothing could live.(if를 대신하여 가정법의 의미를 나타냄.)

2. **Without** his help, I **couldn't do** it.

   해 석 그의 도움이 없다면 나는 그것을 할 수 없다.

   Point = If it were not for his help, I couldn't do it.

   Voca without ~이 없는 do-did-done 하다

8-2 But for/Without 가정법과거완료

'~이 없었다면'으로 가정법 과거완료의 if절을 대신하며 절로 바꾸면 **If it had not been for~**가 된다.

[Pattern] But for/Without~, s+would, should, could, might+have+p.p

Examples

1. **Without** his help, I **would have failed.**

   해 석 그의 도움이 없었다면, 나는 실패했을 텐데.

   Point = If it had not been for his help, I would have failed.

   Voca fail-failed-failed 실패하다

2. **But for** this car, I **couldn't have made** much money.

   해 석 이 차가 아니었다면, 나는 많은 돈을 벌지 못했을 텐데.

   Point = If it had not been for this car, I couldn't have made much money.

【9】 if절의 내용이 의미상 함축되어 있는 경우(Implied conditions)

Examples

1. He would have gone with you, **but he had to study.**

   해 석 그가 공부를 해야 하지 않았다면, 너와 함께 갔을 거야.

   Point but~ 이하는 If he hadn't had to study~ 내용이 함축되어 있다.

2. **To hear her speak English,** you would take her for an Englishman.

   해 석 그녀가 영어로 말하는 것을 듣는 다면, 그녀를 영국인으로 오해할 수도 있다.

   Point To hear her speak English는 If you heard her speak English~로 조건의 의미를 함축하고 있다.(If절을 to 부정사구로 표현)

   Voca take A for B A를 B로 오인하다

3. **Born in better times,** he would have been a great scholar.

해 석 좀 더 나은 시대에 태어났다면, 그는 훌륭한 학자가 되었을 텐데.

Point Born~ 이하는 분사구문 형태로 If he had been born in better times를 대신하고 있다.

Voca good-better-best 원급-비교급-최상급 scholar 학자

4. She must be ill, **or** she would come here.

해 석 그녀가 아픈 게 틀림없어 그렇지 않다면 여기 왔을 텐데.

Point 접속사 or 이하는 = If she were not ill, she would be here.

5. **A wise professor** would not do such a thing.

해 석 현명한 교수라면 그런 일을 하지 않을 것이다.

Point A wise professor = If he were a wise professor(명사주어가 if절을 대신하는 경우)

Voca wise 현명한 professor 교수 such 그러한

6. She will be back tomorrow **unless** there is a strike.

해 석 파업이 없으면 그녀는 내일 돌아올 거야.

Point unless는 if~not의 의미 = if there is not a strike

Voca strike 파업

7. **Provided (that)** it is cold, we won't go there.

해 석 날씨가 추우면 우리는 거기에 안 갈 것이다.

Point provided (that) = providing = in case that = on condition that = if

【10】 가정법을 포함하는 특수구문

10-1 It's+(about/high)+time (that) s+과거동사

'이제~할 시간이다'로 마땅히 해야 할 일을 하고 있지 않을 때 사용할 수 있는 표현이다. 주로 **긴급, 재촉사항**을 나타낸다.

Examples

1. **It's time that** you **went** to bed.

해 석 잠자러 갈 시간이야.

Point = It's time you should go to bed.

= It's time for you to go to bed.

Voca go to bed 잠자리에 들다

2. **It's time** you **went** to school.

해 석 학교 갈 시간이야.

Point It's time you should go to school.

Voca go-went-gone 가다 go to school 학교에 가다

3. **It's high time** you **did** your homework.

해 석 숙제 할 시간이야.

Point It's time you should do your homework.(high는 강조의 표현)

Voca do-did-done 하다

10-2 I+would rather that+s+과거동사

'~해 주었으면' 하는 바람을 나타낸다.

Examples

1. I **would rather** that you **paid** me more.

해 석 당신이 월급을 좀 더 주었으면 해요.

Voca pay-paid-paid 지불하다 more 좀 더

2. I **would rather** that you **didn't** interfere.

해 석 당신이 간섭을 하지 않으면 좋겠어.

Voca interfere 간섭하다

3. I **would rather** that she **went** back to her office.

해 석 그녀가 사무실로 돌아가면 좋겠다.

Voca go back to ~로 돌아가다 office 사무실

Grammar Review

다음은 제로가정법에 해당하는 예문이다. 올바르게 영작하시오. 1-4

제로가정법은 행위나 상황에 대한 일반적인 사실이나 습관을 나타냄
[Pattern] If+주어+현재시제(present simple), 주어+현재시제(present simple)

1. 나는 보통 아프면 침대에서 휴식한다.

....

2. 그녀가 부탁할 때마다 나는 항상 그녀를 돕는다.

....

3. 우리는 선크림을 바르지 않으면 탈것이다. *get burnt 타다

....

4. 나는 운동을 너무 심하게 하면 피곤해진다.

....

다음은 1차가정법에 해당하는 예문이다. 올바르게 영작하시오. 5-10

현재나 미래의 일을 가정
[Pattern] If+주어+현재동사/현재진행형/현재완료/현재완료진행형/can/should,
주어+will/can/could/might/should/ought to/must+동사원형

5. 그녀는 많은 돈을 벌면 해외로 나갈 거야. *go abroad 해외로 나가다

....

6. 그녀가 여전히 나를 기다리고 있다면 그녀는 화를 낼 거야. *wait for 기다리다

7. 그녀가 그 소식을 듣는 다면 기뻐할 것이다.

8. 내가 숙제를 끝마치면 가서 너와 놀아 줄게.

9. 늦게 도착하면 나는 자고 있을 지도 모른다.

10. 그녀에게 진실을 말하지 않으면 너는 언젠가 후회할 거야. *regret

다음은 2차가정법에 해당하는 예문이다. 영작하시오. 11-20

미래에 일어날 것 같지 않은 사건, 상황을 가정하거나, 현재 상황의 반대를 가정
[Pattern] If+주어+과거시제(simple past), 주어+would/could/might+동사원형

11. 내가 직장을 그만둔다면, 나는 더 행복해질 거야. *quit 그만두다

12. 그녀가 내게 부탁을 하면, 나는 들어줄 거야.

13. 내가 돈이 많으면, 미국에서 살 수 있을 텐데.

14. 그가 여기에 있으면 우리에게 무엇을 해야 하는지 말해줄 텐데. *what to do 무엇을 할지

15. 내가 부자라면 나는 직장을 그만두고 그녀와 함께 세계일주를 할 수 있을 텐데.

....

16. 내가 차가 있다면 너를 학교까지 데려다 줄 텐데.

....

17. 우리가 그녀의 강의를 이해한다면 많은 것을 그녀로부터 배울 수 있을 텐데.

....

18. 당신이 좀 더 자유시간이 있으면 더 자주 해외에 나갈 텐데. *free time 자유시간

....

19. 내가 너라면 그녀의 제안을 받아들일 텐데.

....

20. 그가 너를 좋아하지 않으면 이곳에 자주 오지는 않을 거야.

....

다음은 3차가정법에 해당하는 예문이다. 영작하시오. 21-25

과거 일에 대한 반대 상황을 가정할 때 쓰인다.

[Pattern] If+주어+과거완료(past perfect), 주어+would/could+현재완료(present perfect)

21. 내가 그녀의 전화번호를 알았다면 그녀에게 전화했을 텐데.

....

22. 그녀는 열심히 공부했더라면 시험에 통과할 수 있었을 텐데.
*pass the exam 시험에 통과하다

....

23. 당신 계획을 좀 더 일찍 말해주었더라면 당신과 함께 갈 수 있었을 텐데.

24. 그가 낚시를 가지 않았더라면 좀 더 일찍 도착할 수 있었을 텐데.

25. 그녀가 그와 결혼했더라면 불행했을 텐데.

다음은 혼합가정법이다. 영작하시오. 26-30

과거에 일어난 일이 현재까지 영향을 끼치는 일에 나타낸다.
[Pattern] If절은 가정법과거완료, 주절은 가정법 과거

26. 그가 지난 달 열심히 일했더라면 요즘 매우 바쁘지 않을 수도 있는데. *these days 요즘

27. 그녀가 의사의 지시를 따랐더라면 지금 아프지 않을 수도 있는데.

28. 내가 대학에 갔더라면 좀 더 높은 지위에 있을 지도 몰라. *position 지위

29. 그가 아침 일찍 출발했더라면 그는 좀 더 나은 상황일거야.

30. 내가 수영을 배웠더라면 너와 즐거운 시간을 보낼 수 있을 텐데.

Unit 10
GRAMMAR

Inversion
도 치

FOCUS 문장요소별 도치 전략

변화는 무죄

"도치(Inversion)"
평서문의 영어문장 어순(word order)은 주어+동사이다. 이러한 정상적인 어순이 문법적인 이유(필수적인 경우)나 강조를 위해(선택적인 경우) 동사+주어의 어순으로 바뀌는 경우가 있는데 이것을 도치(inversion)라 한다.(We can emphasize one part of a sentence by moving it to front position.) 도치의 종류는 이동하는 요소에 따라 보어도치, 목적어도치, 부정어 도치, 부사어도치, 비교급에서 일어나는 도치 등 다양하다. 도치는 다양하게 일어나기 때문에 학습자는 어순변화에 익숙해지도록 해야 한다.

【1】 문법적 도치

문법적인 이유에서 주어 동사의 순서가 바뀌는 경우인데 대표적으로 there, here, neither, so 등이 있다.

1-1 문장의 첫 부분이 There, Here로 시작할 때

Examples

1. **There are** two sides in the society.

해 석 사회에는 양면성이 있다.

Point there는 부사로서 문장의 주어는 아니지만 There v+s의 형태로 **존재구문**을 만드는데 be, appear, seem등의 동사와 어울려 도치구문이 된다.

Voca side 쪽, 옆, 측면 society 사회

2. **There are** some letters for you.

해 석 너에게 온 편지가 있어.

Point some letters가 복수주어 이기 때문에 동사는 복수 취급한다.(agreement) for+기간/대상/이유/목적

3. **There** lived a foreigner next to my house.

해 석 우리 집 옆에 외국인이 살았다.

Point There+v+s(We use there as a preparatory subject, and put the real subject after verb.)

Voca foreigner 외국인 next to ~옆에

4. **Here** is something for you.

해 석 너에게 줄 것이 있어.

Point here는 무언가를 주면서 사용하는 표현이거나 눈앞에서 일어나는 것을 현장감 있게 표현할 때 사용할 수 있다.

5. **Here** comes the train.

해 석 기차가 오고 있다.

Point here는 come, go, remain등의 동사와 어울려 사용된다.

6. **Here** is a cup of water.

해 석 여기 물 한잔.

Point water는 셀 수 없는 명사(uncountable noun)로 단위명사 a cup of가 사용된다.

7. **Here** it is.

해 석 여기 있습니다.

Point = Here you are. 물건을 건네줄 때 사용하는 표현으로 대명사가 주어로 사용되면 주어 동사가 도치되지 않는다.

More study

there vs here

A : Hello, is Yubum there?

해 석 | 여보세요. 유범이 있나요?

B : No, I'm sorry, he's not here.

해 석 | 미안하지만 없는데요.

Point | 'there'는 말하는 사람이 다른 장소를 나타낼 때 사용하며 'here'는 화자가 있는 장소를 나타낸다.(We use there for other places, and here for the place where the speaker is.)

1-2 neither/nor+v+s의 경우

부정문에서 '나도 그래'의 표현

Examples

1. I **don't** feel like going to the cinema. **Neither [Nor] do I.**

해 석 나는 영화관에 가고 싶지 않아. 나도 그래.

Point 부정어 표현에서 Neither 동사+주어 형태로 '나도 그래'라는 의미다.

Voca feel like+-ing ~하고 싶다 go to the cinema 영화관에 가다

2. She **doesn't** like swimming. **Neither does he.**

해 석 그녀는 수영을 좋아하지 않아. 그도 그래.

Point Neither does he.는 앞 문장의 부정 의미를 받는데 앞 문장에 조동사가

있기 때문에 조동사를 사용한다.

3. They **haven't** gone to that restaurant for lunch since then. **Neither have I.**

해 석 그 때 이후로 그들은 점심을 먹으러 그 레스토랑에 가지 않는다. 나도 그래.

Point 앞 문장의 동사부분이 현재완료(present perfect)이기 때문에 조동사 have를 사용한다.

Voca restaurant 레스토랑 since ~이후로

4. He **isn't** young, **neither am I.**

해 석 그는 젊지 않다. 나도 그래.

Point 앞부분에 isn't가 사용되었기 때문에 neither 이하는 주어 I에 맞춘 am을 사용한다.

Voca young 어린

5. Mary is not beautiful, **nor is Jane.**

해 석 Mary는 아름답지 않아. Jane도 그래.

Point = Neither is Jane. neither는 모두 nor로 바꿀 수 있다.

1-3 so+v+s의 경우

긍정문에서 '나도 그래'의 표현

Examples

1. He **missed** the test. **So did I.**

해 석 그는 시험을 치루지 못했다. 나도 그래.

Point 앞 문장의 동사가 일반동사의 과거시제 일 때 So+v+s에 did를 사용한다.

Not ~~He missed the test. So do I.~~

2. She **must** leave now. **So must he.**

해 석 그녀는 지금 떠나야 한다. 그도 그래.

Point 앞 문장의 must에 따라 So+v+s에 조동사 must를 사용한다.

Voca leave-left-left 떠나다

3. He **is** very intelligent. **So am I.**

해 석 그는 매우 지적이다. 나도 그래.

Point 앞 문장에 be동사가 사용되어 So+v+s에 am을 사용한다.

Voca intelligent 지적인

4. You **worked** very hard when young. **So did I.**

해 석 너는 젊었을 때 매우 열심히 일했다. 나도 그래.

Point 앞 문장에 일반동사의 과거형이 사용되어 So+v+s에 did가 쓰인다. when 이하는 시간부사절(time clause)로 본래 when you were young인데 주어+동사부분에 해당하는 you were가 생략되어 있다.

【2】 강조에 의한 도치

문장에서 보어나 목적어를 강조(emphasis) 하기 위해 어순을 바꾸는 경우로, 도치되는 요소에 따라 **보어도치, 목적어도치, 부사어도치, 부정어도치** 등이 있다.

2-1 보어도치

보어를 강조하기 위해 문두에 두면 보어+동사+주어의 형태로 쓰이나 주어가 대명사인 경우에는 보어+대명사주어+동사의 어순이 된다.

Examples

1. **Very great was** his **pleasure** when he heard the news.

해 석 소식을 들었을 때 그는 매우 기뻐했다.

Point His pleasure was very great~에서 보어가 도치되어 v+s의 어순이 된다.

Voca pleasure 기쁨 hear-heard-heard 듣다 the news 소식

2. **Very grateful** they **were** for my offer.

해 석 나의 제안에 대해 그들은 매우 고마워했다.

Point They were very grateful for my offer.의 문장에서 보어 very grateful이 문두로 도치되었다. 보어가 도치되더라도 주어가 대명사인 경우 s+v의 순서가 변화지 않는다.

3. **Sweet** smell the black roses.

해 석 검은 장미는 향기가 좋다.

Point The black roses smell sweet.에서 보어가 문두로 도치되었다. 감각동사(smell, sound, taste, look, seem 등) 다음에는 보충요소로 형용사가 온다.(s+v+c)

4. **Narrow** is the gate which leads to life.

해 석 생명으로 이끄는 길은 좁다.

Point The gate which leads to life is narrow.에서 보어가 문두로 이동하여 보어+동사+주어의 어순이 되었다.

Voca narrow 좁은 gate 문 lead to 이끌다 life 삶

5. **So embarrassed** she was that she did not say a word.

해 석 그녀는 매우 당황해서 한 마디도 못했다.

Point 주어가 대명사 일 때는 주어+동사 어순이 바뀌지 않는다.

Voca embarrass 당황한 so~that 대단히 ~해서 ~할 수 없다(so 원인 that 결과)

6. **So excited** she was that she couldn't speak.

해 석 매우 흥분해서 그녀는 아무 말도 할 수 없었다.

Point 주어가 대명사 일 때는 주어+동사 어순이 바뀌지 않는다.

Voca excited 흥분한 speak-spoke-spoken 말하다

2-2 목적어 도치

목적어를 강조하기 위해 문두에 위치시키면 목적어+주어+동사의 어순이 된다. **보어도치와는 달리 목적어가 문두로 이동하더라도 어순에는 변화가 없다.**

Examples

1. **The face of Mr. Kim** I don't recall to mind.

해 석 김씨의 얼굴이 나는 떠오르지 않는다.

Point I don't recall the face of Mr. Kim to mind.에서 목적어를 강조하기 위해 문두로 이동시켰다.

Voca face 얼굴 recall 떠오르다 mind 마음, 정신

2. **Her name** I remember.

해 석 그녀의 이름을 기억한다.

Point I remember her name.에서 목적어 부분을 문두로 이동하였다.

Voca remember 기억하다 he-his-him 주격-소유격-목적격 her name은 소유격+명사 형태

3. **The promise** she broke.

해 석 그녀는 약속을 어겼다.

Point She broke the promise.에서 목적어가 문두로 이동된다.

Voca promise 약속 break-broke-broken 깨다, 어기다

4. **Not a word** did he say.

해 석 그는 한 마디로 하지 않았다.

Point He didn't say a word.에서 부정어와 목적어가 함께 도치 되었다. 목적어가 도치되었지만 부정어와 함께 이동하였기 때문에 도치가 된다.

Not ~~A word he didn't say~~.

5. **This** I don't understand at all.

해 석 나는 이것을 전혀 이해하지 못한다.

Point I do not understand this at all.에서 목적어 this가 문두로 이동되었다.

Voca not~at all 전혀 ~하지 않다

6. **The pianist** the audience gave a big hand.

해 석 청중들은 피아니스트에게 박수갈채를 보냈다.

Point 본래문장 The audience gave the pianist a big hand.

Voca audience 청중 a big hand 큰 박수갈채

2-3 부사어 도치

장소나 방향을 나타내는 부사, 부사구를 강조하기 위해 문두로 이동시키면 부사(구)+동사+주어, 부사(구)+주어(인칭대명사)+동사의 어순이 된다. 부사어 도치에서 주어, 동사 위치 변화는 **선택적(optional)**이기 때문에 부사어가 문두로 이동하더라도 주어+동사의 어순이 변하지 않기도 한다.

Examples

1. **By his side** stood a beautiful lady.

해 석 그의 옆에 아름다운 여성이 서있었다.

Point 본래문장 A beautiful lady stood by his side.

Voca by one's side ~의 옆에 stand-stood-stood 서다

2. **On the hill** was a fantastic house.

해 석 언덕 위에 멋진 집이 한 채 있었다.

Point 본래문장 A fantastic house was on the hill.

Voca fantastic 환상적인 on the hill 언덕에

3. **Down** came the snow.

해 석 눈이 내렸다.

Point 본래문장 The snow came down.

Voca down 아래로 come-came-come

4. **Down** she fell.

해 석 그녀가 넘어졌다.

Point 본래문장 She fell down.

Voca fall down 넘어지다

5. **Down the street** rolled a baby buggy.

해 석 길을 따라 유모차가 굴러 갔다.

Point A baby buggy rolled down the street.에서 방향을 나타내는 down the street가 강조되어 문두에 온다.

Voca | baby buggy 유모차 street 거리

6. **Here and there** stood beautiful flowers.

해 석 아름다운 꽃이 여기저기에 있다.

Point 본래문장 Beautiful flowers stood here and there.

Voca | here and there 여기저기

2-4 부정어 도치

부정어 not, scarcely, rarely, seldom, no, few, only, never, nowhere, by no means, under no circumstances 등이 강조되기 위해 문두로 이동하면 다음과 같이 도치 된다. 일반적으로 조동사가 있는 경우에는 조동사가 문두로 오며 조동사가 없는 일반동사의 경우에는 조동사 do를 사용한다.

제1법칙	be+주어~
제2법칙	조동사+주어+동사원형~
제3법칙	have/has/had+주어+과거분사
제4법칙	do/does/did+주어+동사원형
제5법칙	only+시간 표현에서 v+s

Examples

1. **Never did** she **dream** of meeting him here.(제4법칙)

해 석 그녀는 그를 여기서 보리라고는 꿈도 꾸지 못했다.

Point She never dreamed of meeting him here.에서 부정어 never를 강조하기 위해 문두로 이동시켰다.

Voca | dream of 꿈꾸다 meet-met-met 만나다

2. **No sooner had** the boy **seen** her than he ran away.(제3법칙)

해 석 그 소년은 그녀를 보자마자 도망갔다.

Point The boy had no sooner seen her than he ran away. 부정어 no sooner가 앞으로 이동되어 had the boy seen처럼 조동사 had가 주어 앞으로 이동하였다.

Voca run away 도망가다

3. **Not only do I dislike** him, but also I despise him.(제4법칙)

해 석 나는 그를 싫어하는 것뿐만 아니라 경멸한다.

Point I not only dislike him but also I despise him.

Voca dislike 싫어하다 despise 경멸하다

4. **Only** then **did** she **find** out it.(제5법칙)

해 석 그 때가 되서야 그녀는 그것을 알아냈다.

Point She found out it only then.에서 시간표시 부사 only then이 문두로 이동했다. 시간을 타나내는 부사구 only later, only if, only then, only when 등이 오면 도치가 일어난다.

5. **Never have** I **seen** such a big fish.(제3법칙)

해 석 나는 그렇게 큰 물고기를 본적이 없다.

Point I have never seen such a big fish.

6. **Scarcely does** she **work** at the weekend.(제4법칙)

해 석 그녀는 좀처럼 주말에 일하지 않는다.

Point 본래문장 She scarcely works at the weekend. 단, 부정어가 주어를 수식하는 경우에는 도치가 일어나지 않는다.

Not ~~A man went to the meeting~~.(not의 영향권은 a man에게 국한된다.)

Voca scarcely 좀처럼~하지 않다 at the weekend 주말에

7. **Seldom do** we **have** a need for temporary staff because of a decrease in the volume of work.(제4법칙)

해 석 우리는 일의 양이 줄었기 때문에 임시직원이 좀처럼 필요하지 않다.

Point 본래문장 We seldom have a need for temporary staff because of a decrease in the volume of work.

Voca temporary 임시의 staff 직원 because of ~때문에 decrease 감소 volume 양

8. **Rarely do** I **go** to the movies.(제4법칙)

해 석 나는 좀처럼 영화 보러 가지 않는다.

Point I rarely go to the movies.에서 부정어 rarely를 강조한다.

Voca go to the movies 영화 보러가다

9. **Never did** she **imagine** her son would become a professor.(제4법칙)

해 석 그녀는 아들이 교수가 되리라고는 생각조차 못했다.

Point 본래문장 She never imagined her son would become a professor.

Voca imagine 상상하다, 생각하다 professor 교수

10. Korea has developed rapidly. **Never** in **history had** a country **achieved** so much development in so short a time.(제3법칙)

해 석 한국은 급속한 성장을 해왔다. 역사적으로 짧은 시간에 많은 성장을 한 경우는 결코 없다.

Point A country had never achieved so much development in so short a time in history.

부정어 never가 의미상 연결되어 있는 in history와 함께 문두로 이동하여 강조되고 있다.

Voca develop 발전하다 rapidly 급속히 history 역사 country 나라 achieve 성취하다 development 발전

11. **Only when** the disease gets worse will the government begin to act.(제5법칙)

해 석 단지 질병이 악화될 때에 정부는 조치를 취할 것이다.

Point only if, only when, not until, little, in no way, in no circumstances 등의 표현에서 도치가 일어난다.

Voca disease 질병 worse 악화된 government 정부 begin 시작하다 act 행동하다

【3】 주어가 긴 경우 도치

문장을 명료하게 만들기 위해 주어 부분을 뒤로 이동

Examples

1. **Happy is** the man who can be satisfied with his life.

해 석 자신의 삶에 만족할 줄 아는 사람은 행복하다.

Point The man who can be satisfied with his life is happy.에서 주어 부분이 길기 때문에 문두로 이동한다.

【4】 if를 생략한 가정법에서 도치

if절의 동사/조동사가 were, had, should인 경우 if를 생략하면 동사+주어의 어순이 된다. if를 생략하고 도치하는 문장은 다소 격식을 차린 문장이며 부정문에서는 축약형을 사용하지 않는다.

Examples

1. **Were** it not for his help, I couldn't finish the work.

해 석 그의 도움이 없다면, 나는 그 일을 끝마칠 수 없어.

Point if를 생략하면 동사+주어, 조동사+주어+동사어순이 된다.

본래문장 If it were not for his help, I couldn't finish the work.

Voca finish 끝마치다

2. **Had** I **known** what was going to happen, I would never have taken part in the meeting.

해 석 무슨 일이 일어날지 알았더라면, 나는 그 회의에 참석하지 않았을 거야.

Point if가 생략되면 조동사 had가 주어 앞으로 이동한다.

본래문장 If I had known what was going to happen, I would never have taken part in the meeting.

Voca happen 발생하다 take part in 참석하다 meeting 회의

3. **Were** I in your shoes, I wouldn't behave like this.

해 석 내가 너라면 그렇게 행동하지는 않을 거야.

Point 본래문장 If I were in your shoes, I wouldn't behave like this.

Voca in one's shoes ~의 입장이라면 behave 행동하다, 처신하다

4. **Had** she **gone** to the seminar, she could have gotten the information.

해 석 그녀가 세미나에 갔더라면, 정보를 얻을 수 있었을 텐데.

Point If she had gone to the seminar, she could have gotten the information.에서 if가 생략되어 조동사 had가 주어 앞으로 이동하며 had로 문장이 시작된다고 의문문 형태라 착각하면 안 된다.

【5】 비교급에서

Examples

1. **The more** we have, **the more** we want.

해 석 사람은 더 많이 가질수록 더욱더 원한다.

Point the+비교급, the+비교급 '~하면 할수록 더욱더 ~하다'라는 뜻으로 구조상 도치이다.

Voca have 가지다 want 원하다

2. I know you better **than do** any other people.

해 석 나는 누구보다도 너를 잘 안다.

Point I know you better than any other people do.에서 강조를 위해 than 이하가 도치되었다.

Voca know-knew-known 알다 good-better-best 원급-비교급-최상급

3. We now know much more about her **than we** did a few months ago.

해 석 우리는 몇 달 전보다 그녀에 대해 더 많은 것을 알고 있다.

Point 주어가 대명사인 경우에는 주어+동사의 위치가 변하지 않는다.(중요)

Voca much, still, far, a lot, slightly는 비교급 수식 a few 약간의

More study

than 뒤의 주어가 대명사인 경우

She can speak Spanish better than I can.

해 석 | 그녀는 나보다 더 스페인어를 잘 할 수 있다.

Point | *Not* ~~She can speak Spanish better than can I~~.

대명사는 구정보(old information)로 동사 앞에 사용한다.

Grammar Review

다음 문장에서 밑줄 친 부분을 도치시키시오. 1-30

1. Her mother stood in the front of the hotel.

2. She had scarcely seen such a movie.

3. He didn't say a single word.

4. We can finish it without difficulty.

5. My parents live across the street.

6. We could see the purple mountain in the distance.

7. The house was undisturbed in spite of the noise of the airport.

8. She little realized how important the money she had.

9. Her lecture was so interesting that everybody listened to it.

10. If I had received her letter, I wouldn't have gone there. *if생략하기

....

11. She never studies her major.

....

12. The weather conditions became so dangerous that everybody stayed at home.

....

13. I realized it only then.

....

14. We can solve this problem in this way alone.

....

15. The audience gave the pianist a big hand.

....

16. The frightened girl ran away.

....

17. She went away.

....

18. His father and mother have arrived.

....

19. I was wondering how reliable the information she had given me was.
*긴 주어 뒤로 이동하기

....

20. The gate is narrow.

21. I recognized these symptoms at once.

22. The house was not only old, it had no windows.

23. A parcel was lying on the floor.

24. He has been doing this exciting job for a year.

25. He won't change his mind under any circumstances.

26. The disease is rarely ever fatal.

27. I didn't ask him once how he felt about the lecture.

28. I had never seen such an efficient business.

29. You can learn only by asking questions often.

30. She will talk to him again only when he apologizes for that.

Unit 11 GRAMMAR

Conjunction 접속사

FOCUS 접속사의 종류와 사용

연결기능

"접속사(Conjunction)"

접속사는 단어와 단어, 구와 구, 절과 절을 연결해 주는 역할을 하는 것으로(Conjunctions are words that join something.) 접속사뿐만 아니라 의문사, 관계대명사, 관계부사, 연결부사도 접속사기능을 할 수 있다. 접속사는 등위접속사, 종속접속사, 상관접속사 세 가지로 분류되며 특히 종속접속사는 부사절을 이끄는 접속사와 명사절을 이끄는 접속사로 나누어진다. 문장의 의미에 따라 알맞은 접속사를 사용하는 것은 중요하다.

【1】 접속사의 종류

접속사 분류	의 미
등위접속사 (coordinating conjunctions)	대등한 관계를 가진 단어와 단어, 구와 구, 절과 절을 연결
종속접속사 (subordinating conjunctions)	상황을 나타내는 부사절과 주요 내용을 전달하는 주절을 연결 또는 종속접속사는 명사절을 만듦
상관접속사 (paired conjunctions)	등위접속사로 연결된 구문으로 두 개 이상의 단어가 함께 쓰여 연결

【2】 등위접속사

and, but, or, for, nor, so, yet 등

2-1 And

Examples

1. She **said** "take care", **and went** out.

해 석 그녀는 안녕이라고 말하고 나갔다.

Point 주어+v1+접속사+v2(주어 하나에 동사가 2개인 경우)

Voca take care 안녕 go out 나가다

2. He **had** an accident **and broke** his arm.

해 석 그는 사고가 나서 팔이 부러졌다.

Point 주어+v1+접속사+v2(주어 하나에 동사가 2개인 경우)

Voca accident 사건, 사고 break-broke-broken 부수다 arm 팔

3. **Study hard, and** you will succeed in your life.

해 석 열심히 공부한다면 너는 성공할 것이다.

Point 명령문+and ~해라 그러면 ~할 것이다

Voca succeed 성공하다 life 삶

4. She **sat and listened** to music.

해 석 그녀는 앉아서 음악을 들었다.

Point 주어+v1+접속사+v2

Voca sit-sat-sat 앉다 listen to 듣다

5. He is **kind and intelligent.**

해 석 그는 친절하고 지적이다.

Point 주어+v+보어1+접속사+보어2

Voca intelligent 지적인

6. He has **knowledge and experience.**

해 석 그는 지식과 경험을 가지고 있다.

Point 주어+v+목적어1+접속사+목적어2

Voca knowledge 지식 experience 경험

7. **Bread and butter** is my favorite lunch.

해 석 버터 바른 빵은 내가 가장 좋아하는 점심이다.

Point 주어부분은 명사+명사로 구성된 하나의 개념으로 단수 취급한다.

Not ~~Bread and butter are my favorite lunch~~.(number agreement 주의)

Voca bread and butter 버터 바른 빵 [참고] soap and water 비눗물 favorite 좋아하는

8. The job must be finished **quietly and quickly.**

해 석 그 일은 조용하면서도 빠르게 처리되어야 한다.

Point 주어+v+부사1+접속사+부사2

Voca job 일, 직업 quietly 조용히 quickly 빠르게

9. **You ask me some help and I will help you.**

해 석 당신이 도움을 요청하면 돕겠다.

Point 문장(sentence)+접속사+문장(sentence)

Voca ask 요청하다, 부탁하다

2-2 But

Examples

1. He is rich **but** not happy.

해 석 그는 부자지만 행복하지 않다.

Point = He is rich but he is not happy.

Voca rich 부유한 happy 행복한

2. It never rains **but** it pours.

해 석 비가 오기만 하면 억수로 온다.

Point but은 종속접속사로 '~을 제외하고, ~하지 않고는'

= It never rains if it doesn't pour. = It never rains unless it pours.

Voca never 결코 ~하지 않다 pour 퍼붓다

3. She washed her shirt, **but** it didn't get clean.

해 석 그녀는 셔츠를 세탁했지만, 깨끗해지지 않았다.

Point 등위접속사 but은 앞뒤로 완전한 독립절(independent clause)을 이끈다.

Voca get clean 깨끗해지다

4. I saw it with my eyes, **but** I could not believe it.

해 석 그것을 내 눈으로 직접 보았지만 믿을 수가 없었다.

Point 독립절1(independent clause)+접속사+독립절2(independent clause)

Voca see-saw-seen 보다 believe 믿다

5. I like fast food, **but** she doesn't like it.

해 석 나는 패스트푸드를 좋아하지만 그녀는 싫어한다.

Point 독립절1(independent clause)+접속사+독립절2(independent clause)

Voca fast food 인스턴트 음식

2-3 Or

Examples

1. He must have missed the bus, **or** he would have been here by now.

   해 석 그는 버스를 놓쳤음에 틀림없다. 그렇지 않다면 지금쯤 여기 있을 텐데.

   Point or는 otherwise의 의미로 '~하지 않았다면'이라는 뜻이다.

   miss 놓치다, must+have+p.p ~했음에 틀림없다(과거 일에 대한 강한 추측)

   Voca would+have+p.p ~했을지도 모른다

2. Wear your coat, **or** you'll be cold.

   해 석 코트를 입지 않으면 추울 거야.

   Point 명령문+or~ ~해라 그렇지 않으면 ~할 것이다(부정의미)

3. I will be with you, dead **or** alive.

   해 석 살아서든 죽어서든 당신과 함께 할 거야.

   Point or는 양보절의 의미다.

   Voca be with 함께하다 dead 죽은 alive 살아있는

2-4 For

Examples

1. My daughter was sleeping, **for** she was tired.

해 석 내 딸은 자고 있었어, 피곤했거든.

Point 이유를 나타내는 등위접속사 for는 **문두에 올 수 없는데** 앞부분에 대한 **부가적인 근거를 제시**하기 때문이다.

Not ~~For she was tired, my daughter was sleeping~~.

2. I don't attend the meeting, **for** I should take care of my mom.

해 석 나는 모임에 참석할 수 없어, 엄마를 돌봐야 해.

Point for 이하는 모임에 참석할 수 없는 부가적인 이유를 나타낸다.

Voca attend 참석하다 should ~해야 한다 take care of 돌보다

3. We stayed at home, **for** the weather was cold.

해 석 우리는 집에 있었다, 날씨가 추웠기 때문이야.

Voca stay 머무르다 weather 날씨

4. We couldn't drive fast, **for** it was snowing a lot.

해 석 우리는 빨리 달릴 수가 없었어, 눈이 많이 내렸거든.

Voca fast 빠르게 snow 눈이 오다 a lot 많이

2-5 so

Examples

1. It was very cold, **so** I couldn't go anywhere.

해 석 날이 매우 추워서 나는 아무 곳도 갈 수 없었다.

Point 접속사 so 앞부분은 원인, 뒷부분은 결과에 해당된다.

Voca anywhere 어디든지

2. He missed the bus this morning, **so** he was late for work again.

해 석 그는 오늘 아침 버스를 놓쳐서 회사에 또 지각을 했다.

Point 원인+so+결과(We use result clauses beginning with so to describe effects or unintended outcomes.)

3. The oil supply has decreased, **so** prices have risen.

해 석 원유 공급이 줄어들어서 가격이 오르고 있다.

Point 원인+so+결과

Voca oil supply 원유 공급 decrease 줄어들다, 감소하다 price 가격 rise 상승하다, 오르다

【3】 종속접속사

종속접속사는 주절과 함께 쓰여 명사절, 형용사절, 부사절을 만든다. 명사절을 이끄는 접속사는 that, if, whether 의문사절로 문장에서 주어, 목적어, 보어 역할을 하며 부사절에는 시간, 이유, 양보, 조건부사절이 있다.

3-1 명사절을 이끄는 종속접속사

that, if, whether, 의문사절 등

Examples

1. I am satisfied with the fact **that** she accepted my offer.

해 석 그녀가 내 제안을 받아들여서 기쁘다.

Point 접속사 that 이하는 전치사의 목적어로 쓰일 수 있는데 전치사 바로 뒤에 that을 쓰면 어색함으로 the fact를 이용하여 동격절을 만든다.

Voca be satisfied with 만족하다 fact 사실 accept 받아들이다 offer 제안

2. I don't doubt **that** he will lose the game.

해 석 그가 시합에 질 거라고는 의심하지 않는다.

Point 타동사(transitive verb)의 목적어 자리에 종속접속사 that이 사용되고 있다.

[비교] if와 whether는 불확실한 사실을, that은 확실한 사실을 나타낸다.

Voca doubt 의심하다 lose 잃다, 지다

3. His conviction is **that** she will lose her health.

해 석 그는 그녀가 건강을 잃을 거라고 확신하고 있다.

Point that~ 이하는 명사절로 is의 보어 역할을 한다.

Voca conviction 확신 health 건강

4. **That** he will return is not certain.

해 석 그가 돌아올지는 확실하지 않다.

Point 'That he will'은 주어자리에 오는 명사절이다.

Voca return 돌아오다 certain 확실한

5. I thought **that** she was a little embarrassed.

해 석 나는 그녀가 조금은 당황했다고 생각했다.

Point 인식과 관련된 동사는 주로 목적어를 취할 때 접속사 that을 사용하는데 그러한 타동사(transitive verb)로는 believe, hope, insist, know, say, suggest, understand, think가 있다.

6. We know **that** smoking can ruin one's health.

해 석 우리는 흡연이 건강을 해친다는 것을 알고 있다.

Point that 이하는 문장의 목적어 역할을 한다.

Voca know 알다 smoking 흡연 ruin 파괴하다 health 건강

7. I am just wondering **if** you can help me.

해 석 당신이 나를 도울 수 있을지 궁금합니다.

Point if 이하가 문장의 목적어로 사용되고 있다. wonder란 단어는 상대방에게 예의를 갖추면서 말할 때 사용할 수 있는데 단순시제형(simple)보다는 현재진행형(present continuous)이나 과거진행형(past continuous)을 사용하는 편이 낫다.

8. Do you know **if** the information is correct?

해 석 당신은 그 정보가 정확한지 아닌지 아니?

Point if는 타동사 know의 명사절로 '~인지 아닌지'의 의미다.

Voca information 정보 correct 정확한

9. The jury is confused about **whether** she is guilty.

해 석 배심원들은 그녀가 유죄인지 아닌지 혼란스러워 한다.

Point whether 이하는 전치사 about의 목적어다. **if는 전치사의 목적어 자리에 오지 않는다.**(중요)

Not ~~The jury is confused about if she is guilty.~~

Voca confuse 혼란시키다, 어지럽히다 guilty ~의 죄를 범한, 유죄의

10. **Whether** he comes **or not** makes no difference to her.

해 석 그가 오든지 안 오든지 그녀에게는 별반 차이가 없다.

Point whether~or not은 '~인지 아닌지'의 의미로 문두에 와서 명사절을 만들지만 **if는 문두에 나와 if~or not으로 쓰이지 못한다.**

Not ~~If he comes or not makes no difference to her.~~

Voca make no difference 차이가 있다

11. **What we eat** determines our health.

해 석 무엇을 먹느냐가 건강을 결정한다.

Point 의문사절이 문장의 주어, 보어, 목적어 자리에 올 수 있으며 의문사+주어+동사 어순(word order)이다.

Voca determine 결정하다

12. Do you know **who** broke the door?

해 석 누가 문을 부셨는지 아니?

Point 이 문장은 의미상 두 부분으로 나눌 수 있는데 첫 번째는 Do you know~? 부분이고 두 번째 는 Who broke the door? 부분이다. 직접의문문(direct question) 'Who broke the door?'가 Do you know~의 목적어로 와서 의문사+주어+동사 어순으로 간접의문문(indirect question)이 된다.

More study

간접의문문이란?

의문문이 다른 문장의 일부로 된 경우로 어순은 의문사+주어+동사 형태를 취한다.

① Why did she quit the job?(직접의문문)
② I am wondering~
③ I am wondering why she quit the job.(간접의문문)

해 석 | 나는 그녀가 왜 일을 그만두었는지 궁금하다.
Point | ①번 예문이 ②번 목적어 자리에 위치하면 ③번의 간접의문문이 된다.

What do you think she is planning?

해 석 | 그녀가 무엇을 계획하고 있다고 생각하니?
Point | 간접의문문을 만들 때 suggest, think, believe, guess, imagine 등의 동사가 오면 의문사를 문장의 맨 앞으로 이동시킨다.
Not ~~Do you think what she is planning~~?

3-2 부사절을 이끄는 종속접속사

때, 이유, 양보, 조건, 정도 등

【 때 】 as, when, before, after, till, while, since, as soon as, the moment

Examples

1. **As** it was blowing hard, I came home early.

해 석 바람이 심하게 불었을 때, 나는 집에 일찍 왔다.

Point as는 시간접속사로 쓰이면 '~할 때, ~하는 동안'이라는 뜻으로 쓰인다.

Voca blow-blew-blown 불다

2. I sing **as** I am riding a bike.

해 석 나는 자전거를 타면서 노래한다.

Point as는 시간부사절을 만들고 when보다 **동시성**의 뜻이 강하며 while과 의미가 비슷하다.

Voca ride a bike 자전거를 타다

3. I become more intelligent **as** I grow older.

해 석 나는 자라면서 더욱 이성적으로 변해.

Point as는 시간부사절을 만든다 ~함에 따라

Voca intelligent 이성적인, 총명한, 지적인 more 좀 더 old-older-oldest 원급-비교급-최상급

4. **When** I came home, my son wasn't at home.

해 석 내가 집에 왔을 때 아들이 집에 없었다.

Point when은 일시적인 때를 나타내며 부사절과 주절은 서로 이동이 가능하다.

= My son wasn't at home when I came home.(부사절+주절 = 주절+부사절)

5. You cannot be too careful **when** you choose your wife.

해 석 아내를 선택할 때 아무리 신중해도 지나치지 않아.

Point 부사절(adverb clause)은 주절(main clause) 뒤로 이동 가능하다.

Voca careful 신중한 choose 선택하다 wife 아내

6. You had better keep silent **while** the baby is sleeping.

해 석 아이가 자고 있는 동안 조용히 좀 해주세요.

Point while도 as처럼 동시동작의 의미로 사용된다.

Voca had better ~하는 편이 낫다 keep 유지하다 silent 조용한

7. **As soon as** I got up, I was astonished at the news.

해 석 일어나자마자 나는 그 소식에 깜짝 놀랐다.

Point as soon as는 the moment 주어+동사로 나타낼 수 있다.

= The moment I got up, I was astonished at the news.

= On getting up, I was astonished at the news.

Voca astonished 깜짝 놀란

【조건】 if, unless, in case, provided that, suppose, supposing, as long as, in case, once

---

Examples

1. **If** she doesn't come, I will go alone.

해 석 그녀가 오지 않는다면 혼자 가겠다.

Point if 이하는 조건부사절이다. = Unless she comes, I will go alone.

Voca go alone 혼자 가다

2. **Suppose** that she is late, what will we do?

해 석 그녀가 늦는 다면 우리가 무엇을 하지?

Point = **Supposing** that she is late, what will we do? (Suppose and supposing can be used with present tenses to make suggestions about things that might happen.)

Voca suppose 생각하다 late 늦은 do–did–done 하다

3. **If** it is sunny, let's go on a picnic.

해 석 내일 날씨가 화창하면 소풍가는 게 어때.

Point If는 조건부사절을 만든다. [비교] in case (that) ~의 경우를 생각하여

Not ~~In case (that) it is sunny, let's go on a picnic.~~(의미상 논리적이지 못함.)

Voca sunny 화창한 go on a picnic 소풍가다

4. I prepared the table **in case (that)** you dropped by.

해 석 당신이 들릴 경우에 대비하여 밥상을 차렸다.

Voca in case (that) ~의 경우를 생각하여 prepare 준비하다 drop by 잠시 들르다

More study

in case (that) ~의 경우를 생각하여

I'm taking an umbrella in case (that) it rains.

해 석 | 비가 올 것을 대비하여 우산을 가져갈 거야.

in case와 if사용에 주의하자.

Please insure your house in case (that) it catches fire.
해 석 | 화재가 발생할 경우를 생각하여 집에 보험을 들어둬라.
Point | *Not* ~~Please insure your house if it catches fire~~.

Voca catch fire 불이 나다

5. I can drive you home **as long as** it's not far away.

해 석 거리가 멀지 않다면 내가 집까지 태워다 줄께.

Voca as long as = as far as ~하는 한

6. **Once** you hesitate, you cannot do it.

해 석 일단 당신이 망설이면 그것을 할 수 없다.

Voca once 일단 ~한다면 hesitate 주저하다

【이유】 because, as, since, now that, in that

Examples

1. **Now (that)** you are an adult, you need to be more prudent and modest.

해 석 당신은 어른이기 때문에 좀 더 신중하고 겸손해 질 필요가 있다.

Point now that ~이므로, ~이니까(Now that can be used as a conjunction in an informal style and that is often dropped.)

Voca adult 성인, 어른 need to v ~할 필요가 있다 prudent 신중한 modest 겸손한

2. **Now (that)** spring is really here, the weather is getting warmer and warmer.

해 석 바야흐로 봄이라, 날씨가 점점 따뜻해지고 있다.

Voca | the weather 날씨 warm-warmer-warmest 원급-비교급-최상급

3. You had better go to bed early **since** you look tired.

해 석 너는 피곤해 보이니까 일찍 잠자리에 드는 것이 좋겠다.

Point since는 because처럼 직접적인 이유를 나타내지 않는다.

Voca | had better ~하는 게 낫다 go to bed 잠자리에 들다 tired 피곤한

4. **Because** the tap water is not good to drink, we should buy a water purifier.

해 석 수돗물은 마시기 좋지 않기 때문에, 정수기를 사야한다.

Point because는 직접적인 이유를 나타낸다.

Voca | a water purifier 정수기 drink-drank-drunk 마시다

More study

because of vs because

because of+명사 형태의 **구**

because+주어+동사로 이루어진 **절**

He was late because of the rain.

Not ~~He was late because of it rained~~.

해 석 | 그는 비 때문에 늦었어.

5. I would like to do anything **because** I am young.

해 석 내가 젊기 때문에 무엇이든지 해보고 싶다.

Point would like+to = would love+to부정사 ~하고 싶다.

Voca | anything 무엇이든지 young 어린

6. You should beg for forgiveness **because** it was your fault.

해 석 그것은 너의 잘못이니까 용서를 구해야 한다.

Voca beg for forgiveness 용서를 구하다 fault 잘못

7. I drank much water **because** I was so thirsty.

해 석 나는 목이 몹시 말라 많은 물을 마셨다.

Point because 이하는 원인(cause)에 해당된다. 특별한 경우를 제외하고 문장에서 주절을 생략할 수는 없다. 하지만 누군가가 Why did you drink much water?라고 하면 주절을 생략하여 Because I was so thirsty.라 말할 수 있다.

【양보】 although, though, even if, even though, as, while, whereas

Examples

1. **Although** his health was poor, he finished it.

해 석 그는 건강이 좋지 않았지만 그것을 끝마쳤다.

Point Although는 양보접속사로 주절과 부사절의 대조관계를 나타낸다.

Voca although ~일지라도 poor 가난한, 빈약한 finish 끝마치다

2. She went ahead with the experiment **even though** everybody objected to continuing it.

해 석 모든 사람들이 그것을 반대했을 지라도 그녀는 계속해서 실험을 했다.

Point even though 양보부사절이 주절 다음에 위치해 있다.

Not ~~She went ahead with the experiment **even though** everybody objected to continue it~~.

Voca | object to+-ing ~에 반대하다 go ahead with ~계속해서 ~하다

3. The old system was complex **while** the new one is easy to deal with.

해 석 새로운 시스템은 다루기 쉬운 반면에 예전 시스템은 복잡했다.

Point while은 양보접속사로 주절과 부사절의 대조관계를 나타낸다.

Voca | complex 복잡한 while 반면에, ~일지라도 easy 쉬운 deal with 다루다, 취급하다

More study

양보의 의미를 나타내는 전치사구 In spite of

In spite of the fact that she is beautiful, she seems to be unhappy.

해 석 | 그녀는 아름다움에도 불구하고 불행해 보인다.

Point | in spite of는 전치사구로 절을 받기 위해 the fact that 주어+동사 형태를 취한다.

Voca in spite of = despite ~에도 불구하고 fact 사실 seem ~처럼 보이다 unhappy 불행한

【정도】 as far as, so far as

Examples

1. **As far as** energy is concerned, fossil energy is not the best way.

해 석 에너지에 관한한 화석에너지가 최선의 방법은 아니다.

Point as far as, so far as는 정도나 범위를 나타내는 접속사이다.

Voca | as far as ~하는 한은, ~에 관해서는 energy 에너지 concerned ~에 관한한 fossil 화석 the best way 최선의 방법

2. **As far as** I know, he is trustworthy.

해 석 내가 아는 한, 그는 믿을 만하다.

Voca trustworthy 믿을 만한

【4】 상관접속사

두 단어 이상으로 이루어진 접속사로 항상 짝으로 이루어져 있으며 등위상관접속사란 용어를 사용하기도 한다. as well as, both A and B, not only A but also B, neither A nor B, etc.

As well as ~뿐만 아니라

Examples

1. She has experience **as well as** knowledge.

해 석 그녀는 지식뿐만 아니라 경험을 가지고 있다.

Point as well as는 뒤에서 앞으로 해석한다.

Voca experience 경험 knowledge 지식

Both A and B A 그리고 B 모두

Examples

1. This book is **both** interesting **and** instructive.

해 석 이 책은 재미있을 뿐만 아니라 교훈적 이다.

Voca interesting 흥미 있는 instructive 교훈적인

Not only A but also B A뿐만 아니라 B 역시

Examples

1. I wrote **not only** to her, **but (also)** to him.

해 석 나는 그녀뿐만 아니라 그에게도 편지를 썼다.

Voca write-wrote-written 쓰다

2. I am **not only** a teacher **but also** a writer.

해 석 나는 교사일 뿐만 아니라 작가이다.

Voca teacher 교사 writer 작가, 저자

Either A or B A, B 둘 중 하나(양자택일)

Examples

1. I have to **either** make good money **or** cut spending.

해 석 나는 큰 돈을 벌든지 아니면 소비를 줄여야 한다.

Voca make money 돈을 벌다 spend 소비하다

Not A but B A가 아니라 B

Examples

1. The best way to learn linguistics is **not** laziness **but** practice.

해 석 언어학을 배우는 최선의 방법은 나태가 아니라 연습이다.

Voca learn 배우다 linguistics 언어학 laziness 나태 practice 연습

Neither A nor B A, B 둘 다 아닌(양자부정)

Examples

1. **Neither** you **nor** I can solve this situation. We need help.

   해 석 너나 나도 이 상황을 해결할 수 없다. 우리는 도움이 필요해.

   Voca solve 해결하다 solution 해결 situation 상황 need 필요하다 help 도움

【5】 접속부사

앞 문장과의 관계를 보여주는 접속의 역할을 하지만 문법적으로는 뒤 문장에 속해 있는 부사로 오직 절과 절을 연결하는 기능을 한다. 접속부사는 문장의 나머지 사이에 쉼표를 사용한다.

【결과부사】 therefore/consequently/as a result ~따라서

Examples

1. She didn't study hard. **Consequently,** she failed the test.

   해 석 그녀는 열심히 공부하지 않았다. 결국은 시험에 떨어졌다.

   Point 이 문장에서 consequently는 문장의 다른 위치에 올 수 있다.

   = She, consequently, failed the test.

   = She failed the test, consequently.

【대조부사】 on the other hand/nevertheless/nonetheless/however/still 그러나

Examples

1. I made her study hard. **However**, she failed the exam.

해 석 나는 그녀가 열심히 공부하도록 시켰지만 시험에 실패했다.

Point fail the exam 시험에 실패하다 pass the exam 시험에 통과하다

【조건/선택】 otherwise 만약 그렇지 않으면

Examples

1. Keep quiet. **Otherwise**, you will be punished.

해 석 조용히 하렴 그렇지 않으면 혼 날 거야.

Point = Keep quiet or you'll be punished.

Voca keep 유지하다 punish 처벌하다

【추가】 moreover/furthermore/in addition/besides 덧붙여, 게다가

Examples

1. It was cold. **Moreover**, it was starting to rain.

해 석 날씨가 추웠다. 게다가 비가 오기 시작했다.

【요약】 in conclusion, in other words, that is to say 즉, 다시 말하면

Examples

1. **In other words,** it is the responsibility of the government.

해 석 즉 그것은 정부 책임이다.

Voca responsibility 책임 government 정부

2. **In other words,** we see what we desire.

해 석 다시 말하면 우리는 우리가 원하는 것을 본다.

Voca what we desire 우리가 원하는 것

【의견】 in one's opinion, apparently, to one's mind ~의 생각으로

Examples

1. **In my opinion,** we should think about others in public ares.

해 석 나는 공공장소에서 다른 사람들을 배려해야 한다고 생각한다.

Voca opinion 의견 think about 생각하다 public areas 공공장소

2. **To my mind,** she is making a mistake.

해 석 내 생각에 그녀는 실수하는 것 같아.

Voca make a mistake 실수하다

3. **Apparently,** they fell out love.

해 석 보기에, 그들은 사랑이 식은 것 같았어.

Voca apparently 보기에, 분명히 fell out 싸우다, 사이가 틀어지다

Grammar Review

다음 괄호안의 접속사중 알맞은 표현을 고르시오. 1-10

1. (While, Because, For) she was eating, the door bell rang.

2. (Although, Unless, As soon as) it rained a lot, we enjoyed ourselves.

3. (Because, If, When) we hurry, we'll catch the bus.

4. He was playing outdoors (because, if, when) he heard a scream.

5. She didn't get the job (if, until, although) she had the necessary qualifications.

6. (If, After, Before) she doesn't practise English, she won't get any better.

7. She felt tired (when, if, in case) she woke up in the morning.

8. We didn't go out (although, in spite of, because) it was raining.

9. (If, Until, Before) you'll just wait a second, I'll check your computer.

10. You can't go in (unless, provided, as long as) you are a member.

알맞은 접속사를 이용하여 빈칸을 채우시오. 11-20

11. We should prepare a spare (   ) we have a puncture.

12. You can drive my car (   ) you promise to drive slowly.

13. I put on my coat (   ) I went out.

14. (   ) the cheese matures, its flavor improves.

15. (   ) the weather is fine, we're going to have a picnic.

16. Just take your umbrella (   ) it rains.

17. (   ) she was hungry, she decided to find somewhere to eat.

18. (   ) you have a lie-down, you'll feel better.

19. (   ) I'd had my mobile yesterday, I could have contacted you.

20. She isn't going to the party (   ) he go too.

다음 문장을 영작하시오. 21-30

21. 방이 깨끗하다면 나는 어떤 호텔에 머물러도 상관하지 않는다. *provided ~한다면

....

22. 날이 어두워져서 나는 집에 가기로 결심했다. *decide 결심하다

....

23. 그것을 끝마치기 위해서 나는 늦게까지 일했다. *in order that ~하기 위해

....

24. 날이 좋아서 우리는 바닷가에 산책을 갔다. *go for a walk 산책을 가다

25. 속도뿐만 아니라 정확성도 중요하다. *accuracy 정확성

26. 나는 은퇴한 후에 그것을 깨달았다. *realize 깨닫다

27. 그녀의 생각에 동의하지는 않지만 그녀의 의견을 존중합니다. *agree with 일치하다

28. 그녀는 자기가 상사인 것처럼 행동했다. *behave 행동하다 as if 마치 ~처럼

29. 그녀는 한마디도 하지 않았다. 왜냐하면 지쳤기 때문이다. *exhausted 지친

30. 나는 이 사회가 나아지고 있는지 궁금하다. *move forward 나아지다

Unit 12
GRAMMAR

Relative clause
관계대명사

FOCUS 관계대명사의 쓰임

A + B = C(통합기능)

"관계대명사(Relative clause)"

관계대명사는 접속사와 대명사를 대신하여 두 문장을 한 문장으로 만드는 역할을 한다. 관계대명사를 이용해서 한 문장으로 만들기 전에 각각의 문장은 독립절(independent clause) 역할을 하지만 한 문장으로 만들어지면 관계대명사 이하는 형용사절(adjective clause) 역할을 하여 선행사를 수식한다.(An adjective clause is a clause that modifies a noun. It gives more information about a noun.) 단, 선행사를 포함하는 관계대명사 What만이 명사절 역할을 한다. 문장에서 어떤 관계대명사를 사용할 것인지는 선행사(head noun)에 따라 다르다.

【1】 관계대명사의 격

선행사	주 격	소유격	목적격
사 람	who	whose	whom
동물, 사물	which	of which/whose	which
사람, 동물	that		that
선행사 포함	what		what

1-1 주격의 경우

Examples

① I like a girl.

해 석 나는 한 소녀를 좋아한다.(independent clause)

② She lives next to me.

해 석 그녀는 옆집에 산다.(independent clause)

③ I like a girl **who** lives next to me.(relative clause)

해 석 나는 옆집에 사는 소녀를 좋아한다.

Point ①, ②번의 두 문장은 각각의 문장이 완전한 의미를 전달하는 독립절(independent clause)이지만 ③번 문장에서 관계대명사 who 이하는 접속사와 주어 역할을 하는 **형용사절**이 된다.

① The man is famous.

해 석 그 남자는 유명해.(independent clause)

② He lives next to me.

해 석 그는 옆에 산다.(independent clause)

③ The man who lives next to me is famous.(relative clause)

해 석 옆집에 사는 그 남자는 유명하다.

Point ①, ②번 문장을 관계대명사를 이용해서 한 문장으로 만들 때 The man is famous who lives next to me.라 하지 않도록 하자. 왜냐하면 관계대명사 앞에 오는 선행사의 품사는 명사이기 때문이다.

1-2 소유격의 경우

Examples

① The man phoned the police.

해 석 그 남자는 경찰에 전화했다.(independent clause)

② His wallet was stolen.

해 석 그의 지갑은 도둑맞았다.(independent clause)

③ The man whose wallet was stolen phoned the police.(relative clause)

해 석 지갑을 도둑맞은 남자는 경찰에 전화했다.

Point ①번과 ②번 밑줄 친 부분은 소유관계(His wallet은 The man의 소유물)를 나타내기 때문에 관계대명사 whose를 이용하여 ③번 문장을 만든다.(Whose is used to show possession. Whose and noun are placed at the beginning of the adjective clause and cannot be omitted.)

1-3 목적격의 경우

Examples

① The musical wasn't very interesting.

해 석 뮤지컬은 그다지 재미없었다.(independent clause)

② I saw it two months ago.

해 석 나는 두 달 전에 그것을 보았다.(independent clause)

③ The musical which I saw two months ago wasn't very interesting.(relative clause)

Point ①번과 ②번 문장의 공통된 부분은 the musical과 it이다. ②번 문장의 it이 목적어 자리에 위치하므로 목적격 관계대명사가 필요하고 선행사는 사물로 which나 that을 사용한다. 목적격 관계대명사는 앞에 전치사가 없는 경우에 생략 가능하다.

【2】 who/whose/whom : 선행사가 사람일 때 사용

2-1 주격 관계대명사 who

Examples

1. He loves the girl **who** spoke to him.

해 석 그는 그에게 말을 걸고 있는 소녀를 사랑한다.

Point the girl을 수식하면서 주어 역할을 하는 관계대명사 who가 사용된다.

He loves the girl. + She spoke to him.

Voca speak to ~에게 말을 걸다

2. I was looking for the man **who** sent me the letter.

해 석 나에게 편지를 보낸 남자를 찾고 있었다.

Point I was looking for the man. + He sent me the letter.

Voca look for ~을 찾다 send-sent-sent 보내다

3. I thanked the teacher **who** helped me.

해 석 나를 도와준 선생님께 감사했다.

Point who 이하는 형용사절(adjective clause)로 선행사(head noun) the teacher를 수식한다.

I thanked the teacher. + He helped me.

Voca thank ~에게 감사하다

4. I met a singer **who** is famous for charity.

해 석 나는 자선사업으로 유명한 가수를 만났다.

Point I met a singer. + She is famous for charity.

Voca be famous for ~로 유명하다 charity 자선

5. The lady **who** sat next to me talked a lot.

해 석 내 옆에 앉은 숙녀는 말이 많았다.

Point The lady talked a lot. + She sat next to me.

Voca sit-sat-sat 앉다 next to ~옆에 talk a lot 말을 많이 하다

6. She is not the woman **who** came this afternoon.

해 석 그녀는 오늘 오후에 왔던 그 여자가 아니다.

Point She is not the woman. + She came this afternoon.

Voca come-came-come 오다

7. I saw my friends **who** were playing badminton at the park.

해 석 나는 공원에서 배드민턴을 치고 있는 친구들을 보았다.

Point I saw my friends. + They were playing badminton at the park.

Voca see-saw-seen 보다

8. People **who** watch television at close range might suffer gradual visual loss.

해 석 텔레비전을 가까이에서 보는 사람들은 차즘 시각 손상으로 고통 받을지도 모른다.

Point People might suffer gradual visual loss. + They watch television at close range.

Voca at close range 가까이에서 might ~할지도 모른다 suffer 고통받다 gradual 점진적으로 visual loss 시각적 손상

9. The girl **who** answered my phone was impolite.

해 석 내 전화를 받은 소녀는 무례했다.

Point The girl was impolite. + She answered my phone.

Voca answer 전화를 받다 impolite 무례한

10. A miser is someone **who** hoards his money.

해 석 구두쇠는 돈을 축적하기만 하는 사람이다.

Point A miser is someone. + He hoards his money.

Voca miser 구두쇠 hoard 축적하다

11. He is the man **who** was driving the car at the time of the accident.

해 석 그는 사고가 일어났을 때 그 차를 운전한 사람이다.

Point He is the man. + He was driving the car at the time of the accident.

Voca at the time of ~할 때 accident 사건, 사고

12. How do you know the woman **who** won a Nobel Prize.

해 석 너는 노벨상을 탄 여자를 어떻게 아니?

Point How do you know the woman? + She won a Nobel Prize.

Voca win-won-won 상을 타다

13. She is the teacher **who** teaches us English.

해 석 그녀는 우리에게 영어를 지도하는 선생님이시다.

Point She is the teacher. + She teaches us English.

Voca teach-taught-taught 지도하다

14. He needs a man **who** can speak Spanish.

해 석 그는 스페인어를 할 수 있는 남자가 한 명 필요해.

Point He needs a man. + He can speak Spanish.

Voca Spanish 스페인어

15. The woman **who** is sitting on the beach is my friend.

해 석 해변에 앉아 있는 그 여자는 내 친구다.

Point The woman is my friend. + She is sitting on the beach.

Voca on the beach 해변에서

2-2 소유격 관계대명사 whose

Examples

1. He loves the girl **whose** hair is long.

해 석 그는 머리가 긴 소녀를 사랑한다.

Point He loves the girl. + Her hair is long.

2. I looked for the man **whose** credit card had been lost.

해 석 나는 신용카드를 분실한 사람을 찾았다.

Point I looked for the man. + His credit card had been lost.

신용카드를 분실한 것이 먼저 일어난 일이니까 과거완료형태를 사용한다.

Voca look for 찾다 credit card 신용카드

3, I know the child **whose** bicycle was stolen.

해 석 나는 자전거를 도난당한 그 아이를 안다.

Point I know the child. + His bicycle was stolen.

Voca steal-stole-stolen 훔치다

4, A cactus is a prickly plant **whose** stem stores water.

해 석 선인장은 줄기에 물을 저장하는 가시투성이 식물이다.

Point A cactus is a prickly plant. + Its stem stores water.

Voca parents cactus 선인장 prickly 가시투성이의 stem 줄기 store 저장하다 water 물

5. I apologized to the man **whose** milk I spilled.

해 석 내가 우유를 엎지른 사람에게 사과했다.

Point I apologized to the man. + I spilled his milk.

Voca apologize 사과하다 spill–spilled/spilt–spilled/spilt 엎지르다

6. I met the mom **whose** child sings and dances well.

해 석 나는 노래와 춤을 잘 하는 아이 엄마를 만났다.

Point I met the mom. + Her child sings and dances well.

Voca meet–met–met 만나다

7. There is a student **whose** father is a professor.

해 석 아빠가 교수인 학생이 있다.

Point There is a student. + His father is a professor.

Voca professor 교수

8. The students **whose** names were called raised their hands.

해 석 이름이 호명된 학생들은 그들의 손을 들었다.

Point The students raised their hands. + Their names were called.

Voca raise one's hand 손을 들다

9. There is a woman **whose** son won a gold medal at the Olympic Games.

해 석 올림픽에서 금메달을 딴 아들을 둔 여자가 있어.

Point There is a woman. + Her son won a gold medal at the Olympic Games.

Voca a gold medal 금메달

2-3 목적격 관계대명사 whom

Examples

1. He loves the girl **whom** you introduced.

해 석 그는 당신이 소개한 소녀를 사랑한다.

Point He loves the girl. + You introduced her.

Voca introduce 소개하다

2. I looked for the man **whom** she had met.

해 석 나는 그녀가 만났던 남자를 찾았다.

Point I looked for the man. + She had met him.

Voca look for 찾다 meet-met-met 만나다

3. She is the woman **whom** I told you about.

해 석 그녀는 내가 너에게 말했던 여자다.

Point She is the woman. + I told you about her.

Voca tell-told-told 말하다

4. The man **whom** she met was friendly.

해 석 그녀가 만난 남자는 친절했다.

Point The man was friendly. + She met him.

Voca friendly 친절한

5. Professor Moon is a person **whom** I admire tremendously.

해 석 문 교수님은 내가 매우 존경하는 분이시다.

Point Professor Moon is a person. + I admire him tremendously.

Voca admire 존경하다 tremendously 굉장히, 매우

6. The couple **whom** I invited to lunch were thirty minutes late.

해 석 내가 점심에 초대한 부부는 30분 늦게 왔다.

Point The couple were thirty minutes late. + I invited them to lunch.

Voca couple 부부, 쌍 invite 초대하다 late 늦은

7. The man **whom** I met last night was interesting.

해 석 내가 지난밤에 만난 남자는 재밌었다.

Point The man was interesting. + I met him last night.

Voca last night 지난밤 interesting 재미있는

8. The person **whom** we elected as chairperson must have a great deal of experience.

해 석 우리가 회장으로 선출한 사람은 많은 경험을 가지고 있음에 틀림없다.

Point The person must have a great deal of experience. + We elected him as chairperson.

Voca elect 선출하다 chairperson 회장 must ~해야 한다, ~임에 틀림없다 a great deal of 많은 experience 경험

9. They are the people to **whom** we gave some help.(to 사용에 주의)

해 석 그들은 우리가 도움을 준 사람들이다.

Point They are the people. + We gave some help to them.

Voca give-gave-given 주다

【3】 which/of which(whose)/which : 선행사가 사물일 때 사용

3-1 주격 관계대명사 which

Examples

1. He likes the house **which** stands on the hill.

해 석 그는 언덕위에 있는 집을 좋아한다.

Point He likes the house. + It stands on the hill.

Voca on the hill 언덕 위에

2. Dolphins are mammals **which** live in the sea.

해 석 돌고래는 바다에 사는 포유동물이다.

Point Dolphins are mammals. + They live in the sea.

Voca dolphin 돌고래 mammal 포유동물

3. Did you see the parcel **which** arrived today?

해 석 오늘 도착한 소포를 보았니?

Point Did you see the parcel? + It arrived today.

Voca parcel 소포 arrive 도착하다

4. The book **which** is under the table is yours.

해 석 테이블 밑에 있는 책은 너의 것이다.

Point The book is yours. + It is under the table.

Voca under the table 테이블 밑에 yours 너의 것

5. The river **which** flows through the town is polluted.

해 석 도시를 통해 흐르는 강은 오염되었다.

Point The river is polluted. + It flows through the town.(the river와 it이 공통부분으로 주격관계대명사 which가 사용)

Voca flow 흐르다 through ~을 통해서 pollute 오염시키다

6. I have a computer **which** is useful.

해 석 나는 실용적인 컴퓨터가 있다.

Point I have a computer. + It is useful.(각각의 독립절이 통합되면 뒷문장은 의존절이 된다.)

7. The cat **which** is sleeping on the roof is mine.

해 석 지붕위에서 자고 있는 고양이는 내 것이다.

Point The cat is mine. + It is sleeping on the roof.

Voca on the roof 지붕에서

3-2 소유격 관계대명사 whose = of which

Examples

1. He will repair the house **whose** roof was damaged.

해 석 그는 부서진 지붕을 수리할 것이다.

Point He will repair the house. + Its roof was damaged.

Voca repair 고치다 roof 지붕 damage 손상시키다

2. I have a house **whose** roof is blue.

= I have a house **of which** the roof is blue.

해 석 나는 파란색 지붕이 있는 집이 있다.

Point I have a house. + Its roof is blue.

3-3 목적격 관계대명사 which

Examples

1. The movie **which** we saw yesterday was moving.

해 석 우리가 어제 본 영화는 감동적 이었다.

Point The movie was moving. + We saw it yesterday.

Voca movie 영화 see-saw-seen 보다 yesterday 어제 moving = impressive 감동적인

2. That's the house **which**(= that) we are looking for.

해 석 저것은 우리가 찾고 있는 집이다.

Point That's the house. + We are looking for it.

= That's the house we are looking for.(목적격 관계대명사가 생략된 문장)

Voca look for 찾다

3. There are a few things **which** you need to buy before we leave.

해 석 우리가 떠나기 전에 당신이 사야할 것이 몇 가지 있다.

Point There are a few things. + You need to buy them before we leave.

【4】 관계대명사 that

주격과 목적격만 존재하며, 계속적 용법은 없으며 관계대명사 that 앞에는 전치사가 위치하지 못한다. 또한 관계대명사 that은 다른 관계대명사를 대신할 수 있다. 선행사 앞에 특정한 한정사 등이 올 때 사용된다.

4-1 주격관계대명사 that

Examples

1. The girl **that** lives opposite my house visited me.

해 석 우리 집 맞은편에 살고 있는 소녀가 방문했다.

Point = The girl who lives opposite my house visited me.(관계대명사 that은 who를 대신하여 사용)

The girl visited me. + She lives opposite my house.

Voca opposite ~의 맞은편에

2. I saw a man and his dog **that** were crossing the street.

해 석 나는 자신의 개와 함께 거리를 가로지르는 한 남자를 보았다.

Point I saw a man and his dog. + They were crossing the street.(선행사가 사람+동물, 사람+사물인 경우 관계대명사 that을 사용)

3. Who **that** has common sense will believe it?

해 석 상식적인 사람이라면 누가 그것을 믿겠니?

Point 선행사가 의문사인 경우 발음의 용이성을 위해 관계대명사 who는 피하고 that을 쓴다.

Not ~~Who who has common sense will believe it~~?

4-2 목적격관계대명사 that

Examples

1. This is the only woman **that** I have loved in my life.

해 석 이 사람은 내가 사랑하는 유일한 여자이다.

Point 선행사에 the only, the very, the same, the first, all, no, every, everything, anything 등이 올 때 일반적으로 that을 사용한다.

2. *Not* ~~This is the house in **that** I live.~~(관계대명사 that 앞에 전치사 사용 불가)

해 석 이곳은 내가 사는 집이다.

Point 이 문장은 다음처럼 사용할 수 있다.

This is the house **that** I live in.

= This is the house **in which** I live.

= This is the house **where** I live.

More study

관계대명사 that vs in that

This is the book that I am looking for.

Not ~~This is the book for that I am looking~~.

해 석 | 이 책은 내가 찾고 있는 그 책이다.

Point | 관계대명사 that 앞에 전치사가 올 수 없다.

She is right in that it is based on the true premises.

해 석 | 올바른 가정에 근거했기 때문에 그녀는 옳다.

Point | in that은 ~라는 점에서, ~이므로(이유를 나타내는 접속사)

【5】 관계대명사 what

선행사를 포함하는 관계대명사로 '~하는 것'의 의미로 다른 관계대명사가 형용사절을 이끄는 반면에 what은 선행사를 포함하기 때문에 명사절을 이끌며 소유격은 없다.

5-1 주어자리에 쓰이는 관계대명사 what

Examples

1. **What** I wanted was to study in Europe.

   해 석 내가 원하는 것은 유럽에서 공부하는 것 이었다.

   Point what 이하 관계대명사절이 문장의 주어역할을 한다.

2. **What** I need is your help.

   해 석 내가 필요한 것은 너의 도움이다.

   Point 관계대명사절이 문장의 주어로 쓰이고 있다.

3. **What** she is looking for is a job.

   해 석 그녀가 찾고 있는 것은 직업이다.

   Point what 이하가 문장의 주어로 쓰이고 있다.

   Voca look for 찾다

5-2 목적어자리에 쓰이는 관계대명사 what

Examples

1. The store didn't have **what** I wanted.

   해 석 그 상점은 내가 원하는 것이 없었다.

   Point = The store didn't have the thing that I wanted.

   what 이하 관계대명사절이 목적어로 쓰인다.

2. She remembers **what** I told her.

   해 석 그녀는 내가 말한 것을 기억한다.

Point 관계대명사절이 문장의 목적어자리에 위치해 있다.

Voca remember 기억하다 tell-told-told 말하다

3. Show me **what** is in your hands.

해 석 나에게 너의 손에 있는 것을 보여줘라.

Point what 이하 관계대명사절이 문장에서 목적어 역할을 한다.

【6】 관계대명사의 생략

목적격관계대명사와 주격관계대명사+be동사는 생략 가능하다.

Examples

1. This is the house **(which)** we saw yesterday.

해 석 이 집은 내가 보았던 집이다.

Point 목적격관계대명사 which 생략 가능(saw의 목적어 역할)

2. He has no relative **(whom)** he can depend on.

해 석 그는 의존할 친척이 없다.

Point 목적격관계대명사 whom 생략 가능(on의 목적어)

3. The person **(whom)** I respect the most is my parents.

해 석 내가 가장 존경하는 사람은 부모님이시다.

Point 목적격관계대명사 whom 생략 가능(respect의 목적어)

4. This is the music **(which)** he composed.

해 석 이 곡은 그가 작곡한 음악이다.

Point 목적격관계대명사 which 생략 가능(composed의 목적어)

Voca compose 작곡하다

5. The boy (**who is**) standing over there is Troy.

해 석 저쪽에 서 있는 소년은 Troy이다.

Point 주격관계대명사+be동사는 생략 가능하다.

More study

관계대명사절의 동사가 동사+전치사로 구성된 경우

The ceramics, which she came across in the sea, are now on display in the museum.

해 석 | 그녀가 바다에서 우연히 발견한 도자기들은 현재 박물관에 전시중이다.

Point | *Not* ~~The ceramics, across which she came in the sea, are now on display in the museum.~~

Voca ceramics 도자기 come across 우연히 발견하다 in the sea 바다에서 be on display 전시하다 museum 박물관

【7】 관계부사

관계부사도 관계대명사처럼 접속기능을 가지는데 관계대명사가 접속사와 대명사 역할을 하는 반면 관계부사는 접속사와 부사의 역할을 한다. 또한 관계부사는 관계대명사와 마찬가지로 선행사를 가질 수 있으며 형용사절을 만든다. 때때로 선행사가 생략되기도 하며 이때는 명사절이 된다. 또 다른 특징은 관계부사는 접속사와 부사의 역할을 하기 때문에 관계대명사처럼 격을 가질 수 없다.

용 법	선행사	관계부사
장 소	the place, city(장소)	where
때	the time, day(시간)	when
이 유	the reason	why
방 법	(the way)	how

7-1 관계부사 where

Examples

1. A문장 : This is **the city.** + B문장 : I grew up **there.**

   = C문장 : This is the city **where** I grew up.

   해 석 이 곳은 내가 자란 도시이다.

   Point A, B 두 문장에서 의미상 공통된 부분을 찾아 관계부사를 이용해 한 문장으로 만든다.

   관계부사는 접속사와 부사의 역할을 동시에 한다.

7-2 관계부사 when

Examples

1. A문장 : I'll never forget **the day.** + B문장 : I met you **then.**

   = C문장 : I'll never forget the day **when** I met you.

   해 석 나는 너를 만났던 날을 결코 잊지 못할 것이다.

   Point 선행사가 the day이니까 관계부사 when을 사용한다.

   Voca forget-forgot-forgotten 잊다

7-3 관계부사 why

Examples

1. She didn't get a pay rise, but this wasn't the reason **why** she left.

   해 석 그녀는 임금인상을 받지 못했는데 이것이 그녀가 회사를 떠났던 이유는 아니었다.

Point = She didn't get a pay rise, but this wasn't the reason that she left.
= She didn't get a pay rise, but this wasn't the reason she left.

7-4 관계부사 how

Examples

1. **How** I organize this book is for me to decide.

해 석 이 책을 어떻게 구성할지는 내가 결정할 문제이다.

Point = The way I organize this book is for me to decide.

Not ~~The way how I organize this book is for me to decide.~~(the way how는 틀린 표현)

【8】 복합 관계대명사

관계대명사 뒤에 ever가 붙은 형태로 선행사를 포함하고 있으며 명사절 또는 부사절을 만든다.

복합관계대명사	명사적 용법	부사적 용법
whoever	~하는 사람은 누구나	누가~ 할지라도
whomever	~하는 사람은 누구를	누구를 ~할지라도
whichever	~하는 것은 어느 것이든	어느 것을~할지라도
whatever	~하는 것은 무엇이든	무엇을(이)~할지라도

Examples

1. **Whoever** comes to the meeting will be welcomed.

해 석 회의에 오는 사람은 누구나 환영받을 거야.

Point 복합관계대명사 whoever가 주어자리에 와서 명사절이 된다.

whoever = anyone who

2. **Whoever** phones me, tell them I'll come back soon.

해 석 나에게 전화하는 사람이 누구든지, 곧 돌아올 거라 말하렴.

Point Whoever phones me는 생략 가능한 부사절이다.

whoever = no matter who

Voca phone 전화하다 come back 되돌아오다

3. She often criticizes **whomever** he meets.

해 석 그녀는 그가 누구를 만나든지 종종 비난한다.

Point whomever 이하가 타동사 criticizes의 목적어 자리에 와서 명사절이 된다.

often 빈도부사로 일반동사 앞에 위치

Voca criticize 비난하다

4. **Whomever** you may meet, you will not get along with them.

해 석 당신이 누구를 만날지라도 그들과 잘 지내지 못할 거야.

Point whomever~ 이하는 양보부사절을 이끌며 whomever = no matter whom.

5. She is good at **whatever** she does.

해 석 그녀는 무엇을 하든지 익숙하다.

Point whatever 이하는 전치사의 목적어로 쓰이는 명사절이며 anything that 의미다.

Voca be good at ~에 익숙하다

6. Take **whichever** you like.

해 석 당신이 마음에 드는 것은 무엇이든지 가져가세요.

Point whichever = anything which

7. **Whatever** he does, I'll hate him.

해 석 그가 무엇을 할지라도, 나는 그를 미워할 거야.

Point whatever 이하는 양보부사절을 만든다.

whatever = no matter what

【9】 복합관계부사

관계부사 뒤에 ever 붙은 형태로 시간, 장소, 양보부사절을 만든다.

복합관계부사	시간, 장소 부사절	양보부사절
whenever	~할 때는 언제든지	언제~할지라도
wherever	~하는 곳은 어디에나	어디에서~할지라도
however		아무리~할지라도

Examples

1. He enjoys himself **wherever** he goes.

해 석 그는 어느 곳을 가든지 마음껏 즐긴다.

Point wherever = at anyplace where

Voca enjoy oneself 마음껏 즐기다 himself는 재귀대명사

2. You can read my book **whenever** you are free.

해 석 시간이 있을 때 언제든지 내 책을 읽어도 좋아요.

Point whenever = at anytime when

Voca free 한가한, 자유로운

3. My teacher encourages us, **whenever** we make mistakes.

해 석 우리가 실수를 할지라도, 선생님은 우리는 격려하신다.

Point whenever = no matter when 양보부사절을 이끈다.

Voca encourage 격려하다 make a mistake 실수하다

4. She is able to find the way, **wherever** she goes.

해 석 그녀는 어디를 가든지 길을 찾을 수 있다.

Point wherever = no matter where

Voca be able to ~할 수 있다

5. **However** much she eats, she never gets fat.

해 석 그녀는 아무리 많이 먹을지라도, 결코 살이 찌지 않는다.

Point however = no matter how

Voca get fat 살이 찌다

6. **However** I changed my mind, I couldn't forget her.

해 석 아무리 내가 마음을 바꾸더라도, 결코 그녀를 잊을 수 없었다.

Point however = no matter how

Voca change 바꾸다 forget 잊다

Grammar Review

다음 문장에서 적절한 관계대명사를 고르시오. 1-10

1. He is the man (who, whom, of which) was driving the truck at the time of the accident.

2. We went to a park (which, who, whom) she had recommended to us.

3. We found a shop (of which, what, which) sold old books.

4. She is one woman (whom, who, what) I admire.

5. Did you read the letter(that, which, what) came yesterday?

6. A pirate is a person on a ship (what, of which, who) attacks and steals from other ships.

7. Do you know the man (who, whom, which) used to work in the book–store?

8. There are three rules (what, who, which) you must always obey.

9. The couple (who, which, what) bought that car have two children.

10. His latest book, (that, which, whom) I finished last week, is fasci–nating.

다음 문장에서 틀린 부분을 찾아 올바르게 고치시오. 11-20

11. That old car, of which she bought for me, has never given me any trouble.

12. She is an artist which paintings have won international praise.

13. Anyone of which wants to apply for this position must have some qualifications.

14. What's the worst film in which you've ever seen?

15. The bed which I slept last night wasn't very comfortable.

16. Do you know the professor that she is talking?

17. A widow is a woman that husband is dead.

18. A pacifist is a person whom believes that all wars are wrong.

19. The boy saw the actual spacecraft what landed on the moon.

20. There are a few restaurants why do Sunday lunches.

다음을 영작하시오. 21-30

21. 우리가 방문했던 오래된 성은 정말 재미있었다. *which

22. 오늘 아침에 온 그림엽서는 그녀가 보낸 것이다. *which

23. 당신이 알아야 할 많은 안전절차가 있다. *safety procedures 안전 절차

24. 아들이 방문하고 싶어 했던 박물관은 지난 일요일에 문을 닫았다. *museum 박물관

25. 거기가 그가 태어난 도시이다. *be born 태어나다

26. 그녀가 말한 것은 사실일 수도 있다. *what

27. 소방관이란 불을 진압하는 사람들이다. *put out 끄다

28. 그녀가 찾고 있는 것은 직업이다. *look for 찾다

29. 나는 하늘에 나타난 무지개를 찍었다. *take a photo 사진을 찍다

30. 차 안에 있던 열쇠가 사라졌다. *disappear 사라지다

Unit 13
GRAMMAR

Two nouns together
복합명사

FOCUS 앞의 명사가 형용사로
둘이 있어야 좋아

"복합명사(Two nouns together)"

복합명사(compound nouns = two nouns together)란 명사+명사로 구성된 형태로 첫 번째 명사는 주로 형용사 역할을 하며 뒤의 명사와 어울려 하나의 의미를 만든다. 일반적으로 앞의 명사는 유형을 가리키며 뒤의 명사는 부류를 나타낸다. 만드는 방법은 아래에서처럼 명사+명사, 명사+동명사, 동명사+명사, 두 단어이상으로 구성된 명사, 하이픈을 이용한 명사 등이 있으며 사용자와 사전에 따라 두 단어를 한단어로 표기해 쓰기도 하는데 이러한 것에 대한 정확한 규칙은 없다.(When a noun is used as a modifier, it is in its singular form and the stress is usually on the first one.)

【1】 복합명사를 만드는 법

- 명사(noun)+명사(noun) : a road accident, life story, research program, performance appraisal
- 명사(noun)+동명사(gerund) : food poisoning, air conditioning
- 동명사(gerund)+명사(noun) : a washing machine, opening hours, a swimming pool, a driving license
- 두 단어이상으로 구성된 명사 : hotel reception desk, the dining room carpet
- 하이픈으로 구성된 명사 : a ten-minute coffee break, a two-week course, a three-year contract

More study

> 복합명사를 사용시 한 단어로 구성을 하거나 두 단어로 분리해서 사용하는 것은 특정한 규칙이 있는 것이 아니고 편의적이다.
> dishwasher = dish-washer

【2】 복합명사

Examples

· a grammar book 문법책

Point | grammar란 단어는 품사가 명사지만 복합명사에서 형용사의 역할

· a tennis ball 테니스 공

· a bank manager 은행 지점장

· an automobile factory 자동차 공장

· a road accident 도로에서 일어난 사고

Point | an accident that happens on the road

· income tax 수입세

Point | tax that you pay on your income

· the city center 도시 중심지

· a television camera 텔레비전 카메라

· our vacation plan 우리의 휴가 계획

· a television program 텔레비전 프로그램

· a television studio 텔레비전 스튜디오

· a television producer 텔레비전 피디

· luggage problems 수화물 문제

· marriage problems 결혼 문제

· health problems 건강 문제

· work problems 작업 문제

· garden vegetables 정원에서 재배하는 야채

Point | vegetables that are grown in a garden

· a vegetable garden 야채를 키우는 정원

Point | a garden where vegetables are grown

· a frying pan 프라이 팬

Point | a pan for frying

· a washing machine 세탁기

· a swimming pool 수영장

· a dining table 식탁

· a headache 두통

Point | 두 단어로 나누지 말고 한 단어로 사용한다.

· toothpaste 치약

· a weekend 주말

· a car park 주차장

· a road sign 도로 표지판

Point | When two nouns are together like this, sometimes we write them as one word and sometimes as two separate words. There are no clear rules for this.

· a sugar bowl 설탕그릇

Point | A sugar bowl means perhaps empty, but a bowl of sugar means a bowl with sugar in it.

· a shopping bag 쇼핑가방

Point | A shopping bag means perhaps empty, but a bag of shopping means a bag full of shopping.

· a concert ticket 콘서트 티켓

· a computer magazine 컴퓨터 잡지

· a horse race 경마

· your exam results 너의 시험 결과

· car factory workers 자동차 공장 노동자

· a road improvement scheme 도로 정비 계획

· a road accident 도로 사고

· a seat belt 안전벨트

· a credit card 신용카드

- the weather forecast 일기예보
- a newspaper editor 신문 편집장
- a shop window 가게유리

Point | A man is cleaning a shop window.

- an address book 주소록

Point | An address book is a book for address.

- a savings account 예금계좌

Point | I have a savings account.

- a customs officer 세관 공무원
- a clothes shop 옷가게
- a shoe shop 신발가게

Point | a shoes shop(ungrammatical)

- the arms trade 무기거래

Point | arms = weapon

- a glasses case 안경 케이스

Point | glasses = spectacles

- an arts festival 예술제

Point | arts = film, dram, music

- an art festival 미술제

Point | art = painting, sculpture, drawing

- a bread knife 제과용 칼

Point | a knife for cutting bread

- a cookery book 요리책

Point | a book about cookery

- a bus driver 버스 운전기사

Point | someone who drives a bus

- a birthday party 생일파티
- the street light 가로등

Point | the lights in the street

- a paper bag 종이가방

Point | a bag made of paper

- a tea break 차 마시는 휴식시간

· a souvenir shop 기념품 상점

Point | a shop selling souvenirs

· an animal hospital 동물병원

Point | a hospital for animals

· a cigarette packet 담뱃갑

Point | Cigarette packets have a health warning.

· milk bottle 우유병

· a sleeping bag 침낭

Point | a bag for sleeping in

· a waiting room 대기실

Point | a room for waiting in

· a washing machine 세탁기

Point | We can use an –ing form with a noun.

· the winter train timetable 겨울철 기차 시간표

· the bedroom carpet 침실카펫

· cotton shirts 면셔츠

· climbing boots 등산화

· a computer operator 컴퓨터 기사

· a motor cycle 오토바이

· a luggage trolley 짐 운반수레

· an office chair 사무실 의자

· a train station 기차역

· a stone wall 돌벽

· working clothes 작업복

· a sales graph 판매 그래프

· a vegetable shop 야채가게

Point | a shop to sell vegetables in it.

· an office building 사무실

Point | office is used as an adjective.

· a fax machine 팩스

Point | a machine for sending and receiving faxes

· a can opener 병따개

Point | a tool for opening cans.

· a mosquito net 모기장

Point | to protect the sleepers from mosquitoes

【3】 명사+명사 대신 명사+'s+명사

3-1 앞의 명사가 뒤의 명사의 사용자일 때

Examples

· a baby's bedroom

· our daughters' bedroom

· a women's clinic

· women's names

· the student's name

· a girl's school

· a man's name

· the child's name

· birds' nests

3-2 뒤의 명사가 앞의 명사의 생산물일 때

Examples

· goat's cheese

· cow's milk

3-3 사람/동물의 신체 부위에 대해 말할 때

Examples

· a woman's face
· a boy's arm

More study

복합형용사(compound adjectives)

I would like a home-cooked meal for a change.
해 석 | 나는 기분전환으로 집에서 요리한 음식을 먹고 싶다.

Voca home-cooked 집에서 요리한

It was a well-planned trip.
해 석 | 그것은 잘 계획된 여행이었다.

Voca well-planned 잘 계획된

I'm in slow-moving traffic.
해 석 | 나는 교통 혼잡상태에 있어.

Voca slow-moving 천천히 움직이는 traffic 교통

She likes fast-food restaurant.
해 석 | 그녀는 패스트푸드 레스토랑을 좋아한다.

Voca fast-food 패스트푸드의

My teeth are highly-sensitive to cold.
해 석 | 내 치아는 차가운 것에 매우 민감하다.

Voca highly-sensitive 매우 민감한

Grammar Review

주어진 다음의 단어를 사용하여 각 문장의 빈칸을 채우시오. 1-10

air conditioning, job sharing, health problems, factory inspector, exam result, three-hour course, weather forecast, income tax, toothache, credit card

1. The result of your exams is your ....

2. .... is a system that makes the air in a room cooler.

3. Problems concerning health are ....

4. .... is an arrangement by which two people work part-time doing the same work.

5. Somebody whose job is to inspect factories is a ....

6. A course that lasts three hours is a ....

7. You should pay on your income. It is ....

8. .... is pain in one of your teeth.

9. The .... is a statement saying what the weather will be like.

10. A .... is a plastic card which you can use to buy some things.

다음 괄호속의 표현 중 올바른 것을 고르시오. 11-15

11. She received (a five-page, five-page) letter from him.

12. There are (twelve months, a twelve months) in a year.

13. I'm not wondering if this building has (a car park, car parking) or not.

14. That accident was caused by the lack of (a road sign, road of sign)

15. It is (a ten-minute, ten-minute) distance between you and me.

다음 문장을 해석하시오. 16-20

16. She had garden vegetables.

....

17. She had a vegetable garden.

....

18. She has a sugar bowl.

....

19. I need a shopping bag.

....

20. I have a bag of shopping.

....

다음 문장을 영작하시오. 21-30

21. 운전할 때 당신은 안전벨트를 매야 합니다. *wear a seat belt 안전벨트를 매다

22. 우리는 여름에 에어컨을 사용합니다. *air conditioning 에어컨

23. 그 도시에서 가장 최근에 지어진 건물은 20일 된 교회이다.

24. 날씨를 알고 싶으면 기상대에 전화해라. *the weather forecast 기상대

25. 8살 된 소녀는 아직 어리다.

26. 우리는 교통사고를 줄이기 위해 많은 도로 표지판이 필요하다. *road sign 도로 표지판

27. 나는 시간이 있을 때 마다 도로개선 방안에 대해 생각한다.
*a road improvement scheme 도로개선 방안

28. 두통약 좀 먹을래?

29. 식중독을 피하기 위해 저것들을 냉장고에 넣어라.

30. 호텔에 머무를 때 룸 넘버를 기억하는 것이 좋다.

Unit 14
GRAMMAR

Article
관 사

FOCUS 부정관사 a/an, 정관사 the

명사를 한정하자

"관사(Article)"

관사(冠詞)에서 '관'자는 한자어로 '갓관'인데 관사가 명사 앞에 놓여 단수, 복수, 성, 격 따위를 나타내는 역할을 하는데서 그러한 명칭이 붙여졌다. 명칭이야 어쨌든 관사는 크게 부정관사(indefinite article)와 정관사(definite article)로 나누어진다. 부정관사는 a, an이 있으며 정관사는 the가 있다. 관사의 사용법은 매우 다양하여 때론 복잡해보이나 하나하나 사용법에 익숙해진다면 그리 어렵지 않을 것이다.

【1】 부정관사

부정관사(indefinite article) a, an은 셀 수는 있으나 상황에 따라 구체적인 것 보다는 막연한 의미를 가진다. 자음 앞에서는 a를 모음 앞에서는 an을 사용한다.(A and an are used in front of a singular noun. The article 'a' is used in front of words that begin with a consonant and 'an' is used in front of words that begin with the vowels such as an urgent message, an honest boy, an empty classroom, an hour, an absent-minded girl and an umbrella.)

1-1 하나를 나타내는 a/an

Examples

1. I went on a picnic on Friday afternoon and saw **a** movie on Saturday.

해 석 나는 금요일 오후에 소풍을 갔었고 토요일에는 영화를 보았다.

Point 상대방과 얘기할 때 처음 언급되는 상황이기 때문에 부정관사를 사용한다.

Voca go on a picnic 소풍가다 see-saw-seen 보다

2. Could you lend me **a** pen?

해 석 펜 하나 빌려주실래요?

Point 구체적인 펜이 아니라 아무것이라도 하나 빌려주라는 뜻이다.

Voca lend 빌려주다

3. I have **a** window in my bedroom.

해 석 내 침실에 창문이 하나 있다.

Point 창문 하나를 나타내니까 부정관사 a를 사용한다. 하지만 '그 창문은 매우 작다.'라고 말할 때는 The window is very small.처럼 정관사(definite article) the를 사용한다.

4. It's **an** urgent message.

해 석 그것은 긴급 메시지이다.

Point message는 셀 수 있는 명사로 관사를 사용한다.

Voca urgent 긴급한 message 메시지

5. She had **a** unique experience.

해 석 그녀는 특이한 경험을 했다.

Point experience는 구체적으로 경험한 일을 나타낼 때 관사를 사용한다.
= A unique event happened to her.

Voca unique 독특한 experience 경험

6. She made **a** mistake.

해 석 그녀는 실수를 했다.

Point mistake는 셀 수 있는 명사(countable noun)로 관사를 사용한다.

Voca make a mistake 실수하다

7. I wear **a** ring on my left hand.

해 석 나는 왼손에 반지 하나를 껴.

Point ring은 셀 수 있는 명사(countable noun)이고 하나를 나타내니까 관사 a를 사용한다.

8. I saw **a** cute dog on my way home.

해 석 나는 집으로 오는 길에 귀여운 개 한 마리를 보았다.

Point 귀여운 개 한 마리를 나타내니까 관사 a를 사용한다.

Voca on one's way ~로 가는 도중

9. She went **a** party.

해 석 그녀는 파티에 갔다.

Voca go to a party 파티에 가다

10. She had **an** egg for lunch.

해 석 그녀는 점심으로 계란 하나를 먹었다.

Point egg의 첫 단어(starting spell)가 모음으로 시작하기 때문에 관사 an을 사용한다.

11. There are 12 months in **a** year.

해 석 일년은 12개월이다.

Point a year에서처럼 年은 셀 수 있으니까 관사 a 사용을 한다.

Voca month 달

12. Rome wasn't built in **a** day.

해 석 로마는 하루에 만들어지지 않았다.

Point a day에서 a는 one을 의미한다.

Voca build-built-built 건설하다

13. While you're out, could you buy him **a** newspaper?

해 석 외출할 때, 그에게 신문 좀 사다 주실래요?

Point 불특정한 대상을 나타내는 a

Voca while ~하는 동안, ~때

14. I have **a** pencil, **a** book, and **an** eraser in my bag.

해 석 나는 펜 하나, 책 하나, 지우개 하나를 가방에 가지고 있다.

Point 셀 수 있는 명사 앞에 관사 a, an이 사용된다.

15. I became **a** professor.

해 석 나는 교수가 되었다.

Point 여러 직업 중에서 교수라는 하나의 직종을 나타내기 때문에 관사 a 사용된다.

More study

부정관사+셀 수 있는 명사 : 종족대표

A dog is a faithful animal.

해 석 | 개는 충실한 동물이다.

Point | 위의 8번 예문(개 한 마리)과 다음 예문을 비교해 보자.
이 문장에서 주어 A dog은 개 한 마리를 나타내지 않는다. a+단수명사 형태로 종족 전체를 나타낸다.
이러한 구분은 문맥 속에서 파악하면 될 것이다.(We can use a with a singular countable noun when we make a generalization.)

1-2 종족전체나 대표단수를 나타내는 a/an

Examples

1. **A** dog is a faithful animal.

해 석 개는 충실한 동물이다.

Point a+동물이름 종족전체를 나타낸다.(generalization)

Voca faithful 충실한

2. **An** apple is sweet.

해 석 사과는 달다.

Point 종류나 전체를 나타낸다. 셀 수 있는 명사일 때 복수명사를 사용해서 나타내기도 한다.

= Apples are sweet.

Voca sweet 달콤한

3. **An** elephant is a big animal.

해 석 코끼리는 큰 동물이다.

Point 종족 전체를 나타낸다. 전체를 나타내는 대표명사에는 정관사 'the'를 쓰지 않는 게 원칙이지만, 식물, 동물, 악기 등에게 the를 사용하기도 한다.

The dog is a faithful animal. The elephant is a big animal. She can play the piano.

1-3 ~마다의 의미를 나타내는 a/an

Examples

1. She writes home twice **a** month.

해 석 그녀는 한 달에 두 번 집에 편지를 쓴다.

Point a month에서 a는 per의미다. a는 일상어에 쓰이고 per는 상업용어에 쓰인다.

2. He brushes his teeth six times **a** day.

해 석 그는 하루에 여섯 번 양치질을 한다.

Point 배수나 횟수는 기수+times로 표현한다.

Voca brush one's teeth 양치질을 하다

3. To hire **a** merry-go-round costs four dollars **an** hour.

해 석 회전목마를 타는데 시간당 4달러이다.

Point an은 per의 의미이고 hire 돈을 주고 빌리다.

Voca merry-go-round 회전목마

4. Christmas comes once **a** year.

해 석 크리스마스는 일 년에 한 번이다.

Point a year에서 a는 ~마다, ~당, ~매, ~에로 해석된다.

1-4 보어가 관직, 직위를 나타낼 때 a/an 생략

Examples

1. we elected him **president** of the company.

   해 석 우리는 그를 회사의 사장으로 선출했다.

   Point president가 목적격보어로 쓰여 관직을 나타내고 있다.

   Voca elect 선출하다 company 회사, 친구

2. The President appointed her **Minister of Labor**.

   해 석 대통령은 그녀를 노동부 장관으로 임명했다.

   Point The President는 현직대통령을 지칭한다.

   Voca appoint 임명하다 Minister of Labor 노동부장관

More study

관직명에서도 특정인을 나타낼 때 the 사용

The Minister of Labor announced the names of those who were to be blamed to the President.

해 석 | 노동부 장관은 대통령에게 비난받아야 할 이름들을 알렸다.

Point | 특정인에는 the 사용

【2】 정관사 the

특정한 어떤 것을 나타내거나 세상에서 유일한 것, 최상급, 서수 앞에, 명사 뒤에서 한정 될 때, 관공서나 호텔, 식상 이름 앞에, 강, 바다, 산맥, 반도, 공식적인 나라 이름 앞에 사용된다.

2-1 앞부분에 언급된 것을 다시 말할 때

Examples

1. I have **a** mobile. **The** mobile is black.

해 석 나는 휴대폰을 하나 가지고 있어. 그 휴대폰은 검은색이다.

Point a mobile을 다시 받으니까 the를 사용한다.

Voca mobile = cell phone 휴대폰

2. I met **the** businessman who made a fortune starting from scratch.

해 석 나는 맨 손으로 큰돈을 번 그 사업가를 만났다.

Point 관계절(relative clause) 이하가 선행사(head noun)를 꾸며주고 있다.

Voca make a fortune 큰 돈을 벌다 starting from scratch 맨 손으로 시작하여

3. She keeps **a** cat. **The** cat is called Sweety.

해 석 그녀는 고양이 한 마리를 키워. 그 고양이는 Sweety라고 불린다.

Point 앞에 나온 명사 a cat을 다시 받을 때 the를 사용한다.

2-2 유일무이한 것

Examples

1. **The** universe is gorgeous.

해 석 우주는 굉장하다.

Point 유일무이한 것은 관사를 사용하지 않고 대문자로 시작하여 나타내기도 하지만 정관사 the를 사용하여 일상적으로 많이 쓰이고 있다. the sun, the moon, the sea, the earth, the air, the sky, the south (we use the when there is only one of something in the world.)

Voca universe 우주 gorgeous 굉장한

2. Have you ever crossed **the** North Pole?

해 석 당신은 북극을 횡단한 적이 있나요?

Point 북극은 이 세상에서 하나니까 the 사용한다.

Voca cross 횡단하다 the North Pole 북극

3. We must do something to protect **the** environment.

해 석 우리는 환경을 보호하기 위해 무언가를 해야 한다.

Point the environment는 우리 주위에 있는 자연 현상을 나타내면서 유일한 것을 지칭한다.

Voca protect 보호하다 environment 환경

4. I'd love to go to **the** moon.

해 석 나는 달나라에 가보고 싶다.

Point 달은 하나니까 정관사(definite article)를 사용한다.

Voca would love to = would like to는 ~하고 싶다

5. There are a lot of stars in space.

해 석 우주에는 많은 별들이 있다.

Point space는 주의를 요하는 단어로 '**우주'를 표현할 때는 무관사**로 표현하고 'the space'는 특정한 공간을 말한다.

2-3 최상급 표현

Examples

1. Win Language School is one of **the** most competitive academies in Korea.

해 석 윈어학원은 한국에서 가장 경쟁력 있는 어학원 중에 하나다.

Point 최상급 앞에 the가 사용되며 one of the+복수명사는 '~중에 하나'로 of 앞에는 부정관사 a는 사용되지 않고 대신 **강조의 의미가 강한 one을 사용**한다.

Voca the most 가장 competitive 경쟁력 있는 academy 학원, 학술원

2. What is **the** longest river in Korea?

해 석 한국에서 가장 긴 강은 어디니?

Point the longest 최상급 표현이다.

3. Where is **the** nearest convenient store?

해 석 가장 가까운 편의점이 어디 있죠?

Voca the nearest 가강 가까운 convenient store 편의점

4. He is **the most** dangerous criminal in the country.

해 석 그는 그 나라에서 가장 위험한 범죄자 중에 하나다.

Point the most+형용사+명사+장소

Voca dangerous 위험한 criminal 범죄자

5. It's **the worst** mistake she has ever made.

해 석 그것은 그녀가 이제 까지 한 것 중에서 가장 큰 실수다.

6. What was **the** saddest day of your life?

해 석 너의 삶에서 가장 슬펐던 적이 언제니?

2-4 the+형용사

the+형용사는 복수보통명사의 의미로 사회적 집단이나 신체조건 나이 등을 나타낸다. the poor, the unemployed, the strong, the blind, the dead, the old, the under-six

Examples

1. She thinks **the rich** are much happier than the poor.

   해 석 그녀는 부자들이 가난한 사람들보다 훨씬 행복하다고 생각한다.

   Point rich 부유한, much는 비교급 수식

   Voca happy-happier-happiest 원급-비교급-최상급

2. **The old** aren't sensitive to fashion.

   해 석 나이든 사람들은 패션에 민감하지 않다.

   Point the+형용사는 복수보통명사의 의미이기 때문에 the old은 old people의 뜻이다.

3. We should care for **the sick.**

   해 석 우리는 아픈 사람들을 돌봐야 한다.

   Point care for는 크게 두 가지 의미를 쓰인다. ~을 좋아하다, ~을 돌보다의 뜻인데 여기서는 돌보다의 의미로 take care of와 같다. 조동사 should는 당위를 나타내는 역할을 한다.

4. **The less fortunate** cannot afford to buy the product.

   해 석 그다지 부자가 아닌 사람들은 그 제품을 살 수가 없다.

Voca | fortunate 운이 좋은, 부유한 afford to+v ~할 여유가 있다 product 제품

5. **The deaf** are those who can't hear.

해 석 귀머리기인 사람들은 듣지 못하는 사람들이다.

Point 문장에서 those who은 ~하는 사람들로 해석하면 된다.

Voca | deaf 귀머거리의 hear 듣다

6. **The unemployed** in our society are increasing rapidly.

해 석 우리 사회에 실업자들이 급속히 증가하고 있다.

Voca | unemployed 실직한, 일이 없는 society 사회 increase 증가하다 rapidly 급속히

7. None of **the handicapped** in the group can go up the stairs.

해 석 신체적 장애를 가진 어느 누구도 계단에 오를 수가 없다.

Voca | none of 복수명사 어느 누구도 handicapped 장애인의

More study

none of+복수명사

None of my friends is/are interested in business.

해 석 | 내 친구들 중 어느 누구도 사업에 관심이 없다.

Point | none of+복수명사는 단수/복수 취급을 한다.

8. **The homeless** have trouble (in) getting a job.

해 석 홈리스족들은 직장을 잡기가 어렵다.

Point the homeless는 사회의 특정한 집합(groups of people in a society)

Voca | have trouble –ing ~하는데 어려움이 있다

2-5 the가 붙은 기타 명사

Examples

(1) 강/운하/대양이름 앞에

the River Han, the Pacific Ocean, the Nile, the Atlantic Ocean, the Suez Canal

Point 섬, 호수이름에는 the를 사용하지 않는다. Cheju Island, Lack Victoria

(2) 관공서/공공건물 이름 앞에

the White House, the 63 Building, the Cheju Hotel, the Hilton Hotel, the National Museum, the YMCA

(3) 산맥/사막 이름 앞에

the Rocky Mountains, the Sahara Desert

Point 단지 산의 이름에는 the를 사용하지 않는다. Mount Everest

(4) 국가의 공식 명칭 앞에

the Republic of Korea, the United kingdom, the United States of America, the Netherlands, the Sudan

Point the Korea 비문법적 표현이다.

(5) 방위명 앞에

the east, the west, the south, the north, the left, the right

(6) 배/철도/항공로

the Queen Mary, the Honam Line

(7) 신체 일부를 나타낼 때

by the arms/팔을 잡고

Point by+the+신체는 신체 일부를 잡을 때

on the stomach/배를 만지며 on the head/머리를 만지면서

Point on+the+신체는 신체 일부를 만질 때

in the eyes/내 눈을 보면서

Point in+the+신체는 신체 일부를 바라볼 때

(8) 관용적 표현에서

1. She goes to **the cinema** a lot these days.

해 석 요즘 그녀는 영화관에 자주 간다.

Point go to the cinema에서 the는 특정한 곳(specific place)을 의미하지는 않는다.

2. I usually listen to **the radio** before going to bed.

해 석 나는 잠자리에 들기 전에 보통 라디오를 듣는다.

Point listen to the radio 라디오를 듣다. 빈도부사 usually 일반동사 앞에 위치

【3】 관사를 사용하지 않는 경우

3-1 가족관계나 호격

Examples

1. Give it to **mom**.

해 석 엄마에게 드려.

Point 논리적으로 관사를 붙이지 않는다.

2. **Waiter**, give me a coffee.

해 석 웨이터 커피한잔.

Point 특정한 waiter를 지칭하는 것이 아니다.

3. **Mom** used to work with her.

해 석 엄마는 그녀와 함께 일을 하곤 했다.

Point s+used to+동사 '~하곤 했다', '~이었다'로 과거의 습관이나 상태를 나타낸다.

3-2 장소나 건물 등이 본질적 의미로 쓰일 때

Examples

1. **School** is over.

해 석 수업이 끝났다.

Point go to school 공부하러 가다 go to the school 그 학교에 가다. school이 건물의 본연의 의미로 수업이란 뜻이기 때문에 관사 사용을 하지 않는다.
[비교] The school is very large.(건물을 의미)

Voca be over 끝나다

2. He **is in prison** for murder.

해 석 그는 살해 사건으로 투옥되어 있다.

Point 이 문장에서 prison이란 단어는 건물 자체의 의미가 아니라 그 건물용도에 초점이 맞추어져 있다.

Voca be in prison 투옥돼 있다 murder 살인

3. My son **goes to church** at dawn

해 석 내 아들은 새벽에 예배 보러 다닌다.

Point go to church는 예배 보러 다니다 의 의미로 church 앞에 정관사 the를 쓰지 않도록 한다.

Voca at dawn 새벽녘

4. He is **at sea** most of the time.

해 석 그는 대부분의 시간을 항해를 한다.

Point 비교 Sometimes it seems to be dangerous to live near the sea. 해석 가끔은 바다 근처에 산다는 것은 위험해 보인다. 이 문장에서 the sea는 바다를 의미한다.

5. She is in **hospital**.

해 석 그녀는 입원해 있다.

Point 그녀가 현재 환자(patient)라는 뜻이다.(건물을 나타내는 것이 아님.)

6. He is a doctor, and he works at **the** hospital.

해 석 그는 의사며 병원에서 근무한다.

Point the hospital은 건물 자체를 의미한다.

More study

to/in hospital(without the) British English
to/in **the** hospital American English

She was injured and taken **to hospital** yesterday.
She was injured and taken **to the hospital** yesterday.
해 석 | 그녀는 어제 다쳐서 병원에 실려 갔다.
Point | 영국영어는 정관사를 사용하지 않고 미국영어는 정관사를 사용한다.

3-3 교통, 통신수단. 식사, 스포츠, 학문을 나타낼 때

Examples

by bus, basketball, Linguistics, history, lunch

3-4 식사명 앞에

Examples

1. What did you have for **lunch**?

   해 석 점심으로 무엇을 먹었니?

   Point 식사명 앞에는 무관사가 원칙이나 식사명 앞에 형용사가 오면 특정한 식사를 지칭하니까 관사를 사용한다.

2. He had **a big** lunch.

   해 석 그는 점심을 많이 했다.

   Point 형용사 big 앞에 관사 a를 사용해야 옳다.

   Not ~~He had big lunch~~.

Grammar Review

관사 다음의 명사 발음에 유의하여 괄호안의 표현 중 올바른 것을 고르시오. 1-10

1. (a, an) university
2. (an, a) Europe
3. (an, a) orange
4. (a, an) FBI agent
5. (a, an) history
6. (an, a) OPEC
7. (a, an) unpaid bill
8. (an, a) Olympic medal
9. (a, an) apple
10. (an, a) accident

다음 중 어법상 올바른 표현을 고르시오. 11-20

11. I like cats better than (dogs, a dogs, the dog)
12. (A water, water, the water) contains oxygen.
13. A lawyer earns more than (the doctor, doctors, doctor, a doctor).
14. How often do you go to (dentist, the dentist, dentists)?
15. I didn't mean to do that. It was (a mistake, mistakes, to mistook).
16. She lives in (a small flat, small flat) in (country, the country).
17. I am going to (the nearest bank, a nearest bank)?
18. She works nine hours (the day, a day, day).
19. There isn't (an airport, airport) where he lives.
20. My son had (a lunch, the lunch, lunch) with (the professor, professor).

다음을 영작하시오. 21-30

21. 컴퓨터는 중요한 조사 도구이다. *research tool 조사 도구

22. 나는 하늘에 높이 떠있는 풍선 하나를 볼 수 있었다.

23. 이 소설 저자의 이름은 하진이다.

24. 나는 충분한 돈과 음식을 가지고 있다.

25. 그의 최초 영화는 비극이다.

26. 나는 그것을 코너에 두었다.

27. 실업자들은 직장을 찾는 것이 중요하다. *the unemployed 실업자들

28. 너는 기타를 칠 수 있니?

29. 지난 십년간 삶이 많이 변했다.

30. 학교를 지나서 감옥을 볼 수 있다.

Unit 15
GRAMMAR

Adjective
형용사

FOCUS 형용사의 기능과 어순

명사를 수식

"형용사(Adjective)"
형용사는 문장에서 보어 역할을 하면서 사람이나 사물의 특징, 성질, 모양, 길이 등을 나타내거나 수나 양을 표현한다. 형용사는 명사 앞에서 수식을 하든지 아니면 문장에서 보어 역할을 하는지에 따라 편의상 한정용법과 서술용법으로 분류하기도 한다. 형용사의 종류는 다양해서 어순에 주의해야 한다. 형용사는 크게 ***성질+사실****의 형용사로 분류가 되며 일반적 어순은* ***수사+성질+대소+신구+색채+유래+재료*** *순이다. 이러한 형용사를 잘 사용하면 의사전달을 효율적으로 할 수가 있다.*

【1】 형용사의 어순(Adjective order)

형용사의 일반적 어순은 수사, 성질, 대・소, 신・구, 색채, 유래, 재료 순이다. 기억하기 쉽게 '**수성대신이 색유재**'라 외우자. 아래의 형용사의 어순을 보면 3번부터는 사실(fact)을 나타내는 것을 알 수 있다. 2번은 성질에 관한 형용사 예를 들면 beautiful, nice, foolish 등과 같은 것인데 성질의 형용사는 사실형용사보다 어순이 앞선다.

ex) a nice big blue house란 표현에서 nice가 big, blue 형용사보다 앞에 위치한다.

1	2	3	4	5	6	7
서수/기수	typical	how big?	how old?	what color?	where from?	what is made of?

【2】 형용사의 용법

2-1 한정적 용법

형용사가 명사 앞, 뒤에서 수식하여 명사의 고유한 성질이나 속성을 나타낸다.

- 성질 a beautiful dress
- 크기 a small dog
- 신구 a new dress
- 온도 a hot weather
- 모양 a round table
- 색깔 blue eyes
- 재료 a gold medal
- 강조 a true child 아주 어린 아이
- 제한 the very man 바로 그 사람
- 비교 an elder brother
- 수량 three books

Point a/an/the 관사도 형용사처럼 명사를 수식한다.

Examples

1. There is an **interesting** book.

해 석 재미있는 책이 한 권 있다.

Point interesting은 book의 속성을 나타낸다.

Voca there+v+s 존재구문으로 ~이 있다 interesting 재미있는

2. I want a **new** computer.

해 석 나는 새로운 컴퓨터를 하나 원한다.

Point 관사+형용사 명사의 어순을 취한다.

Voca | want 원하다 new 새로운

3. They are eating lunch in a **quiet** restaurant.

해 석 그들은 조용한 레스토랑에서 식사중이다.

Point quiet이 restaurant를 수식한다.

Voca | quiet 조용한 quick 빠른 quite 꽤

4. It was a **windy** evening.

해 석 바람이 세게 부는 저녁이었다.

Point 관사+형용사 명사의 어순을 취한다.

Voca | windy 바람이 센, 수다스러운 evening 저녁

5. She was wearing a **dirty** coat.

해 석 그녀는 더러운 코트를 입고 있었다.

Point 관사+형용사 명사의 어순을 취한다.

Voca | wear-wore-worn 입다 dirty 더러운

6. My elder sister lives in a **nice blue** house.

해 석 누나는 멋진 파란 집에 살고 있어.

Point 성질형용사 nice가 색채 형용사 blue보다 앞선다.

Not ~~My elder sister lives in a blue nice house~~.

7. The **high** price will surprise her.

해 석 높은 가격에 그녀는 놀랄 수 있다.

Point 관사+형용사 명사의 어순을 취한다.

Voca | high 높은 price 가격 surprise 놀라게 하다

8. Your decision will be a **total** failure.

해 석 너의 결정은 총체적으로 실패로 돌아갈 거야.

Point total은 강조를 나타내는 형용사로 주로 명사 앞에 와서 쓰인다.

[참고] 강조형용사로는 absolute, mere, sheer, complete 가 있다.

Voca decision 결정 total 총제적인 failure 실패

9. It was a **nuclear** explosion.

해 석 그것은 핵폭발이었다.

Point 관사+형용사 명사의 어순을 취한다.

Voca nuclear 핵의 explosion 폭발

10. She is wearing a **black and white** dress.

해 석 그녀는 흑백의 드레스를 입고 있다.

Point 색깔을 나타내는 형용사는 and로 연결한다.

11. There were **a lot of** people in the wedding ceremony.

해 석 결혼식에 많은 사람들이 왔다.

Point 수량을 나타내는 형용사로는 much, many, a lot of, lots of, plenty of, several, little, a little, few, a few 있다.

More study

한정적 용법으로만 쓰이는 형용사 : 명사 앞에서만 사용

main, only, indoor, former, chief, elder, eldest, inner, outdoor, principal, main, upper, utter, the very, the same, the sole, a certain, the exact, musical, rural, spare, atomic, dramatic

한정적 용법의 예외

- the sum total 총액
- things American 미국의 풍물
- blood royal 왕족
- Asia minor 소아시아
- things Korean 한국의 풍물
- China proper 중국본토
- a court martial 군법회의

2-2 서술적 용법

주격보어나 목적격 보어로 쓰이는 경우

Examples

1. As the musical went on, my son became more and more **interested.**

해 석 뮤지컬이 진행되면서 아들은 더욱더 재미있어 했다.

Point interested가 주어 my son의 주격보어로 사용되고 있다.

Voca more and more 더욱더

2. Learning to drive a car is fun in the **first three** days.

해 석 자동차 운전을 배우는 것은 최초 3일간 재미가 있다.

Point fun은 주격보어이며 어순에 따라 the first three day에 유의해야 한다.

Not ~~Learning to drive a car is fun in the three first days.~~(기수+서수 어순은 틀림.)

3. At last she is **awake.**

해 석 마침내 그녀는 깼다.

Point a-가 붙는 형용사들은 일시적인 의미를 나타낸다.

[참고] 서술적 용법으로만 쓰이는 형용사는 동사 다음에만 사용하며 다음과 같은 단어가 있다. asleep, alike, pleased, ill, afraid, ashamed, awake, alive, aware, ablaze, glad, unwell, well

4. She made her son **happy.**

해 석 그녀는 아들을 행복하게 해주었다.

Point happy는 목적어를 보충하는 목적격보어이다.
사역동사(causative verb)는 상대방에게 어떤 것을 시키는 동사로 make/have/let+목적어+목적격보어 어순이다.

Voca make–made–made 시키다

5. He always left the window **open.**

해 석 그는 항상 창문을 열어 놓았다.

Point open은 목적격보어로 목적어 the window의 상태를 나타낸다.

Voca leave–left–left 떠나다, 남겨두다

6. I am really **pleased** to see you here.

해 석 당신을 여기서 뵙게 되어 정말 기쁩니다.

Point pleased는 서술적 용법에만 쓰인다.

Voca be pleased to+v ~하게 되어 기쁘다

7. The coffee you made tastes a little **strange.**

해 석 당신이 타준 커피는 약간 맛이 이상해요.

Point 감각의 나타내는 동사 feel, look, taste, smell등은 형용사 보어와 함께 쓰인다.

Not ~~The coffee you mad tastes a little strangely~~.

Voca taste 맛이 나다 a little 약간 strange 이상한

8. This is the easiest way **imaginable.**

해 석 이것이 생각할 수 있는 가장 쉬운 방법이다.

Point imaginable, possible, suitable, available과 같은 형용사는 명사 앞에 the가 사용될 경우 명사 뒤에 사용한다.

Voca imaginable 상상할 수 있는

9. All the students **present** were asked for their e-mail address.

해 석 참석한 모든 학생들은 그들의 이메일 주소를 요청받았다.

Point present 는 명사 뒤에서 '참석한'의 뜻으로 쓰인다.

[비교] present phone number 현재의 전화번호

10. The twins are exactly **alike**.

해 석 쌍둥이들은 정말 닮았어.

Voca twins 쌍둥이 exactly 정확히 alike 닮은

11. He is sound **asleep**.

해 석 그는 깊게 잠들어 있다.

Point asleep 자고 있는 한정용법으로 쓰이지 않는다.

Voca sound (잠과 관련하여) 충분히, 깊이

12. There was no man who was **alive**.

해 석 살아있는 사람은 아무도 없었다.

Point There+v+s 문법적 도치구문으로 ~이 있다.

Voca alive 살아 있는

【3】 한정으로 쓰일 때와 서술로 쓰일 때 의미가 달라지는 형용사

Examples

① · ill news 나쁜

· He is ill. 아픈

② · the late President 죽은

· She was late for school. 늦은

③ · a certain lady 어떤

· I'm certain that she is true. 확신하는

④ · the present 현재의

· She is present at the party. 참석한

⑤ · a used book 헌, 중고의

· books used 사용된

⑥ · an absent look 정신 나간

· members absent 결석한

【4】 숙어 형태에서 보이는 형용사 보어

Examples

1. He **is good at** swimming.

   해 석 그는 수영을 잘한다.

   Point Unit22에서 형용사와 어울리는 전치사에 자세히 알아볼 수 있다.

Not ~~He is good at swim.~~(전치사+명사/동명사)

Voca be good at ~을 잘한다

2. She **is anxious about** her future.

해 석 그녀는 미래에 대해 걱정한다.

Voca be anxious about ~에 대해 걱정하다

3. He **is afraid of** driving at night.

해 석 그는 밤에 운전하는 것을 두려워한다.

Voca be afraid of ~을 두려워하다

4. She **is familiar with** this district.

해 석 그녀는 이 지역에 익숙해.

Voca be familiar with ~에 익숙하다 district 지역

5. I'**m sorry for** being late.

해 석 늦어서 죄송합니다.

Voca be sorry about ~에 대해 죄송하다

6. She **is dependent on** her parents.

해 석 그녀는 부모님에게 의존하다.

Voca be dependent on ~에 의존하다 parents 부모

7. I **am anxious to** marry her.

해 석 나는 그녀와 결혼하기를 갈망해.

Voca ┌ be anxious to+v ~하기를 갈망하다

【5】 현재분사/과거분사가 명사 뒤에서 형용사의 기능을 할 때

Examples

1. The man **injured** in the accident was taken to hospital.

   해 석 교통사고를 당한 남자는 병원에 실려 갔다.

   Point injured는 the man을 수식한다.

   = The man (who was) injured in the accident was taken to hospital. 에서 who was가 생략된 문장이다.(관계대명사+be동사 생략 가능)

2. The girl **talking** to him is from Japan.

   해 석 그 남자에게 말을 걸고 있는 여자는 일본출신이다.

   Point = The girl (who is) talking to him is from Japan. 에서 who is가 생략이 된 경우다. 즉 who is 이하 형용사절(adjective clause)이 형용사구(adjective phrase)로 변한 것이다.(**축약기능**)

3. The couple **losing** their baby are going through the house.

   해 석 그들의 아기를 잃어버린 부부가 그 집을 샅샅이 뒤지고 있다.

   Point losing 이하가 the couple을 수식한다.

   Voca ┌ go through 샅샅이 뒤지다

4. The road **connecting** the two bridges is very dangerous and narrow.

   해 석 두 다리를 연결하고 있는 도로는 매우 위험하고 좁다.

   Point = The road (which is) connecting the two bridges is very dangerous and narrow.

Voca connect 연결시키다 bridge 다리 dangerous 위험한 narrow 좁은

5. David is the man **responsible** for the mistake.

해 석 David는 그 실수에 책임이 있는 사람이다.

Point = David is the man (who is) responsible for the mistake.에서 주격 관대대명사 who와 is가 생략되었다.

Voca responsible 책임 있는 mistake 실수하다

6. Many people **invited** to the party couldn't come.

해 석 파티에 초대된 많은 사람들은 올 수가 없었다.

Point = Many people (who were) invited to the party couldn't come.

Voca invite 초대하다

7. The buildings **damaged** in the storm has now been repaired.

해 석 폭풍우에 의해 파괴된 건물들은 지금 수리되어지고 있다.

Point = The buildings (which were) damaged in the storm has now been repaired.

Voca building 건물 damage 손상시키다 storm 폭풍우 repair 수리하다

8. There was some bread **left**.

해 석 남은 빵이 조금 있었다.

Point there 이하 문장에서 과거분사가 앞의 명사의 상태를 나타낸다.(left는 사용되지 않고 남아 있는 상태)

9. The waiting room was empty except for a student **smoking**.

해 석 대기실은 담배를 피우는 학생을 제외하고는 아무도 없었다.

Point = The waiting room was empty except for a student (who was) smoking.

Voca ⌈ except for ~을 제외하고

10. Most of the goods **made** in Korea are the highest quality.

해 석 한국에서 만든 대부분의 상품은 최고의 품질이다.

Point = Most of the goods (which are) made in Korea are the highest quality.

Voca ⌈ the highest quality 최상의 품질

【6】 현재분사/과거분사가 주어의 상태를 나타내주는 형용사로 쓰임

Examples

1. My new book is full of useful information. It is very **interesting.**

해 석 내 새 책은 유용한 정보로 가득하다. 그것은 매우 재미있다.

Point 현재분사(present participle)는 능동/진행의 의미를 가지고 있다.

Voca ⌈ be full of = be filled with ~로 가득차다

2. He is **interested** in the book.

해 석 그는 그 책에 흥미를 가지고 있다.

Point 과거분사(past participle)는 수동/완료의 의미로 사람주어(somebody)가 외부적인 상황에 의해 영향을 받을 때는 과거분사를 사용한다.

Not ~~He is interesting in the book~~.

Voca ⌈ be interested in ~에 흥미가 있다

3. Her job is **boring.**

해 석 그녀 직업은 지루하다.

Point 현재분사가 사물주어의 보어로 쓰이고 있다.

Not ~~Her job is bored~~.

Voca job 직업, 일 boring 지루한

4. She is **bored.**

해 석 그녀는 지루해 하고 있다.

Point 과거분사가 주격보어로 와서 '그녀가 외부적인 상황에 의해 지루해하고 있다'는 것을 나타낸다.

5. She is **boring.**(주의)

해 석 그녀는 사람들을 지루하게 만든다.

Point 그녀가 다른 사람들을 지루하게 만드는 경우로 그녀가 지루한 것이 아니라 그녀가 다른 사람을 지루하게 만드는 것이다.

6. This weather makes me **depressed.**

해 석 이런 날씨가 나를 우울하게 만들어.

Point 목적어와 목적격보어 관계가 수동이므로 과거분사 depressed를 사용한다.

Voca weather 날씨 depressed 우울한

7. I was **exhausted** after working too late at night.

해 석 나는 밤늦게까지 일해서 지쳤다.

Point be exhausted 형태로 사람주어(somebody)가 지쳐있는 상태이다.

Voca exhausted 지친 at night 밤에

8. Working too hard at night is **exhausting.**

해 석 밤에 열심히 일하는 것은 지친다.

Point 사물주어에 대한 주격보어로 현재분사가 사용된다.

Voca exhausting 지치는

9. She felt **relaxed** when she lay in a hot bath.

해 석 그녀는 뜨거운 욕조에 누워있어 나른함을 느꼈다.

Point 주격보어로 과거분사가 나와 상태를 나타낸다.

Voca feel-felt-felt 느끼다 relaxed 느긋한, 긴장이 풀린

10. Lying on the beach should be **relaxing.**

해 석 해변에 누워있는 것은 느긋함을 준다.

Point 사물주어(something) -ing형을 사용한다.

Voca lie-lay-lain-laying 누워있다 on the beach 해변에 relax 긴장을 완화시키다

【7】 수량형용사

Examples

1. **Much** debate has been heard about his latest new book.

해 석 그의 최신작에 대한 논의가 많아.

Point 일반적으로 구어체 표현에서는 a lot of나 lots of를 많이 사용하지만 격식체에는 much, many의 사용빈도가 더 높다.

2. I used to spend **many** hours driving to Dukjin park and back.

해 석 나는 덕진공원을 왔다 갔다 하는데 많은 시간을 보내곤 했다.

Point 일반적으로 긍정문(positive statement) 에서는 a lot of/lots of를 사용

하고 부정문(negative)이나 의문문(question)에서는 many/much를 사용하지만 시간을 나타내는 표현에서는 many가 더 자주 사용된다.

3. We had better hurry. The bus goes in **a few** minutes.

해 석 서두르자. 몇 분후면 버스가 출발한다.

Point a few, a little은 적은 양을 표현한다. a few는 '약간 있는'의 긍정의 표현이고 few '거의 없는'의 부정의 표현이다.

Voca had better ~하는 편이 낫다 hurry 서두르다

4. We don't get **much** snow here.

해 석 여기는 눈이 많이 오지 않는다.

Point 부정문(negative)에서 much가 사용되고 있다. 부정문이라 할지라도 비형식적(informal) 표현에서는 a lot of/lots of도 이용된다.

5. There are too **many** books in the shelf.

해 석 선반에는 정말 많은 책이 있다.

Point 강조를 나타내는 too, so가 many/much 앞에 사용되기도 한다.

6. **A few** students came into the church.

해 석 몇몇의 학생들이 교회에 왔다.

Point a few는 긍정의 의미, few는 부정의 의미.(혼동하지 않도록 하자.)

= A small number of students came into the church.

7. She has made **little** progress in the course.

해 석 그녀는 그 과정에서 진전이 거의 없어.

Point little은 셀 수 없는 명사(uncountable noun) 앞에 와서 '거의 없는', a little은 '약간 있는'

Voca make-made-made 만들다 progress 진전, 발전 course 과정

【8】 주의가 필요한 형용사 쓰임

8-1 사람을 주어로 사용할 수 없는 형용사

possible, necessary, difficult, easy, convenient, inconvenient, pleasant, natural, satisfactory

Point 이러한 형용사는 사람에 대한 직접적인 성질을 나타내는 것이 아니라 현상에 대한 판단을 내린다.

Examples

1. *Not* ~~He is **necessary** to do the work.~~

해 석

Point 사람이 주어로 사용되면 비문법적인 문장이 된다.
올바른 문장으로 바꾸면 It is necessary to do the work.

Voca necessary 꼭 필요한

2. It is **easy** for me to please her.

해 석 내가 그녀를 만족시키는 것은 쉽다.

Point 쉽고 어려움을 나타내는 형용사 difficult, easy, impossible, safe, tough, hard 등은 it~for~to 형태로 나타내며 to~ 이하에서 사람을 주어로 이동하면 정문이 된다. She is easy for me to please.

8-2 -body, -one, -thing으로 끝나는 대명사를 수식할 때 형용사는 뒤에서

Examples

1. It's ill wind that blows no**body good**.

해 석 갑의 손해는 을의 이익이다.

Voca wind 바람 blow-blew-blown 바람이 불다

2. Could you give me something **cold** to drink?

해 석 마실 차가운 것 좀 주실래요?

Point Can you/Could/Will/Would~? 부탁 표현

8-3 the+국가명의 형용사는 국민 전체

Examples

- the Koreans 한국인 전체

[비교] the Korean 한국인 한 사람

- the Americans 미국인 전체
- the Canadians 캐나다인 전체

Point the English, the French, the Chnise, the Japanese는 쓰임이 다르다.

8-4 the+형용사는 집단 전체

Examples

- the privileged 특권계층
- the unemployed 실업자들
- the injured 다친 사람들

8-5 혼동하기 쉬운 형용사/부사 쓰임

Examples

- hard 어려운

· hardly 좀처럼~하지 않은

· most 가장 ~대부분의
· mostly 대체로

· free 공짜의, 자유로운
· freely 제한 없이

8-6 의미혼동을 일으키기 쉬운 형용사

Examples

· considerable 중요한
· considerate 사려 깊은

· historic 역사적으로 유명한
· historical 역사의

· sensitive 민감한
· sensuous 감각적인
· sensual 관능적인
· sensible 지각 있는

· complacent 자기만족적인
· complaisant 남의 뜻에 잘 따르는

Grammar Review

다음 각 문장에서 어법상 알맞은 표현을 고르시오. 1-20

1. She had an (amusing, amused) experience.
2. The (confused, confusing) students got (boring, bored).
3. I don't think it was a (well-planned, well-planning) trip.
4. We need a (house-cleaning, house-cleaned) service.
5. The unemployed should be cared for by (a, the) privileged.
6. We saw a (beautiful, beautifully) sunset.
7. He's (fair, fairly) popular at school.
8. It is a fairly (awful, awfully) film.
9. The shop has a (welcoming, welcomed) atmosphere.
10. I can (hard, hardly) believe it.
11. She'll finish the report by tomorrow. It won't be (lately, late).
12. I presented my ideas (confidently, to be confident).
13. She is always complaining about it. She is really (boring, bored).
14. The dinner smells (good, strangely).
15. She's getting (interested, interesting)
16. He was driving (careful, carefully) along the narrow road.
17. It was very (bad, badly) organized meeting.
18. My son have eaten all the chocolates. There are only a few (leaving, left).
19. Most of these books (published, publishing) in the company are successful.
20. This coffee tastes a bit (strange, strangely).

다음을 영작하시오. 21-30

21. 갑작스럽게 날씨가 변했다. *a sudden change 갑작스런 변화

22. 우리의 휴가는 너무 길었다.

23. 그는 항상 옷을 잘 입는다. *well-dressed 옷을 잘 차려입은

24. 그녀는 좀처럼 걸을 수가 없다. *hardly 좀처럼 ~할 수 없다

25. 너는 최근에 그녀를 보았니?

26. 나의 아들은 놀라울 정도로 영어를 배운다. *incredibly 놀라울 정도로

27. 그녀는 완벽한 영어를 구사한다.

28. 그녀는 시험을 매우 잘 봤다. *do well 잘하다

29. 나는 강의를 생생하게 전달했다. *in a lively way 생생하게

30-1. 우리는 서로 친근하게 인사했다. *in a friendly 친근하게

30-2. 지역도서관에서 무료로 책을 빌려볼 수 있다. *free 무료로

Unit 16
GRAMMAR

Adverb
부 사

FOCUS 의미상 부사의 종류
수식의 역할

"부사(Adverb)"
부사는 동사뿐만 아니라 형용사, 다른 부사, 명사, 구, 문장 등을 수식한다.(Adverbs modifies a verb, adjective, adverb or sentence, etc.) 부사의 종류는 쓰임에 따라 초점부사, 장소부사, 방법부사, 시간부사, 부정부사, 빈도부사, 정도부사, 논평부사, 관점부사로 나눌 수 있다.
ex) I met her recently and she's really beautiful.

【1】 부사가 수식하는 요소

Examples

1. My daughter played **merrily** all day.

해 석 내 딸은 하루 종일 즐겁게 놀았다.

Point 부사 merrily는 동사를 뒤에서 수식하고 있다.

Voca daughter 딸 merrily 즐겁게 all day 하루 종일

2. The clothes are **quite** expensive.

해 석 그 옷은 상당히 비싸다.

Point 부사 quite가 형용사 expensive를 수식한다.

Voca quite 꽤 expensive 비싼

3. He is smoking **very** heavily.

해 석 그는 담배를 너무 많이 핀다.

Point 부사 very가 다른 부사 heavily를 수식한다.

Voca heavily 몹시, 심하게, 많이

4. **Even** my son takes better photographs than these.

해 석 심지어 나의 아들도 이것들보다도 더 잘 찍을 수 있다.

Point even은 단어 앞에 놓여 어떠한 것에 대한 놀람이나 특이점을 나타낼 때 사용한다.

Voca even 심지어 good–better–best 원급–비교급–최상급 take a photo(= picture) 사진을 찍다

5. **Astonishingly**, she failed the exam.

해 석 놀랍게도 그녀는 시험에 실패했다

Point 부사는 문장전체를 수식할 수 있다. 주로 어떤 일에 대한 판단, 논평을 나타내는 부사는 주로 문두에 사용하며 문장의 나머지 부분과 분리시키기 위해 부사 다음에 콤마를 사용한다. fortunately, strangely, wisely, bravely, carelessly, generally, frankly, surprisingly, unbelievably, clearly, obviously, definitely 등이 있다.

6. She went aboard **soon** after quitting her job.

해 석 그녀는 직장을 그만두고 바로 해외로 나갔다.

Point 부사 soon이 after 이하 전치사구를 수식한다.

Voca go abroad 해외로 나가다 soon 곧 quit 그만두다 job 직업, 일

7. I dislike him **just** because he never drowns in sweat.

해 석 나는 그가 단지 게으르기 때문에 싫어한다.

Point 부사 just가 because 이하 이유부사절을 수식한다.

Voca never drown in sweat 게으르다

【2】 부사의 형태

· 형용사/부사의 형태가 동일한 부사

fast, hard, late, early, low, high, well 등

· 형용사+ly 형태

easy–easily, happy–happily, possible–possibly, noble–nobly, sole–solely, whole–wholly, true–truly, bad–badly

· 형용사+ly 형태지만 형용사의 의미가 변하는 부사

hard(열심히)–hardly(좀처럼~하지 않다), cheap(값싸게)–cheaply(큰 희생 없이), late(늦게)–lately(최근에), deep(깊게)–deeply(대단히)

【3】 부사의 종류

3-1 초점부사

초점부사는 가장 중요한 부분을 강조하기 사용한다. 이러한 부사는 only, just, merely, exactly, as well, too, especially, even, mostly, specially, particularly 등이 있다.

Examples

1. There is likely to come storm, **especially** in Japan.

해 석 폭풍이 다가올 것 같다. 특히 일본에.

Point 초점부사 especially는 말하는 내용을 구체적으로 설명하거나 주의를 끌기 위해 사용한다.

Voca be likely to ~할 것 같다 storm 폭풍

2. She tried to explain this problem to me in detail, but I **only** needed the answer.

해 석 그녀는 이 문제를 자세히 설명하려 애썼지만, 나는 단지 정답이 필요했다.

Point 초점부사는 말의 내용을 한정시킨다. only 이하는 needed~ 이하의 내용을 국한시킨다.

Voca try to+v 노력하다 explain 설명하다 in detail 자세히 need 필요하다 answer 대답하다

3-2 장소부사

사용 빈도가 높은 부사로 장소, 방법, 시간을 나타낸다. now, soon, there, in, along, anywhere, back, far, here, round등이 있다. 특히 장소를 나타내는 부사가 문두에 올 경우 주어 동사의 위치가 바뀐다. 이 경우라 할지라도 주어가 대명사일 경우 주어+동사의 어순으로 온다.

Examples

1. Could you help me **this afternoon**?

해 석 오후에 날 도와줄 수 있니?

Point 시간, 장소, 방법을 나타내는 부사는 문미에 위치한다.

2. **Outside** the door stood three strange men.(도치)

해 석 문 밖에 이상한 남자 세 명이 서있었다.

Point 본래 문장은 Three strange men stood outside the door.에서 부사를 강조하기 위해 문두로 이동하면 주어+동사가 도치된다.

Voca stand-stood-stood 서다

3-3 방법부사

시간, 장소의 부사처럼 일반적으로 문미에 위치해서 양태를 나타낸다. 이러한 부사로는 badly, merrily, well, kindly, happily, quietly, sweetly, carefully, quickly, silly, friendly, lively 등이 있다.

Examples

1. She behaved **arrogantly.**

해 석 그녀는 불손하게 행동했다.

Point arrogantly는 동사 behave를 수식.

Voca behave 행동하다 arrogantly 거만하게, 오만하게

2. You should drive **carefully** along the narrow road.

해 석 당신은 좁은 길을 따라 조심스럽게 운전해야 한다.

Point ***Not*** ~~You should drive careful along the narrow road~~.

Voca carefully 조심스럽게 along 따라서 narrow 좁은

3-4 시간부사

일반적으로 시간부사는 문미에 오지만 시간을 나타내는 부사가 부정의 의미를 가지고 있으면 동사+주어로 도치된다. 이러한 부사는 soon, nowadays, late, now, presently, then, today, yesterday, before등이 있다.

Examples

1. He will be back **soon.**

해 석 그는 곧 돌아올 거야.

Voca be back 돌아오다 soon 곧

2. We meet for dinner **daily.**

해 석 우리는 저녁식사를 위해 매일 만난다.

Point 구체적인 시점을 나타내는 부사 daily, monthly, hourly, annually, weekly 등은 항상 문미에 위치한다.

3-5 빈도부사

'빈도'는 횟수를 나타낸다. 즉, 자주, 종종, 가끔, 항상 등을 말한다. 빈도부사는 위치가 중요한데 be/조동사 뒤에 일반동사 앞에 위치한다. sometimes, always, usually, frequently, ever, generally, regularly 등이 있다.

- 주어+빈도부사+일반동사
- 주어+be동사+빈도부사
- 주어+조동사+빈도부사+동사원형
- 주어+빈도부사+부정어+동사원형

Examples

1. She **never** studies at the library because it is **always** crowded with students.

해 석 도서관은 항상 학생들로 붐비기 때문에 그녀는 결코 도서관에서 공부하지 않는다.

Point 빈도부사 never가 일반동사 studies 앞에, be동사 is뒤에 위치한다. 주어가 3인칭단수(third-person singular) 동사의 시제가 현재이니까 study-studies 변환.

Voca library 도서관 always 항상 be crowded with ~로 붐비다

2. When I was a kid, I **usually** walked to school

해 석 내가 어렸을 때 나는 걸어서 학교에 갔다.

Point 빈도부사는 일반동사 앞에 위치한다.

Voca when~ 시간부사절(time clause) kid 어린아이 usually 항상 walk 걷다

3. She **sometimes** doesn't eat dinner.

해 석 그녀는 가끔 저녁을 먹지 않는다.

Point 부정어가 있는 문장에서 빈도부사는 부정어 앞에 위치한다. always, ever는 부정어 뒤에 위치한다.

Voca sometimes 가끔 eat-ate-eaten 먹다 dinner 저녁다

4. He isn't **ever** late to class.

해 석 그는 결코 수업에 늦지 않는다.

Point 빈도부사 ever도 부정어 다음에 위치한다. ever는 부정어랑 함께 쓰여 '어떠한 경우라도'의 의미.

Voca late 늦은 class 수업

5. My father **sometimes** travels to Europe.

해 석 아빠는 가끔 유럽으로 여행을 가신다.

Point sometimes는 일반동사 앞에 위치한다.

Voca travel-traveled/travelled-traveled/travelled 여행하다

6. We **rarely** eat lunch together.

해 석 우리는 좀처럼 함께 점심을 먹지 않는다.

Point 부정부사 barely, scarcely, seldom, rarely, never는 부정어와 함께 쓰이지 않으며 일반동사 앞에 위치한다. 다음과 같은 문장은 어법이 어긋난다.

Not ~~We rarely don't eat lunch together~~.

7. My son gets up earlier than me **sometimes**.

해 석 내 아들은 가끔 나보다 일찍 일어난다.

Point 빈도부사가 본래의 위치에서 이동을 하여 문미로 갈 수도 있는데 이러한 부사로는 occasionally, sometimes, frequently, usually, often이 있다.

Voca early–earlier–earliest 일찍

3-6 정도부사

정도부사는 어떤 일의 수준이나 정도를 나타낸다. 부사의 종류에 따라 일반동사 앞이나 뒤에 사용된다. almost, really, virtually, quite 등은 일반동사 앞에 사용된다.

Examples

1. I **really** hate going there.

해 석 나는 정말로 거기 가기 싫다.

Point hate+–ing/to+v

Voca really 정말로 hate 싫어하다

2. She is **very much** interested in English writing.

해 석 그녀는 정말로 영어작문에 관심이 있다.

Point 수동태의 과거분사 앞에는 much/very much를 쓸 수 있으나 형용사로 사용되는 과거분사 앞에는 very much는 가능하나 much는 불가능하다.

Voca be interested in ~에 관심이 있다

3. The weather was **very** cold. Perfect for skating.

해 석 날씨가 매우 추었다. 스케이트 하기에 알맞았다.

Point 부사 very는 형용사나 다른 부사 앞에 사용하여 일반적으로 긍정의 의미를 가질 수 있다.

Voca weather 날씨 cold 추운 perfect 완벽 skate 스케이트를 타다

4. It's **too** humid to stay here. How about going out?

해 석 이곳은 너무 습기가 찬다. 밖으로 나가는 게 어때?

Point 정도부사 too는 지나침 을 나타내는 '**부정적 의미**'를 가진다. too ~ to 너무 ~해서 ~할 수 없다. How about~/What about~? ~하는 게 어때?

Voca humid 습기 찬 stay 머무르다

5. **Even** she can speak English.

해 석 그녀조차도 영어를 말할 수 있다.

Point even은 강조할 단어 바로 앞에 놓여 예기지 못한 일 을 나타낸다. 명사를 강조할 수 있다.

Voca even 심지어 speak-spoke-spoken 말하다

6. This is **much too** heavy.

해 석 이것은 정말로 무겁다.

Point 부사 much는 부사 too를 강조한다.

Voca heavy 무거운

3-7 논평부사

주관적인 태도나 의견 등 타인에 대한 판단을 할 때 쓰이는 부사다. 일반적으로 문장 맨 앞이나 뒤에 위치한다. 문장의 다른 부분과 구분하기 위해 글에서는 쉼표를 사용해 분리시킨다. 이러한 부사는 certainly, probably, wisely, curiously, fortunately, personally, frankly, simply, generally, kindly, honestly 등이 있다.

Examples

1. **Certainly**, she didn't finish it when I called

해 석 확실히 내가 전화했을 때 그녀는 그것을 끝마치지 못했다.

Voca certainly 확실히 finish 끝마치다 call/telephone/phone 전화하다

2. **Generally**, it will be a great success for a while.

해 석 일반적으로, 그것은 당분간 큰 성공이 될 거야.

Voca generally 일반적으로 a success 구체적인 성공 for a while 당분간

3. **Personally**, I don't agree with you.

해 석 개인적으로, 나는 당신에게 동의하지 않는다.

Voca personally 개인적으로 agree with/to ~동의하다

4. **Apparently**, his lecture is based on his experience in America.

해 석 분명히, 그의 강의는 미국에서의 경험을 토대로 한다.

Voca apparently 분명히 lecture 강의 be based on ~에 근거하다 experience 경험

3-8 관점부사

어떤 일에 대한 구체적인 면을 나타내기 위해 사용하는 부사로 financially, visually, morally, logically, environmentally, politically, politely, technically, biologically, ideologically등이 있다.

Examples

1. **Morally**, the government should give up its plan.

해 석 도덕적으로 정부는 계획을 포기해야 한다.

Voca morally 도덕적으로 government 정부 give up 포기하다 plan 계획

2. **Financially,** it's time to change our attitude.

해 석 재정적으로 우리의 태도를 바꿔야 할 시간이다.

Point It's time to+v 이제~할 시간이다.

Voca financially 재정적으로 change 바꾸다 attitude 태도

3. **Environmentally,** the President's decision is wrong.

해 석 환경적으로 대통령의 결정은 잘못이다.

Voca environmentally 환경적으로 the President 현직 대통령 decision 결정 wrong 틀린

3-9 접속부사

앞 문장과의 관계를 보여주는 접속의 역할을 하지만 문법적으로는 뒤 문장에 속해 있는 부사로 오직 절과 절만 연결하는 기능을 한다. 접속부사는 문장의 나머지 사이에 쉼표를 사용한다.

접속부사의 위치

- 접속부사+주어+동사
- 주어+접속부사+동사
- 주어+동사+접속부사

결과/요약

in conclusion/in other words/in short/that is/as a consequence/as a result/consequently/hence/therefore 결론적으로, 즉, 요약하면

Examples

1. She didn't study hard. **Consequently,** she failed the test.

해 석 그녀는 열심히 공부하지 않았다. 결국은 시험에 떨어졌다.

Point consequently는 다른 위치에도 올 수 있다.

= She, consequently, failed the test.

= She failed the test, consequently.

Voca consequently 결국에

2. She can speak many languages. **In short,** she is an intelligent woman.

해 석 그녀는 많은 언어를 말할 수 있다. 즉, 그녀는 지적인 여자다.

Point in short = shortly

Voca language 언어 intelligent 지적인 woman 여성

대조/양보

on the other hand/nevertheless/nonetheless/however/still/though/instead 그러나

Examples

1. I made her study hard. **However,** she failed the exam.

해 석 나는 그녀가 열심히 공부하도록 시켰다. 하지만 그녀는 시험에 실패했다.

Point 사역동사(make/have/let+목적어+목적보어)

Voca fail 실패하다 exam 시험

조건/선택

otherwise/or else/in that case/if~not/if so 그렇지 않으면, 또는, ~한 경우에

Examples

1. Keep quiet. **Otherwise,** you will be punished.

해 석 조용히 해라. 그렇지 않으면 혼 날 것이다.

Point 처벌되는 의미니까 will be punished로 수동태 형태를 사용한다.

Voca keep 유지하다 quiet 조용한 punish 처벌하다

추 가

moreover/furthermore/in addition/besides/also/likewise/above all/after all/similarly/what's more/as well/too 게다가, 덧붙여 말하면

Examples

1. It was cold. **Moreover,** it was starting to rain.

해 석 날씨가 추었다. 게다가 비가 오기 시작했다.

Point *Not* ~~It was starting raining.~~(발음상 어색한 문장)

Voca cold 추운 start 시작하다

의 견

in one's opinion/sort of/in one's view/to one's knowledge/from one's perspective ~의 생각으로, ~의 관점으로

Examples

1. **In my opinion,** the teacher should resign immediately.

해 석 내 의견으로는 그 선생님은 즉시 사직해야 한다.

Voca resign 사직하다 immediately 즉시

부 연

namely/that is to say 즉, 다시 말하면

열 거

first, second, last, to conclude, to begin with 첫째, 둘째, 마지막으로, 결론적으로, 우선

동시동작

at that time, at the same time, meanwhile

전후관계

after, after that, afterwards, before, before that, earlier, later, previously, soon, subsequently, then

Grammar Review

다음 중 어법상 어색한 부분을 골라 올바르게 고치시오. 1-10

1. She tried to live quiet.
2. She finally could stand the noise no longer.
3. He comes usually here by 2 p.m.
4. We think briefly it.
5. She began quickly running away.
6. He weekly swims.
7. Natural, She'll do what she can do.
8. We missed almost the train.
9. The bus hourly leaves.
10. He real hates coffee.

다음 중 알맞은 표현을 고르시오. 11-16

11. It's (too, very) cold to stay in this room. Let's fine somewhere hotter.
12. (Financial, Financially), it has been a disaster.
13. You must leave here (immediate, immediately)
14. She has been abroad (recently, recent).
15. The contract will be renewed (annually, annul).
16. We have often to work late. *둘 중 올바른 문장 고르기

    We often have to work late.

한글로 된 부분을 영어로 고치시오. 17-20

17. I (완전히) forgot.

18. They're working (개인적으로).

19. (운 좋게도), no one was inured in the accident.

20. She lost a (파랗고 빨간) scarf. (색깔 사이에 and 사용)

다음을 영작하시오. 21-30

21. 그녀의 엄마는 매우 편찮으시다. *seriously 심각하게, 매우

22. 눈이 매우 많이 와서 우리는 나갈 수가 없었다. *heavily 매우 많이

23. 그녀는 조용히 말한다.

24. 그는 좀처럼 우리에게 말을 걸지 않는다. *hardly 좀처럼~하지 않다

25. 너는 정말 열심히 일한다.

26. 올라가지 마렴. 안전해 보이지 않는다. *safe 안전한

27. 분명히 그녀가 문을 잠그는 것을 잊었다. *obviously 분명히

28. 그는 여전히 초조할 때 손톱을 물어뜯는다. *nervous 초조한, 예민한

29. 나는 더 이상 일하지 않는다. *no longer 더 이상 ~하지 않다

30. 우리는 더욱더 자주 만나야 한다. *more and more 더욱더

Unit 17
GRAMMAR

Comparative
비교급

FOCUS 원급, 비교급, 최상급

비교된다는 것?

"비교급(Comparative)"

비교급은 형용사나 부사에 -er이나 more/less를 붙여 두 가지 대상을 비교하는 것을 말한다.(Comparative is an adjective or adverb with-er(smaller) or more/less (more beautiful), often followed by than, used to say that something has more or less of a quality than another.)

먼저 비교급을 이해하기 위해서는 비교급을 만드는 방법을 알아야하며 각각의 비교방법에 대한 숙지가 필요하다.

【1】 비교급/최상급 만들기

1음절 단어에는 -er, -est를 붙인다.
1음절 단어 가운데 단모음+단자음인 경우 자음을 하나 더 쓰고 -er, -est를 붙인다.
자음+y로 끝나는 경우에는 y를 i로 고친 후 -er/-est를 붙인다.
2/3음절 이상의 경우에는 more, most를 앞에 붙인다.
-ly로 끝나는 부사는 앞에 more를 붙인다.

(1) 대부분의 1음절어

· long-longer-longest/hot-hotter-hottest/cheap-cheaper-cheapest/thin-thinner-thinnest/wise-wiser-wisest

Point 대부분의 1음절어 -er/-est

fun, wrong, real, right는 more-, most를 이용해 비교급/최상급을 만든다.

(2) 2/3 음절어

- serious-more serious-most serious/comfortable-more comfortable-most comfortable
- slowly-more slowly-most slowly/famous-more famous-most famous
- carefully-more carefully-most carefully/clever-more clever-most clever

More study

일부 형용사는 -er/-est 뿐만 아니라 more/most 이용해서 비교급, 최상급을 만든다.
able, angry, clever, common, cruel, friendly, gentle, handsome, narrow, pleasant, polite, quiet, simple, sour, shallow

- narrow-narrower-narrowest/narrow-more narrow-most narrow
- shallow-shallower-shallowest/shallow-more shallow-most shallow
- friendly-friendlier-friendliest/friendly-more friendly-most friendly

(3) y로 끝나는 형용사

- lucky-luckier-luckiest/early-earlier-earliest/easy-easier-easiest
- lazy-lazier-laziest

(4) 불규칙변화

- well-better-best/bad-worse-worst/far-farther/further-farthest/furthest

Point farther와 further는 혼동하기 쉬운 단어이다. further는 'additional'의 의미이다.

far-farther-farthest는 거리, far-further-furthest 정도

Examples

1. As soon as you hear the news, you should call me. I need **further** information.

해 석 너는 새로운 소식을 듣자마자, 나에게 전화해야 한다. 나는 추가정보가 필요해.

Point *Not* ~~I need farther information~~.

(5) 일부형용사는 단어 자체가 비교급, 최상급 뜻

· 비교급/최상급으로 쓰이지 않는다. 간혹 특별한 의미를 전달하고자 할 때만 사용한다.(perfect, favourite, ideal, unique, complete)

Examples

1. Your opinion is good, but **less perfect** than hers.

해 석 너의 의견은 좋지만, 그녀의 의견보다 덜 완벽해.

Voca opinion 의견 little-less-least 원급-비교급-최상급 perfect 완벽한

【2】 원급비교 : As~as/not so(= as) ~as

형용사나 부사의 본래 형태를 가지고 만들며 긍정문에서 as~as로 [~만큼 ~한]의 의미를 가지며 부정문에서는 not so(= as)~as로 [~만큼 ~하지 못하는] 의미를 가진다.

Examples

1. My new book is **as useful as** the other books.

해 석 내 새 책은 다른 책만큼 유용하다.

Point as~as 사이에는 형용사/부사의 원급(본래형태)을 사용한다.

Voca useful 유용한

2. He **isn't as rich as** her.

해 석 그는 그녀만큼 부유하지 않다.

Point not so(= as)~as 형태로 열등비교(차등비교)를 나타낸다. 비교급을 만들 때 비교대상이 동일해야하지만 다음 문장은 어색하다.

Not ~~He isn't as rich as she~~.

More study

He is taller than she is
= He is taller than her. vs He is taller than she.(ungrammatical)
해 석 | 그는 그녀 보다 키가 크다.
Point | ***Not*** ~~He is taller than she~~.

3. She **isn't as intelligent as** she looks.

해 석 그녀는 보이는 것만큼 지적이지 않다.

Point = She looks **less** intelligent **than** she is.

Voca intelligent 지적인

4. Win Language School is **as crowded as** usual.

해 석 윈 어학원은 여느 때처럼 붐빈다.

Point = It is usually crowed.

Voca crowed 붐비는 as usual 여느 때처럼

5. This bridge is **as beautiful as** that.

해 석 이 다리는 저 다리만큼 아름답다.

Point [비교] This bridge isn't as beautiful as that.

Voca bridge 다리

6. She speaks English **as fluently as** you do.

해 석 그녀는 너만큼 영어회화에 유창하다.

Voca speak-spoke-spoken 말하다 fluently 유창하게

7. He didn't spend **as much money as** her.

해 석 그는 그녀만큼 돈을 많이 쓰지 않았다.

Point = He spent **less** money **than** her.

Voca spend-spent-spent 소비하다

8. His salary is **as high as** yours.

해 석 그의 월급은 너의 월급만큼 많아.

Point = His salary is high like yours.

Voca salary 월급 high (가격, 급료 등이) 비싼

9. It isn't **as windy as** it was yesterday.

해 석 어제 만큼 바람이 심하지 않아.

Point = It's still windy, but it was more windy yesterday.

Voca windy 바람이 부는 yesterday 어제

10. Read **as many books as** possible.

해 석 가능한 많은 책을 읽어라.

Point as~as possible은 관용표현으로 '~가능한 ~만큼'으로 as~as 주어+can으로 바꿀 수 있다.

= Read as many books as you can.

11. The cinema **wasn't as far as** we thought.

해 석 그 영화관은 우리가 생각한 만큼 그렇게 멀지 않았다.

Point = The cinema was nearer than we thought.

Voca far 먼 think-thought-thought 생각하다

12. She got here **as fast as** she could.

해 석 그녀는 최대한 빨리 왔다.

Point 긍정문에서는 as~as 대신 so~as를 사용하지 않도록 주의하자.

Not ~~She got here so fast as she could~~.

Voca fast 빠른

13. You can stay with us **as long as** you want.

해 석 당신은 원하는 만큼 오래 우리와 머무를 수 있어요.

Voca stay 머무르다 want 원하다

14. You have to let me know **as soon as** possible.

해 석 너는 가능한 한 빨리 나에게 알려야 해.

Point as soon as possible 가능한 한 빨리

Voca have to/must ~해야 한다 let 시키다

15. The class isn't **as many students as** the last one.

해 석 이 번 수업은 저번 때만큼 학생이 많지 않았다.

Point many+복수명사(plural noun)

16. Your home is **as comfortable as** mine.

해 석 네 집은 내 집만큼 편안하다.

Point comfortable 편안한 소유대명사(mine) = 소유격(my)+명사(home)

17. My son doesn't go out **as** much **as** he used to.

해 석 나의 아들은 예전만큼 많이 외출하지 않는다.

Point He goes out less than he used to.

used to+v는 '~하곤 했다, ~이었다' 로 과거의 습관이나 상태를 나타낸다.

【3】 비교급 비교

비교급+than의 표현을 사용하여 두 대상사이의 비교를 나타낸다. -er 비교급+than, more/less+형용사/부사 원급+than으로 나타낸다.

Examples

1. This problem is **easier than** that.

해 석 이 문제는 저 문제보다 쉽다.

Voca easy-easier-easiest 쉬운

2. You are **taller than** me.

해 석 너는 나보다 키가 더 크다.

Point = You are taller than I am.

[비교] You are taller than I.는 일반적으로 많이 쓰이는 형태는 아니다.

Voca tall 키 큰

3. Her illness was a lot **more serious than** I thought at first.

해 석 그녀의 병은 내가 처음 생각한 것보다 훨씬 더 심각했다.

Point 비교급 앞에 a lot, far, a bit, a little, much, slightly가 쓰여 '~훨씬' 의 의미로 비교급을 강조할 수 있다.

Voca illness 병 serious 심각한 think-thought-thought at first 처음에는

4. The singer is **less beautiful than** before.

해 석 그 가수는 예전만큼 아름답지 않다.

Point = The singer isn't as beautiful as before.

Voca less 원급 than ~만큼 못한

5. We thought she was **older than** us, but actually she's a little **younger than** us.

해 석 우리는 그녀가 우리보다 나이가 많다고 생각했지만 실제로 그녀는 우리보다 조금 어리다.

Point think-thought-thought 생각하다.

actually = in fact a little은 비교급 강조

More study

비교급을 강조하는 표현

much, very much, a lot, lots, rather, a little, a bit, even, far, any, no
단, very는 단독으로 비교급을 수식하지 못한다.

Is your son any better?
해 석 | 아들은 좀 나아졌니?

최상급 강조

much, by far, quite, almost, nearly, easily

The student is quite the most intelligent student I've ever met.
해 석 | 그는 이제 까지 내가 만나본 가장 지적인 학생이다.
Point | quite가 the most intelligent를 수식한다.

very가 최상급 표현하고 어울릴 때

Bring out your very best clothes. It's time we went to the party.
해 석 | 네가 가진 최고의 옷을 가져오렴. 파티에 갈 시간이야.
Point | very는 last, best, first, next를 강조하는데 주로 쓰인다.
Voca bring out 가져오다 clothes 옷 it's time to+v 이제~할 시간이다

【4】 the+비교급, the+비교급 ~하면 할수록 ~하다.

Examples

1. **The more** we have, **the more** we want.
   해 석 우리는 더 많이 가질수록 더욱더 많은 것을 원한다.
   Voca more 좀 더 have-had-had 가지다 want 원하다

2. **The harder** you study, **the more** you will learn.
   해 석 당신이 더욱 열심히 공부할수록, 더 많은 것을 배울 거야.
   Voca hard 열심히 hardly 좀처럼~하지 않다 learn-learned/learnt-learned/learnt 배우다

3. **The colder** the weather is, **the better** I like it.
   해 석 날씨가 서늘해질수록 나는 더 좋아한다.
   Voca good-better-best 원급-비교급-최상급 weather 날씨

4. **The sooner, the better.**

해 석 더 빠르면 더 좋다.

Point = It is good if we leave as soon as possible.

Voca good-better-best 원급-비교급-최상급

5. **The more** expensive the hotel, **the better** the service.

해 석 호텔이 더 비쌀수록, 서비스는 더 낫다.

Voca expensive 비싼 good-better-best 원급-비교급-최상급

6. **The more** I got to know her, **the more** I liked her.

해 석 내가 그녀를 더욱 알수록, 그녀가 더 좋아졌다.

Voca get to+v ~하게 되다 like 좋아하다 get-got-got/gotten

7. **The more** tired I am, **the harder** it is to concentrate on studying.

해 석 나는 피곤해질수록 학습에 집중하기가 더 어렵다.

Voca tired 피곤한 concentrate on 집중하다

8. **The fresher** the fruit is, **the better** it tastes.

해 석 과일이 신선할수록 맛이 더욱 좋다.

Voca fresh 신선한 fruit 과일 good-better-best 원급-비교급-최상급 taste 맛이 나다

9. **The higher** we clime up, **the colder** the air becomes.

해 석 우리가 높이 올라 갈수록 공기는 더욱 차가워졌다.

Voca high 높이 clime up 올라가다 air 공기 become-became-become 되다

10. **The more** I thought about my family, **the more** homesick I became.

해 석 내가 가족을 생각할수록 고향이 더욱 그리워졌다.

Voca homesick 고향을 그리워하는

【5】 better and better/more and more

비교급+비교급 이중비교 : 어떠한 것이 계속 변화됨을 나타낼 때 사용한다.

Examples

1. The hole in the rock is getting **bigger and bigger.**

   해 석 그 바위의 구멍이 갈수록 커진다.

   Voca hole 구멍 rock 바위 big-bigger-biggest 원급-비교급-최상급

2. University tuition is becoming **more and more** expensive.

   해 석 대학 수업료가 갈수록 비싸지고 있다.

   Voca university 대학교 tuition 수업료 expensive 값비싼

3. Your health is improving. It's getting **better and better.**

   해 석 너의 건강이 좋아지고 있다. 갈수록 좋아진다.

   Voca health 건강 improve 향상되다 good-better-best 원급-비교급-최상급

4. Water pollution is becoming **more and more** serious.

   해 석 수질오염이 갈수록 심각해지고 있다.

   Voca water 물 pollution 오염 serious 심각한

5. My son is becoming **taller and taller.**

해 석 나의 아들은 갈수록 키가 크고 있다.

Point tall은 1음절이니까 taller and taller 이중비교

6. He got **more and more** interested in his job.

해 석 그는 갈수록 일에 흥미가 붙었다.

Point 사람주어인 경우에는 interested를 사용한다.

[비교] He is interesting. 그가 다른 사람들을 흥미롭게 해주는 경우에 사용된다.

More study

bored vs boring

He is bored.
그가 외부상황에 의해서 지루해 하고 있는 것

He is boring.
그가 타인을 지루하게 만드는 것

7. Health care is becoming **more and more** important.

해 석 건강관리는 더욱더 중요해지고 있다.

Voca health care 건강관리 important 중요한

8. As the test is coming, I become **more and more** nervous.

해 석 시험이 다가올수록 나는 더욱 초조해진다.

Voca nervous 초조한

9. These days **more and more** people are joining a fitness center.

해 석 요즘 더 많은 사람들이 헬스클럽에 가입하고 있다.

Voca these days = nowadays 요즘 the fitness center 헬스클럽

【6】 최상급 표현(superlatives)

형용사, 부사에 -est/most를 붙여 만들며 뜻은 '가장~하다'. 최상급 앞에는 일반적으로 the를 사용하지만 be동사 다음에 최상급이 바로 올 때는 생략 가능하다. 또한 the없이 most 뒤에 형용사나 부사가 바로 와서 very의 의미로 쓰임에 주의하자.

the+최상급+of all

Examples

1. What was **the saddest day of** your life?

해 석 너의 인생에서 가장 슬펐던 날은?

Point of+기간 sad-sadder-saddest 원급-비교급-최상급 life 인생

the+최상급+in 장소

Examples

1. He is **the most intelligent** teacher in the school.

해 석 그는 학교에서 가장 지적인 선생님이다.

Point 어떤 장소나 상황 내에서 비교할 때는 in+장소/단체로 나타낸다.

Not ~~He is the most intelligent teacher of the school~~.

Voca intelligent-more intelligent-most intelligent 원급-비교급-최상급

one of the 최상급

Examples

1. Seoul is **one of the largest** cities in the world.

해 석 서울은 세상에서 가장 큰 도시 중에 하나다.

Point in+장소/단체

Not ~~Seoul is one of the largest cities of the world.~~

Voca large-larger-largest 원급-비교급-최상급 city 도시

현재완료와 어울리는 최상급

Examples

1. My mom is **the most generous person I've met.**

해 석 엄마는 내가 만나본 사람 중에 가장 관대하다.

Point 최상급 표현은 현재완료(present perfect)와 종종 어울린다.

Voca generous-more generous-most generous 관대한

oldest와 eldest의 의미상 차이

Examples

1. That factory is **the oldest** here.

해 석 저 공장은 여기에서 가장 오래됐다.

Point older-oldest는 나이뿐만 아니라 사물이 오래됨을 나타낸다.

Not ~~That factory is the eldest here.~~

Voca | factory 공장

2. He is **the eldest** in his family

해 석 그는 가장 손위이다.

Point old-elder-eldest는 가족 구성원간에 말할 때 사용한다.

원급, 비교급을 이용한 최상급 의미 표현

Examples

1. Happiness is **the most** important thing.(최상급을 이용한 표현)

= **Nothing** is **so** important **as** happiness.(부정주어 as(= so)~as 원급에 의한 최상급)

= Happiness is **more** important **than anything** else.(비교급 ~than any 비교급에 의한 최상급)

= **Nothing** is more important **than** happiness.(부정주어 ~비교급. 비교급에 의한 최상급)

해 석 행복보다 중요한 것은 없다.

Point 최상급을 나타낼 수 있는 다양한 표현을 기억하자.

【7】 최상급을 이용한 관용표현

Examples

1. He is **the last** man to deceive me.

해 석 그는 나를 속일 사람이 아니다.

Voca | the last ~할 사람이 아니다 deceive 속이다

2. You are **at best** an idiot.

해 석 너는 기껏해야 바보다.

Voca at (the) best 기껏해야 idiot 바보

3. She should **at least** attend the meeting.

해 석 그녀는 적어도 회의에 참석은 해야 한다.

Voca at least 적어도 attend 참석하다 meeting 회의

4. He was **not** in **the least** pleased.

해 석 그는 전혀 만족하지 않았다.

Voca not in the least 전혀 ~이 아니다 pleased 기쁜

5. You are **a most** intelligent man.

해 석 너는 매우 지적인 사람이다.

Point a most 원급+단수명사/most 원급+복수명사를 통해 **절대최상급**의 의미를 나타내는데 이러한 경우는 비교의 대상이 명확하지 않을 때 사용한다.

More study

most of+명사, most+명사(most는 '대부분'의 의미)
a most+형용사, most+형용사(most는 '매우'의 의미)

【8】 기타 표현

- no less than ~만큼
- no more than 단지, 겨우
- not less than = at least 적어도
- not more than = at most 기껏해야

Point 만, 단, 적, 기로 기억하자.

Grammar Review

다음은 문장에서 어법에 어긋난 표현을 골라 바르게 고치시오. 1-20

1. She's not as younger as she looks.
2. His new novel is not as interested as his other one.
3. I came so soon as possible.
4. She didn't do well we had hoped.
5. His plan is as just good as theirs.
6. She is not as a good professor as him.
7. He is intelligent than her.
8. The sooner we leave, the fast we'll arrive.
9. She has become more friend recently.
10. I hope to get farther information of the plan.
11. She is the best pianist of the world.
12. She is the oldest in my three sisters.
13. It is the biggest theater of the city.
14. He worries more than it is necessary.
15. He's not as/so friendly so she is.
16. She is not taller enough to reach.
17. She is taller of the four girls.
18. The more dangerous it is, more I like it.
19. She's older than mine.
20. My girlfriend is very more beautiful than her.

다음 문장을 영작하시오. 21-30

21. 그녀는 너보다 세 배 빨리 달릴 수 있다.

22. 그 책은 내가 이제까지 발견한 가장 최고의 책이다.

23. 그녀는 갈수록 뚱뚱해지고 있다. *fatter and fatter 비교급+비교급

24. 나는 날씨가 3월에는 더 나아질 거라 생각했다.

25. 그의 차는 그녀의 차보다 더 작고 저렴했다. *smaller and cheaper 비교급+비교급

26. 두개의 코트 중 어떤 것이 더 기니?

27. 우리만큼 그녀는 거기에서 오래 살지 않았다. *as ~ as 원급비교

28. 석유는 작년보다 두 배 비싸다. *as ~ as 원급비교

29. 그것이 내가 가지고 있는 가장 귀중한 그림이야. *valuable 귀중한

30. 시간이 가장 중요하다. *부정주어 사용하기

Unit 18
GRAMMAR

Phrasal verb
분리 · 비분리 구동사

FOCUS 자주 보면서 익숙해지자

다양한 변화 주기

"분리·비분리 구동사(Phrasal verb)"

구동사(phrasal verbs)는 동사+부사, 동사+전치사, 동사+부사+전치사로 구성된다. 동사 다음에 붙는 부사나 전치사를 통칭하여 파티클이라 칭하기도 하며 파티클의 역할이 미비하여 동사 의미가 대부분을 차지하는 경우(look at : 보다)도 있고 본래 동사의 의미하고는 확연하게 달라지는 경우(give up : 포기하다)도 있다. 구동사는 영어회화나 작문에 필수적인 부분으로 평소 관심을 가지고 학습해야 한다. 구동사는 분리구동사(separable phrasal verbs)와 비분리구동사(inseparable verbs)로 나눌 수 있는데 분리에 대한 명확한 기준은 없다.

【1】 구동사 예문

Examples

1. She **brushed aside** his advice.

해 석 그녀는 그의 충고를 무시했다.

Voca brush aside = ignore 무시하다 advice 충고

2. I have to **lay aside** some money every month.

해 석 나는 매달 약간의 돈을 저축해 놓아야 한다.

Voca have to ~해야 한다 money 돈 month 월

3. Could you **step aside** for a while?

해 석 잠시 비켜 주시겠습니까?

Point Could/Would you~? '~해 주시겠나요?'로 부탁하는 표현이다.

= Would you step aside for a while?

Voca for a while = for a minute 잠시 동안

4. He worked hard for he **aimed at** the moon.

해 석 그는 야망이 크기 때문에 열심히 일했다.

Voca work 일하다 hard 열심히 the moon 달

5. You are on a diet. **Keep away** from the refrigerator.

해 석 너는 다이어트 중이야. 냉장고에서 떨어져라.

Voca be on a diet 다이어트 중이다 keep 유지하다, 계속하다, 지키다 refrigerator 냉장고

6. He will **be laid off** by the slumping economy.

해 석 그는 경기침체로 해고당할 것이다.

Point 조동사+be+p.p형인 will be laid off 해고 되어지는 수동의미

Not ~~He will lay off by the slumping economy.~~

Voca slump 폭락하다 economy 경제

7. **Sit down**, please.

해 석 앉으세요.

Point 동사+부사의 구동사로 동사의 의미가 부사에 의해 좀 더 강화된다.

8. **Turn off** the light.

해 석 등을 꺼라.

Point 동사+부사의 구동사로 turn 자체는 '끄다'의 의미가 없다. 부사 off에 의해 '끄다'는 의미가 된다. 이처럼 동사+부사가 사용되어 동사 자체의 의미가 확연하게 바뀌는 경우도 있다.

Voca [참고] **put off** 연기하다(cancel) **call on** 질문하다(ask a question in class) **make up** 화장하다

9. My son **is looking forward to** his birthday.

해 석 내 아들은 생일을 몹시 기다리고 있다.

Point look, forward, to 각각의 단어가 통합되어 구동사가 된다. 구동사(phrasal verb)는 일상영어에서 많이 사용하는 표현이다.

Voca **look forward to** 몹시 기대하다

10. I must **set off** early tomorrow.

해 석 나는 내일 일찍 출발해야 한다.

Point 자동사구(intransitive phrasal verb)는 목적어를 받지 않는다.

Voca **set off** 출발하다 **early** 일찍 **tomorrow** 내일

11. **Call up** the teacher.

해 석 선생님께 전화해라.

Point 타동사구(transitive phrasal verb) 는 목적어를 받는데 목적어(object)로 대명사(pronoun)가 오면 call her up.처럼 동사와 파티클사이에 넣는다.

Voca **call up = telephone** 전화하다

【2】 분리구동사(separable phrasal verbs)

분리구동사란 명사가 목적어로 올 경우에는 분리가 될 수 있는 형태이며 대명사가 올 경우에는 반드시 분리되어야 할 구동사이다. 일반적으로 구동사는 동사 단독으로 쓰이는 경우보다 의미가 강해지거나 전혀 다른 의미를 만들어 내기도 한다. 구동사를 사용함에 있어 목적어가 명사냐 대명사냐에 따라 사용상의 주의를 요한다. 즉, 목적어가 명사면 구동사 사이나 뒤에 쓰일 수 있으나 대명사이면 동사와 파티클 사이에 사용한다.(The phrasal verbs can be separated when there is a noun object. But if there is a pronoun object, the phrasal verb must be separated. For example, you have to say, "Turn it down," never "Turn down it.")

주요 분리구동사

구동사	의 미	구동사+명사	분리된 형태	대명사가 목적어
call off	cancel	**call off** the plan	**call** the plan **off**	**call** it **off**
cross out	draw a line	**cross out** the part	**cross** the part **out**	**cross** it **out**
fill in	write something to fill	**fill in** the circle	**fill** the circle **in**	**fill** it **in**
find out	get information	**find out** her name	**find** her name **out**	**find** it **out**
hand in	submit	**hand in** your paper	**hand** your paper **in**	**hand** it **in**
leave out	omit	**leave out** the word	**leave** the word **out**	**leave** it **out**
look up	look for information	**look up** this word	**look** this word **up**	**look** it **up**
make up	invent a story	**make up** a story	**make** a story **up**	**make** one **up**
pick up	lift, go get someone	**pick up** my friend	**pick** my friend **up**	**pick** him **up**
put away	return to the correct place	**put away** garbage	**put** garbage **away**	**put** it **away**
put back	return to the original place	**put back** your bike	put your bike back	**put** it **back**
put off	postpone	**put off** the plan	**put** the plan **off**	**put** it **off**
put on	wear	**put on** your trousers	**put** your trousers **on**	**put** them **on**
put out	extinguish	**put out** the fire	**put** the fire **out**	**put** it **out**
take off	remove	**take off** your socks	**take** your socks **off**	**take** them **off**
tear up	break into small pieces	**tear up** the receipt	**take** the receipt **up**	**tear** it **up**
turn down	lower the volume	**turn down** the radio	**turn** the radio **down**	**turn** it **down**
turn up	increase the volume	**turn up** the radio	**turn** the radio **up**	**turn** it **up**
wake up	stop sleeping	**wake up** the girl	**wake** the girl **up**	**wake** her **up**
write down	make a note	**write down** your name	**write** your name **down**	**write** it **down**

✔ 분리구동사에서 대명사는 구정보에 속하고 파티클은 신정보에 속하기 때문에 대명사는 구동사를 분리시키는 역할을 한다.

Examples

1. Could you **fill out** this form?

해 석 이 서류를 작성해 주시겠나요?

Point fill out, fill in은 '작성하다, 칸을 채워 넣다'의 의미로 분리구동사이기 때문에 = Could you fill this form out?로 변할 수 있다. 하지만 Could you fill it out?처럼 대명사는 꼭 사이에 와야 한다. 일반적으로 대명사(pronoun)는 정보(information) 전달에서 구정보(old information) 역할을 하기 때문에 부사 앞에 위치한다.

2. I **backed** the car **up** to the door.

해 석 나는 차를 문 쪽으로 후진시켰다.

Point = I backed up the car to the door.

Voca to the door 문 쪽으로

3. Can you **turn down** the radio?

해 석 라디오 좀 줄여 줄래요?

Point = Can you turn the radio down? 라디오는 관용적으로 정관사(definite article)를 사용한다.

Voca turn down 소리를 줄이다 turn up 소리를 키우다

4. She **brought up** a child.

해 석 그녀는 아이 하나를 키웠다.

Point = She brought a child up.

Voca bring up 키우다, 문제를 제기하다 child 아이

5. **Put** your coat **on.**

해 석 코트를 입어라.

Point = Put on your coat.

Voca put on 입다 coat 코트

6. **Take off** your hat.

해 석 모자를 벗어라.

Point = Take your hat off.

[비교] Take it off.(대명사는 사이에 넣는다)

7. Please **turn down** the radio.

해 석 라디오 소리 좀 줄여주세요.

Point = Please turn the light down.

Voca turn down 소리를 줄이다(Lower the volume.)

8. I hear you're going to the cinema. **Count** me **in.**

해 석 너희들 극장 간다며. 나 좀 끼워줘.

Point count in 포함하다

[비교] be going+장소 현재진행형 또는 가까운 미래를 나타냄.

Voca be going to+v ~할 예정이다

9. You had to **cross out** the mistake.

해 석 실수에 줄을 그어야 했어.

Point = You had to cross the mistake out.

Voca cross out 지우다(draw a line through)

10. I can't **figure** the answer out.

해 석 나는 답을 알 수가 없다.

Point I can't figure out the answer.

Voca figure out 알다, 이해하다(find the answer to a problem)

11. She **handed in** her paper.

해 석 그녀는 보고서를 제출했다.

Point = She handed her paper in.

Voca hand in 제출하다(submit)

12. We **left** her **off** on the list.

해 석 우리는 명단에서 그녀를 제외시켰다.

Point *Not* ~~We left off her on the list~~.

Voca leave off는 leave out 제외시키다, 빠뜨리다(omit) on the list 명단에서

13. It's too late to **put** it **off** now.

해 석 지금 그것을 연기하는 것은 너무 늦었어.

Point *Not* ~~It's too late to put off it now~~.

Voca too~to 너무 ~해서 ~할 수 없다 put off 연기하다(postpone)

14. Call your mommy back.

해 석 엄마에게 다시 전화해 보렴.

Point = Call back your mommy.

Voca call back = ring back = return a call ~을 되부르다, 다시 전화하다

15. What did you do that? You shouldn't have **thrown** it **away**.

해 석 너 왜 그랬니? 너는 그것을 버리지 말았어야 했는데.

Point 대명사(pronoun) 는 동사와 부사 사이에 넣는다.

Not ~~You shouldn't have thrown away it~~.

Voca throw away 버리다(discard)

【3】 비분리 구동사(inseparable phrasal verbs)

목적어가 명사이든지 대명사이든지 분리가 되지 않는 형태로 주어+동사+목적어 즉, 동사+파티클+대명사/명사 형태이다. 분리구동사처럼 영어학습자에게 혼동을 일으키지 않는다.(These verbs are never separated by whether it is a pronoun or a noun.)

주요 비분리 구동사

구동사	의 미	구동사+명사/대명사
call on	ask a question in class	**call on** the student, **call on** him
catch up with	reach the same level	**catch up with** the boy, **catch up with** him
check in, into	register at a hotel	**check into** the hotel, **check into** it
come across	find by chance	**come across** my book, **come across** it
count on	depend on, rely on	**count on** his help **count on** it
get along with	be friends with	**get along with** the girl **get along with** her
get in	enter	**get in** a taxi **get in** it
get on	enter	**get on** an airplane **get on** it
get over	recover from something	**get over** the problem **get over** it
look after	take care of	**look after** the patient **look after** her

put up with	stand, endure, tolerate	**put up with** the rumor **put up with** it
run into	meet by chance	**run into** his mother **run into** her
watch out	be careful	**watch out** the animal **watch out** it

Examples

1. She **looked at** me carefully.

   해 석 그녀는 나를 주의 깊게 쳐다보았다.

   Point Not ~~She looked me at carefully~~.

   Voca loot at 쳐다보다 carefully 주의 깊게

2. She **dropped out of** the class.

   해 석 그녀는 수업을 그만 두었다.

   Point Not ~~She dropped the class out of~~.

   Voca drop out of ~에서 손을 떼다, 그만두다

3. He **came across** a famous singer.

   해 석 그는 유명한 가수를 우연히 마주쳤다.

   Point Not ~~He came a famous singer across~~.

   Voca come across ~우연히 마주치다, 발견하다 famous 유명한 singer 가수

4. Do you **get along with** her?

   해 석 그녀와 잘 지내니?

   Voca get along with = be friends with ~와 잘 지내다

5. When did you **get back** from America?

해 석 언제 미국에서 돌아왔니?

Voca get back from ~에서 돌아오다

6. I **ran into** my friend close to the courthouse.

해 석 나는 법원 근처에서 우연히 친구를 만났다.

Voca run into = meet by chance 우연히 마주치다 close to ~근처에서 courthouse 법원

7. I **went over** it.

해 석 나는 그것을 재검토 하였다.

Voca go over = review carefully 재검토하다

8. She keeps cutting classes. So she can't **catch up with** the others.

해 석 그녀는 수업을 계속 빼먹어서 다른 아이들을 따라잡을 수 없다.

Voca catch up with = reach the same level ~을 따라잡다 keep+-ing 계속 ~하다

9. You should **watch out for** her sweet talk.

해 석 너는 그녀의 달콤한 말을 주의해야 해.

Voca watch out for = be careful ~에 주의하다 sweet 달콤한 talk 이야기

Grammar Review

다음은 분리구동사이다. 도표에서 빈칸을 알맞게 넣으시오.

구동사	구동사 뜻	예 문	예문 해석
call off		She called off the plan.	
cross out		Cross out the part.	
fill in		He filled in the blank.	
find out		Find out her name.	
hand in		Hand in your paper tomorrow.	
leave out		Leave out the word in the sentence.	
look up		Why don't look up this word?	
make up		Don't make up a story.	
pick up		Let's pick up my friend on the way home.	
put away		Put away your garbage.	
put back		Put back your bike in the basement.	
put off		Don't put off our picnic.	
put on		Put on your pants. Hurry up.	
put out		Put out the fire.	
take off		Take off your dirty socks.	
tear up		Don't tear up the receipt.	
turn down		Turn down the radio.	
turn up		Turn up the radio.	
wake up		Don't wake up the baby.	
write down		Write down your name.	

각각의 구동사와 의미가 같은 것을 오른쪽에서 찾아 연결하시오.

call off •	• reach the same level
fill in •	• register at a hotel
hand in •	• cancel
look up •	• depend on, rely on
pick up •	• break into small pieces
put back •	• write information
put on •	• increase the volume
take off •	• make a note
turn down •	• submit
wake up •	• stop sleeping
catch up with •	• ask a question in class
come across •	• go get someone, lift
get along with •	• extinguish
get on •	• look for information
look after •	• omit
run into •	• return to the correct place
cross out •	• remove
find out •	• be friends with
leave out •	• lower the volume
make up •	• recover from something
put away •	• return to the original place
put off •	• get information about
put out •	• invent a story
tear up •	• meet by chance
turn up •	• complete a paper
write down •	• draw a line
call on •	• wear
check in •	• take care of
count on •	• enter
get over •	• find by chance

Unit 19 GRAMMAR

Determiner and some Quantifier
한정사와 수량어

FOCUS 한정사와 수량어 익숙해지기

한정사 다 모여봐!

"한정사와 수량어(Determiner and some Quantifier)"
한정사(determiner)란 명사 앞에 놓여 명사의 의미를 한정해 주는 역할을 하는 단어를 말한다. this, some, each, all, my, your, their와 관사 a, an, the도 큰 범주로 한정사에 속한다. 수량어(quantifier)란 명사나 명사구 앞에 놓여 수량을 나타내는 단어로 many, much, a few, few, a little, little 등이 있다. 이번 Unit은 부정과 관련된 no, not any, none of, neither of의 사용법에 대해 알아보도록 한다.

---

no = not a or not any : no는 not a/not any보다 강조하는 표현

Examples

1. We have **no** money.

   해석 우리는 돈이 하나도 없다.

   Point = We don't have any money.

2. We have to finish this work right now. There's **no** time to delay.

   해석 우리는 지금 이 일을 끝내야 한다. 머뭇거릴 시간이 없다.

Voca have to ~해야 한다 finish 끝마치다 work 일 right now 지금 delay 연기하다

3. There's **no** train until tomorrow.

해 석 내일까지 기차가 운행하지 않는다.

Voca There+v+s ~있다 train 기차 until ~까지 tomorrow 내일

4. He gave me **no** help at all.

해 석 그는 전혀 나를 도와주지 않았다.

Voca give-gave-given 주다 at all은 부정어와 함께 강조를 나타냄

5. There will be **no** shops at the weekend.

해 석 주말에는 어느 가게도 문을 열지 않을 것이다.

Voca at the weekend 주말에

6. He will have **no** trouble finding her house.

해 석 그가 그녀의 집을 찾는데 아무런 어려움이 없을 거야.

Voca have no trouble+-ing ~하는데 어려움이 없다 find-found-found 찾다

7. **No** reason was given for the cancellation of the plan.

해 석 계획을 취소한 것에 대한 어떠한 이유도 없었다.

Voca reason 이유 cancellation 취소 plan 계획

8. **No** response could be heard.

해 석 어떠한 반응도 없었다.

Point could be heard는 조동사+be+p.p로 수동태형

Voca response 반응, 답신

none of+셀 수 있는 명사(countable noun) : none은 뒤에 명사가 따라오지 않고 단독으로 쓰이거나 뒤에 복수명사가 사용되기도 한다.

Examples

1. How many eggs have you got? **None.**

   해 석 너는 달걀을 얼마나 많이 가지고 있니? 전혀 없다.

   Voca None = no eggs how many+**복수명사** 얼마나 많이

2. All the products have been sold out. There are **none** left.

   해 석 모든 제품들이 다 팔렸다. 남은 게 전혀 없다.

   Voca none = no products left sold out 매진된, 다 팔린 left 남은

3. We bought a lot of new books for our son, but **none of** them were very good.

   해 석 우리는 새로운 책을 아들에게 많이 사 주었지만 어떤 책도 그다지 좋지 못했다.

   Voca none = no products left sold out 매진된, 다 팔린 left 남은

neither of : neither of~+단수동사/복수동사 둘 다 가능

Examples

1. **Neither of** the workers wants(= want) to go abroad.

   해 석 노동자 어느 누구도 해외로 나가는 것을 원하지 않는다.

   Voca worker 노동자 want+to**부정사** ~하기를 원하다 go abroad 해외로 나가다

both of/neither of/either of+한정사(determiners : the/these/our/Kim's....)

Examples

1. **Neither of** the plans was/were successful.

해 석 그 계획에 어떤 것도 성공하지 못했다.

Voca neither 어느 것도 plan 계획 successful 성공적인

Every/everybody/everyone/everything/nobody/somebody+단수동사(singular verb)

Examples

1. **Somebody** tells the truth.

해 석 누군가는 사실을 말한다.

Voca somebody 누군가 tell–told–told 말하다 truth 사실

2. **Everybody** wants to have a big house.

해 석 모든 사람들은 큰 집을 갖기를 원한다.

Voca everybody 모든 사람 want 원하다 have 가지다 big 큰

all/some/any/most/many/much/few/little/half/none+of+한정사(determiners : the/his/that/these/those/our)

Examples

1. **All of** my friends came here.

해 석 내 친구 모두 여기에 왔다.

Point = All (of) my friends came here. all 이나 half는 위의 용법에서 뒤에 of를 생략시켜도 된다.

---

all of/some of/none of+목적격(us/you/her/them)

Examples

1. **All of** us attended the meeting.

해 석 우리 모두는 회의에 참석했다.

Point 목적격이 뒤에 따라 나올 때 전치사 of 생략 불가(매우 중요)

---

many/much가 격식체에서 대명사로 사용

Examples

1. The government's policies haven't done **much** to help the poor.

해 석 정부의 정책은 가난한 사람들을 돕는데 큰 도움이 되지못했다.

Voca government 정부 policy 정책 much 대명사로 사용 the poor the+**형용사로** 가난한 자

---

a great/good many+복수명사(plural noun) : 많은 수를 강조

Examples

1. He has **a good/great many** books.

해 석 그는 정말 많은 책을 가지고 있다.

not all : all of의 부정

Examples

1. **Not all** the students were at the graduation ceremony.

   해 석 모든 학생들이 모두가 졸업식에 온 것은 아니었다.

   Point 비교 None of the students were at the graduation party.(전체부정)

all day/week/night/month/winter

Examples

1. I will spend **all winter** in the city.

   해 석 나는 그 도시에서 겨울을 날거야.

   Voca spend-spent-spent 소비하다, 시간을 보내다 all winter = the whole winter 겨울 내내

almost, nearly, virtually+every

Examples

1. **Almost every** students passed the exam.

   해 석 거의 모든 학생들이 시험에 통과했다.

   Point almost, nearly, virtually는 그룹 전체를 강조한다.

far+too many+복수명사

Examples

1. **Far too many** teachers attended the seminar.

해 석 정말 많은 선생님들이 세미나에 참석했다.

Point too many를 강조하는 far attend 참석하다 seminar 세미나

far+too much+셀 수 없는 명사

Examples

1. **Far too much** time was wasted passing away it.

해 석 그것을 치우는데 정말 많은 시간을 낭비했다.

Voca waste 낭비하다 pass away 치우다

every+숫자+복수명사

Examples

1. I go to the cinema **every two** months.

해 석 나는 두 달에 한 번씩 영화관에 간다.

Point [비교] each two months보다 자연스런 표현

Voca go to the cinema 영화관에 가다 month 달

Grammar Review

다음 괄호속의 표현 중 올바른 것을 고르시오. 1-24

1. (This, These) people were here last.
2. (Many, Much) debate has been heard about it.
3. I'm free (this, that) evening.
4. It is a part of the world by (little, few).
5. (This, That) party was great.
6. (Many, Much) a student will be happy with the result.
7. Look at (those, these) buildings in this photo.
8. (Far, Still) too much time was wasted passing away it.
9. She didn't have (some, any) of the usual symptoms.
10. Are these (ours, our) seats?
11. In (his, him) last conversation, he told me about his latest exam.
12. The man was shot in (the, his) leg.
13. Three of (the students, students) were absent.
14. Take any (of these books, these books).
15. (Each, many) person has to take a card.
16. I think the soup is (a little, a few) salty.
17. We hope there isn't too (many, much) traffic.
18. Most of (Europe, the Europe) will have windy weather tomorrow.
19. We have several (complaint, complaints, complain).
20. (Some of, Some) the teachers have already arrived.
21. She can't eat (half of, half) it.
22. He'll be here in (half, half of) an hour.
23. The girl came in with a cup in (every, each) hand.
24. She runs nearly (each, every) day.

다음을 영작하시오. 25-30

25. 그 박스 중 어떠한 것도 충분히 크지 않다. *big enough

....

26. 그녀의 건강을 향상시킬 수 있는 방법은 많다.

....

27. 나는 현금이 충분히 없다. *cash 현금

....

28. 나는 어제보다도 나아진 느낌이 든다.

....

29. 나는 더 많은 시간을 아들과 보낸다.

....

30. 그는 더 이상 시간이 필요하지 않아.

....

Unit 20 GRAMMAR
Prepositional verb 동사와 전치사의 어울림

F O C U S 동사와 특정한 전치사의 어울림

동사와 전치사

"동사와 전치사의 어울림(Prepositional verb)"
동사는 크게 타동사(transitive verb)와 자동사(intransitive verb)로 나뉘어진다. 타동사는 목적어를 가지는 동사를 말한다. 그렇다면 자동사는 어떻게 목적어를 받는 것 일까? 영어에서 자동사는 목적어를 가지기 위해서 전치사를 사용한다. 동사와 목적어 사이에 전치사가 위치하는 것이다. 동사마다 뒤따라 나오는 전치사가 다른데 특별한 규칙이 존재하는 것은 아니다. 학습자는 평소에 영어자료를 접할 때 동사 뒤에 나오는 전치사를 유심히 보도록 하자.(타동사+목적어, 자동사+전치사+목적어)

【1】 동사 뒤에 특정한 전치사의 사용

Examples

apply for 지원하다

1. I would like to **apply for** the position of English teacher you recommended?

해 석 나는 당신이 추천한 영어 선생님 자리에 지원하고 싶어요.

Voca would like to ~하고 싶다 position 자리 recommend 추천하다

wait for 기다리다

1. She is **waiting for** you.

해 석 그녀는 너를 기다리는 중이다.

Voca wait for 사람 ~누구를 기다리다

belong to 속하다

1. Does this car **belong to** her?

해 석 이 차는 그녀 것이니?

Point prepositional verb은 동사+전치사가 분리되어서는 안 된다.

Not ~~Does this car belong her to~~?

care about 신경 쓰다

1. You had better not **care about** what people say.

해 석 너는 사람들이 하는 말을 신경 쓸 필요가 없다.

Point what people say는 의문사+주어+동사가 about 이하의 명사절로 쓰임

Voca had better ~하는 편이 낫다 care about 신경 쓰다

care for 좋아하다 돌보다

1. I **am caring for** the children while their parents are out.

해 석 나는 부모님들이 외출한 아이들을 돌보고 있다.

Point care for는 두 가지 의미로 쓰인다. 문맥상 '돌보다'의 의미일 때 look after와 같다.

decide on ~에 대해 결심하다 ~을 정하다

1. We should **decide on** a course of action.

해 석 우리는 행동방침을 정해야 한다.

Voca should ~해야 한다 decision 결정 a course of action 행동방침

pay for 지불하다

1. Did you **pay for** her hospitalization?

해 석 너는 그녀의 입원비를 지불했니?

Voca pay-paid-paid 지불하다 hospitalization 입원

suffer from ~로 고통받다

1. The couple **suffered from** the housing shortage.

해 석 그 부부는 주택부족 때문에 고통받았다.

Voca couple 부부, 커플 suffer from ~로 고통받다 the housing shortage 주택난

see to ~에 유의하다 배려하다 준비하다

1. I'll **see to** it at once.

해 석 나는 그것에 대해 즉시 조취를 취할 거야.

Voca at once 즉시

concentrate on ~에 집중하다

1. She can't **concentrate on** something for a long time.

해 석 그녀는 무언가에 오랫동안 집중할 수 없다.

Voca concentrate 집중하다 something 무언가 for a long time 오랫동안

dream about 누구에 대한 꿈을 꾸다

1. I **dreamed about** him last night.

해 석 나는 어제 밤 그에 관한 꿈을 꾸었다.

Point dream about+사람

Voca he-his-him 주격-소유격-목적격 last night 지난밤

dream of ~가 되는, ~하는 꿈을 꾸다

1. He **dreams of** being second to none in his field.

해 석 그는 그 분야에서 최고가 되는 꿈을 꾼다.

Point dream of를 dream about과 비교해서 사용하도록 하자.

Voca second to none 최고의 field 분야

hear about ~에 대해서 듣다

1. As you know, it is better to see a thing one time than to **hear about** it a hundred times.

해 석 당신도 알다시피 백번 듣는 것보다 한 번 보는 것이 훨씬 낫다.

Point times 회수나 배수를 나타냄

feel like ~하고 싶다

1. Do you **feel like** going out tomorrow?

해 석 내일 나가고 싶니?

Point feel like ~ing 형으로 '~하고 싶다'의 의미다. like은 품사가 전치사 이므로 뒤에 명사형태가 와야 한다.

Voca tomorrow 내일

laugh at 비웃다

1. He **laughed at** my suggestion.

해 석 그는 내 제안을 비웃었다.

Voca suggestion 제안

live on ~로 살다

1. She earns just enough to **live on.**

해 석 그녀는 먹고 살 만큼은 번다.

Voca enough+to+v ~할 정도로 충분한 earn 벌다 live 살다

decide against ~하지 않기로 결정하다

1. We **decided against** going on (a) holiday.

해 석 나는 휴가를 가지 않기로 결정했다.

Voca against ~에 반대하여 go on (a) holiday 휴가를 가다

shout to (상대방이 듣도록) 소리를 지르다

1. He **shouted to** me to come out.

해 석 그는 나에게 밖으로 나오라고 소리 쳤다.

Point [비교] shout at은 상대방에게 화가 나서 소리 지를 때 사용한다.

agree with 누구에게 동의하다

1. I **agree with** you totally.

해 석 나는 전적으로 너에게 동의한다.

Point agree with+사람

Voca totally 전적으로

think of ~기억하다 생각이 나다

1. I am **thinking of** apologizing to her for not telling the truth.

해 석 나는 그녀에게 사실을 말하지 않은 것에 대해 사과할 생각이 든다.

Point apologize to 사람 for 사과할 내용

consist of ~로 구성되다

1. The dinner **consists of** one kind of meat and various vegetables.

해 석 저녁은 한 가지 종류의 고기와 다양한 야채로 구성되어 있다.

Voca dinner 저녁 kind 종류 meat 고기 various 다양한 vegetable 야채

listen to ~듣다

1. She never **listens to** me.

해 석 그녀는 결코 내말에 집중하지 않는다.

Voca never 결코 ~하지 않다 listen to 듣다

approve of 찬성하다

1. Does she **approve of** the idea?

해 석 그녀가 그 생각에 찬성하니?

Voca idea 찬성하다

complain about 불평하다

1. Where can I **complain about** these products?

해 석 이 제품들에 대해 어디에서 불평할 수 있나요?

Voca where 어디에 this–these 단수–복수형 product 제품

look forward to 학수고대하다

1. I am **looking forward to** meeting you.

해 석 나는 너를 보기를 학수고대 한다.

Voca meet–met–met 만나다

speak to+사람 ~에게 말하다

1. He **spoke to** me for a few minutes.

해 석 그는 잠시 나에게 말을 시켰다.

Voca speak–spoke–spoken 말하다 for a few minutes 몇 분 동안

동사 다음에 특정한 전치사가 오는 경우

accuse (someone) of (something)	lead to
agree with	learn about
apologize to (someone)	lend (something) to (someone)
arrest (someone) for (something)	listen to
arrive at/in	look after
ask(someone) about/for (something)	look at
blame (someone) for (something)	look for
blame (something) on (someone)	look like
borrow (something) from (someone)	object to
care about/for	pay for
compete against/with	prevent (someone/something) from (doing)
complain about	provide(someone) with (something)
concentrate on	react to
congratulate (someone) on (something)	refer to
connect (something) to/with (something)	rely on
consist of	remind (someone) about/of (something)
count on	reply to

deal with	resign from
decide on	result in
depend on	search for
disagree about (something)	shout at/to
disagree with (someone)	speak about (something/someone)
discuss (something) with (someone)	speak to (someone)
divide (something) into (something)	spend (time/money) on (something)
dream about/of	succeed in/at
escape from	suffer from
explain (something) to (someone)	suspect (someone) of (something)
feel like	take after
fight about (something)	talk about (someone/something)
fight with (someone)	talk to (someone)
forget about	thank (someone) for (something)
happen to	think of
improve on	warn(someone) about/against/of (something)
introduce (someone) to (someone)	worry about
laugh at	write (something) to (someone)

【2】 목적어 다음에 특수한 전치사를 수반하는 타동사

S+V+O+preposition(Some verbs can have the structure verb+object+preposition+~ing)

Examples

assure A of B A에게 B를 보증하다

1. I **assured** you **of** his innocence.

   해 석 나는 그의 결백을 보증한다.

Point 동사 다음에 특정한 전치사구가 따라와 문장의 의미를 정확히 해준다.

Voca innocence 순백, 결백

convince A of B A에게 B를 확신시키다

1. The lawyer **convinced** us **of** winning a lawsuit.

해 석 변호사는 우리가 승소할 것을 확신했다.

Voca lawyer 변호사 lawsuit 소송 win-won-won-winning

inform A of B A에게 B를 알리다

1. We should **inform** the students **of** the decision.

해 석 우리는 학생들에게 결정에 대해 알려야 한다.

Point inform A of B에서 전치사 of 대신에 about 사용도 가능하다.

Voca decision 결정

remind A of B A에게 B를 상기시키다

1. She **reminds** me **of** her mother.

해 석 그녀는 나에게 그의 엄마를 상기시킨다.

Point remind A about B와 구별이 필요한데, 이 표현은 'A에게 B를 잊지 말도록 떠올리게 하다'의 의미다.

suspect A of B A에게 B의 혐의를 두다

1. Nobody suspected her of being a spy.

해 석 어느 누구도 그녀가 스파이라도 의심하지 않았다.

Point 전치사 of 다음에 ~ing(동명사), 명사가 온다.

Voca suspect 의심하다 spy 간첩

warn A of B A에게 B를 경고하다

1. A sign **warned** drivers **of** the slippery road.

해 석 표지판은 운전자들에게 길이 미끄럽다고 경고한다.

Voca sign 간판 warn 경고하다 driver 운전자 slippery 미끄러운 road 길

rob A of B A에게서 B를 빼앗다

1. The gangster **robbed** the man **of** his hotel two years ago.

해 석 그 불량배는 그 남자에게서 호텔을 2년 전에 빼앗았다.

Voca gangster 불량배 rob 강탈하다 man 남자 hotel 호텔 ago 전에

cure A of B A에게서 B를 치료하다

1. He **cured** her **of** a fever.

해 석 그는 그녀에게서 열을 치료했다.

Voca cure 치료하다 she-her-her 주격-소유격-목적격 fever 열

deprive A of B A에게서 B를 박탈하다

1. The situation **deprived** the woman **of** her happiness.

해 석 그 상황은 그녀에게서 기쁨을 앗아갔다.

Voca situation 상황 deprive 빼앗다 woman 여자 happiness 행복

charge A with B A를 B와 관련하여 꾸짖다

1. The teacher **charged** her **with** cheating in an examination.

해 석 선생님은 그녀가 시험에서 부정행위를 한 것에 대해 꾸짖었다.

Voca cheat in an examination 부정행위를 하다

compare A to/with B A를 B와 비교하다

1. If we **compare** these figures **to/with** last year, we can see a slight decline.

해 석 작년과 수치를 비교해 보면, 근소한 감소가 있음을 알 수 있다.

Voca a slight decline 근소한 감소

confuse A with B A와 B를 혼동하다

1. Don't **confuse** liberty **with** license.

해 석 자유와 방종을 혼동하지 말라.

Voca license 방종, 면허 license 면허

provide A with B A에게 B를 공급하다

1. Win Language School **provides** students **with** a good education.

해 석 윈어학원은 학생들에게 양질의 교육을 공급한다.

Point present/supply/furnish A with B : A에게 B를 공급하다

Voca education 교육

blame A for B A를 B의 이유로 비난하다, 혼내다

1. My mom **blamed** me **for** not studying English very hard.

해 석 엄마는 내가 영어 공부를 열심히 하지 않는 다고 꾸짖었다.

Point preposition+noun/gerund

준동사(verbals : to 부정사, 동명사, 분사)의 부정은 앞에 not을 위치한다.

punish A for B A를 B의 이유로 혼내다, 비난하다

1. I **punished** her **for** being late again.

해 석 나는 그녀가 다시 늦은 것에 대해 혼냈다.

Point blame A for B의 의미다.

compensate A for B A에게 B에 대해 보상하다

1. Fund managers don't **compensate** their customers **for** loss.

해 석 펀드매니저들은 고객들에게 손실에 대해 보상하지 않는다.

Voca customer 고객 loss 손실

announce A to B A를 B에게 공고하다, 알리다, 발표하다

1. He will **announce** his plan **to** his friends.

해 석 그는 계획을 친구들에게 알릴 것이다.

Voca plan 계획 friend 친구

congratulate A on B A에게 B에 대해 축하하다

1. He **congratulated** me **on** passing the exam.

해 석 그는 내가 시험에 통과한 것을 축하했다.

Voca pass the exam 시험에 통과하다

stop A from B A가 B하는 것을 못하게 하다

1. The heavy snow **stopped** us **(from)** going out.

해 석 폭설은 우리가 밖으로 나가지 못하게 했다.

Point stop/keep/prohibit/hinder A from B : A가 B하는 것을 못하게 하다

thank A for B A에게 B에 대해 감사하다

1. I forgot to **thank** her **for** accepting my offer.

해 석 나는 그녀가 내 제안을 수락한 것에 대해 감사하는 것을 잊었다.

Voca 받아들이다 offer 제안

spend A on B A를 B하는데 소비하다, 소모하다

1. She **spent** much money **on** shopping around.

해 석 그녀는 쇼핑하는데 많은 돈을 소비했다.

Voca spend–spent–spent shop around 쇼핑하러 돌아다니다

replace A with B A를 B로 대체하다, 교체하다

1. You should **replace** a flat tire **with** a new one.

해 석 펑크 난 타이어를 새것으로 교체해야 한다.

Voca flat 펑크 난 replace 교체, 대체하다

Grammar Review

다음은 동사와 어울리는 전치사이다. 사전을 통하여 의미를 파악하시오.

accuse (someone) of (something)	
apologize for (something)	
apologize to (someone)	
arrest (someone) for (something)	
arrive at/in	
ask(someone) about/for (something)	
blame (someone) for (something)	
blame (something) on (someone)	
borrow (something) from (someone)	
care about/for	
compete against/with	
complain about	
concentrate on	
congratulate (someone) on (something)	
connect (something) to/with (something)	
consist of	
count on	
deal with	
decide on	
depend on	
disagree about (something)	
disagree with (someone)	
discuss (something) with (someone)	
divide (something) into (something)	
dream about/of	
escape from	
explain (something) to (someone)	
feel like	
fight about (something)	
fight with (someone)	
fill (something) with (something)	

happen to
improve on
introduce (someone) to (someone)
laugh at
lead to
learn about
lend (something) to (someone)
listen to
look after
look at
look for
look like
object to
pay for
prevent (someone/something) from (doing)
provide(someone) with (something)
react to
refer to
rely on
remind (someone) about/of (something)
reply to
resign from
result in
search for
shout at/to
speak about (something/someone)
speak to (someone)
spend (time/money) on (something)
succeed in/at
suffer from
suspect (someone) of (something)
take after
talk about (someone/something)
talk to (someone)
thank (someone) for (something)
wait for
warn(someone) about/against/of (something)
worry about
write (something) to (someone)

빈칸에 알맞은 전치사를 넣으시오.

1. I would like to apply (　　) the position of English teacher you recommended?
2. She is waiting (　　) you.
3. Does this car belong (　　) her?
4. You had better not care (　　) what people say.
5. I am caring (　　) the children while their parents are out.
6. We should decide (　　) a course of action.
7. Did you pay (　　) her hospitalization?
8. The couple suffered (　　) the housing shortage.
9. I'll see (　　) it at once.
10. She can't concentrate (　　) something for a long time.
11. I dreamed (　　) him last night.
12. He dreams (　　) being second to none in his field.
13. As you know, it is better to see a thing one time than to hear (　　) it a hundred times.
14. Do you feel (　　) going out tomorrow?
15. He laughed (　　) my suggestion.
16. She earns just enough to live (　　).
17. We decided (　　) going on a holiday.
18. He shouted (　　) me to come out.
19. I agree (　　) you totally.
20. I am thinking (　　) apologizing to her for not telling the truth.
21. The dinner consists (　　) one kind of meat and various vegetables.
22. She never listens (　　) me.
23. Does she approve (　　) the idea?
24. Where can I complain (　　) these products
25. I am looking forward (　　) meeting you.

26. He spoke (　　) me for a few minutes.
27. That book reminds me (　　) my school days.
28. How could you forget (　　) her birthday?
29. Thank you (　　) your time and money.
30. Listen (　　) your mom!

다음 괄호속에 알맞은 표현을 고르시오.

1. We talked (for, about, to) her about popular songs.
2. We (discussed about, discussed) the situation.
3. The famous singer (entered, entered into) the concert hall.
4. He suffers (of, from) headaches.
5. I can't rely (for, on) the newspaper.
6. I feel (like, want, to) a drink.
7. Did you pay (for, off, of) the coffee?
8. Please concentrate (to, about, on) your work.
9. I care (for, on, into) the film.
10. She apologized (for, of) the noise.
11. Have she applied (on, for, to) the job?
12. Does she believe (in, into, upon) God?
13. The dog belongs (on, to, up) me.
14. She's waiting (for, in, of) you.
15. Let's ask him (on, to, for) directions.
16. I blamed the airline (for, to, in) the delay.
17. She congratulated Daniel (to, on, in) his exam results.
18. We should inform her (of, about, on) the decision.
19. She reminds me (on, for, of) her mother.
20. He reminded me (about, in, on) the promise.
    *remind A about B A에게 B를 잊지 말도록 하는 것

21. She invited us (on, to, with) a party.
22. We will share our room (to, with, on) the other couple.
23. Who was that tall woman you were talking (for, to, on)
24. Did you (phone, phone to) him?
25. She (thanked to, thanked) me for helping her.
26. The boy (shouted to, shout at) from the other side of the street.
*shout to ~에게 들리도록 소리 지르다.
27. They (talked, talked about) a lot of things.
28. She's selfish. She doesn't care (about, for, on) other students.
29. Don't wait (for, of, about) me. I'll join you before long.
30. She is so old. She needs someone to care (for, about) her.
31. I finished the drink and asked (of, for, after) one more drink.
32. She used to argue (for, with, to) her mother for hours.

주어진 문장을 영작하시오.

1. 고객들은 더러운 옷에 불평했다. *complain about ~에 대해 불평하다

....

2. 우리는 그녀를 20분 동안 기다렸다. *wait for ~을 기다리다

....

3. 그는 그녀에게 돈에 대해 감사했다. *thank A for B

....

4. 수업에 집중하지 않으면 다른 학생들을 따라잡을 수 없다. *concentrate on ~에 집중하다

....

5. 경찰은 왜 내 신분증을 요구했니?

....

6. 나는 그를 의존해왔다. *depend on ~에 의존하다

....

7. 내말에 집중하렴.

....

8. 그녀를 좀 보렴. 무슨 일이 그녀에게 일어났니?

....

Unit 21 GRAMMAR

Noun & Preposition
명사와 전치사의 어울림

FOCUS 명사와 전치사의 활용

너와 함께 할래

"명사와 전치사의 어울림(Noun & Preposition)"
명사는 특정한 전치사를 수반하여 쓰인다. 이러한 쓰임은 평소 학습자가 눈여겨 볼 사항이다. 구체적으로 적용되는 법칙은 없으며 숙어로 학습할 수 있도록 해야 한다. 어떤 명사들은 형용사형이나 동사형과 같은 전치사를 갖기도 한다. 또한 특정한 명사는 of+-ing형을 받으나 to 부정사는 불가한 경우도 있다. 각각의 쓰임은 아래의 예문을 통해서 하나하나 확인해 보자.

Examples

1. The **advantage of** living in the city is that we can see many wonderful things.

해 석 도시에 사는 장점은 볼만한 것이 많다는 것이다.

Point many+복수명사

Voca advantage 장점 live 살다 city 도시 see-saw-seen 보다 wonderful 굉장한 things 사물

2. She supports a **ban on** smoking in the library.

해 석 그녀는 도서관에서의 흡연금지를 지지한다.

Point 타동사 ban은 전치사를 사용하지 않으나 명사로 쓰인 경우 on 사용한다.

Voca support 부양하다, 지지하다 ban 금지, 금지하다 smoking 흡연 library 도서관

3. There will be an **argument about** it.

해 석 그것에 대한 논쟁이 있을 거야.

Point There+v+s 존재구문

Voca argument 논쟁 about ~에 대하여

4. His **description of** the actor was interesting.

해 석 그 배우에 대한 그의 묘사는 흥미로웠다.

Point 타동사 describe는 전치사를 사용하지 않으나 명사인 경우 of 함께 쓰여 속성을 나타낸다.

Voca description 묘사 actor 배우 interesting 흥미로운

5. She has a **reputation for** being an intelligent singer.

해 석 그녀는 지적인 가수로 명성을 얻고 있다.

Point for가 전치사로 뒤에 동명사가 온다.

Voca reputation 명성 intelligent 지적인 singer 가수

6. She had the **habit of** speaking ill of others.

해 석 그녀는 다른 사람을 헐뜯는 습관이 있었다.

Point 명사 뒤에 of는 가능하나 to 부정사는 불가한 경우로 the habit to speak(X). effect, problem, risk, sign 도 마찬가지다.

Voca habit 습관 speak ill of 헐뜯다 others 다른 사람들

7. The cashier had an **argument with** the customer about the stolen money.

해 석 계산원은 없어진 돈에 대하여 손님과 언쟁을 벌였다.

Point have an argument with ~와 언쟁을 벌이다

Voca cashier 계산원 customer 고객 stolen 분실된, 도난당한

8. What's the **chance to go** abroad when you have enough money?

해 석 당신이 충분한 돈을 가지고 있을 때 해외로 나갈 가능성은?

Point 내용상 명사 다음에 to **부정사가 어울린다**.

Voca chance 기회 go abroad 해외로 나가다 enough 충분한

9. I have a good **relationship with** my sisters.

해 석 나는 누나들과 관계가 좋다.

Point have a good relationship with ~와 좋은 관계이다.

Voca relationship 관계 sister 누나 relationship with ~와의 관계

10. There seemed to be a **connection between** the rumor and the death of him.

해 석 그의 죽음은 그 소문과 관련이 있다.

Voca connection 관련 seem ~처럼 보이다 between ~사이에 death 죽음

11. What was his **reaction to** the scandal?

해 석 스캔들에 대한 그의 반응은 어땠니?

Voca reaction to ~에 대한 반응 scandal 추문

12. I stay **in contact with** many of my ex-students.

해 석 내가 가르친 많은 제자들과 꾸준히 연락하며 지낸다.

Voca in contact with ~연락하고 지내는 many 많은 ex- 이전의

13. We can find a **solution to** the problem.

해 석 우리는 문제에 대한 해결책을 찾을 수 있다.

Voca solution to ~에 대한 해결책 find–found–found 찾다

14. Next week we are going to have a **discussion about** her resignation.

해 석 우리는 다음주 그녀의 사직에 대해 논의할 것입니다.

Voca discussion about ~에 대한 논의 next week 다음주 be going to+v ~할 예정이다 resignation 사임

15. I expressed my **admiration for** his perfect solution to the problem.

해 석 나는 그 문제에 대한 그의 완벽한 해결책에 찬사를 표현했다.

Voca admiration for ~에 대한 찬사 perfect 완벽한 solution to ~에 대한 해결책

전치사를 수반하는 명사

advantage of	decrease in	opportunity for
advice about/on	demand for	payment for
agreement about(something)	departure from	price of
agreement with(someone)	depend on	pride in
alternative to	disadvantage of	protection from
apology for	discussion about(something)	punishment for
application for	dream about/of	reaction to
arrival at/in	escape from	recovery from
attack on	effect on	reference to
ban on	excuse for	relationship between/with
belief in	failure at/in/of	reply to
blame for	hesitation in	resignation from

choice of	improvement in/on	respect for
communication with	influence on	responsibility for
comparison with/between	information about/on	result of
comparison between/for	interest in	search for
complain about	interview with	solution to
criticism of	lack of	talent for
danger of	need for	tax on
debate on/about	objection to	warning against/about
decision on/about	opinion about/of	worry about

Grammar Review

다음 표현의 의미를 쓰시오.

advantage of		hesitation in	
advice about/on		improvement in/on	
agreement about (something)		influence on	
agreement with (someone)		information about/on	
alternative to		interest in	
apology for		interview with	
arrival at/in		lack of	
attack on		need for	
ban on		objection to	
belief in		opinion about/of	
blame for		opportunity for	
choice of		payment for	
communication with		price of	
comparison with/between		pride in	
comparison between/for		protection from	
complain about		punishment for	
criticism of		reaction to	
danger of		recovery from	
debate on/about		reference to	
decision on/about		relationship between/with	
decrease in		reply to	
demand for		resignation from	
departure from		respect for	
depend on		responsibility for	
disadvantage of		result of	
discussion about(something)		search for	
dream about/of		solution to	
escape from		talent for	
effect on		tax on	
excuse for		warning against/about	
failure at/in/of		worry about	

주어진 문장을 영작하시오.

1. 도시에 사는 장점은 볼만한 것이 많다는 것이다. *advantage 이익, 이점

2. 그녀는 도서관에서 흡연금지를 지지한다. *support 지지하다

3. 그것에 대한 논쟁이 있을 거야. *argument 논쟁

4. 그 배우에 대한 그의 묘사는 흥미로웠다. *description 묘사

5. 그녀는 지적인 가수로 명성을 얻고 있다. *reputation 명성

6. 그녀는 다른 사람들을 헐뜯는 습관이 있었다. *speak ill of ~을 헐뜯다

7. 계산원은 없어진 돈에 대하여 손님과 언쟁을 벌였다. *customer 손님

8. 너는 충분한 돈이 있을 때 해외로 나갈 가능성이 있니? *go abroad 해외로 나가다

9. 나는 누나들과 관계가 좋다. *relationship 관계

10. 그의 죽음은 그 소문과 관련이 있는 것 같다. *connection 관련

Unit 22
GRAMMAR

Adjectives followed by prepositions
형용사와 전치사의 어울림

FOCUS 특정한 전치사를 수반하는 형용사

너와 어울리고 싶어

"형용사와 전치사의 어울림(Adjectives followed by prepositions)"
어떤 형용사들은 특정한 전치사를 수반하여 하나의 의미를 만든다. 특정한 규칙이 따로 있는 것이 아니기 때문에 학습자들은 평소 독해자료나 어휘학습을 할 때 눈여겨보자. 형용사는 문장의미에 다양한 색깔을 주기 때문에 그와 어울리는 전치사의 학습은 꼭 필요하다. Unit18, 19, 20과 마찬가지로 자주 보면서 익숙해지도록 하자.

Examples

1. She **is worried about** not arriving on time.

해 석 그녀는 정각에 도착하지 못할까 걱정하고 있다.

Voca be worried about ~에 대해 걱정하다 arrive 도착하다 on time 정각에
[참고] in time 시간 안에

2. My son **is used to** getting up early.

해 석 아들은 일찍 일어나는 것에 익숙하다.

Point be used+to 동명사 ~에 익숙하다

Voca get up 일어나다 early 일찍

More study

s+used+v ~하곤 했다로 '과거의 습관이나 상태' vs s+be used to+-ing '~에 익숙하다'

I used to go to church. But I don't go any more.

해 석 | 나는 교회에 나가곤 했지만 지금은 더 이상 나가지 않는다.

Point | used to '~하곤 했다'로 used to는 조동사이다.

Voca not ~ any more 더 이상 ~하지 않다

3. He **is tired of** eating at that restaurant.

해 석 그는 그 음식점에서 식사하는 것을 싫증내한다.

Point be tired of ~을 싫증내하다

Voca eat-ate-eaten 먹다 restaurant 식당

4. Professor Moon **was successful in** teaching English at university.

해 석 문 교수님은 대학에서 영어를 가르치는 일에 성공하셨다.

Point be successful in ~에 성공하다

Voca at university 대학에서

5. My son will **be proud of** my latest book when he grows up.

해 석 내 아들이 자라면 나의 최근에 책에 대해 자랑스러워할 것이다.

Point be proud of ~을 자랑스러워하다

Voca grow up 자라다

6. We **were impressed by** the lecture he gave at university.

해 석 우리는 대학에서 그의 강의에 감동받았다.

Point be impressed by/with ~에 감동받다

Voca lecture 강의

7. My house **is full of** books.

해 석 내 집은 책으로 가득 차 있다.

Point be full of ~로 가득 차다

8. I **am** so **confused about** the result.

해 석 나는 결과에 매우 혼란스러워 하고 있다.

Point be confused about ~에 혼란스러워 하다

Voca result 결과

9. My father will **be disappointed with** my ambition.

해 석 아빠는 내 야망에 실망하실지도 몰라.

Point be disappointed with ~에 실망하다

Voca ambition 야망

10. We **were exhausted from** the trip.

해 석 우리는 여행으로 지쳤다.

Point be exhausted from ~로 지치다

Voca trip 여행

11. I don't think that he **is innocent of** the crime which happened last year.

해 석 나는 작년에 일어난 사건에서 그가 결백하다고 생각하지 않는다.

Point be innocent of ~에 결백하다 죄가 없다

Voca crime 범죄 happen 발생하다 last year 작년

12. Korea **is known for** its long history.

해 석 한국은 긴 역사로 알려져 있다.

Point be known for ~로 알려져 있다

Voca history 역사

13. Parents **are responsible for** their children's education.

해 석 부모들은 자녀의 교육에 책임이 있다.

Point be responsible for ~에 대해 책임이 있다

Voca children 아이들 education 교육

14. She **was married to** an honest man.

해 석 그녀는 정직한 사람과 결혼했다.

Point be married to ~와 결혼하다

Voca honest 정직한

15. I **am good at** playing the piano.

해 석 나는 피아노를 잘 친다.

Point be good at ~에 능숙하다

16. Water **is composed of** oxygen and hydrogen.

해 석 물은 산소와 수소로 구성되어 있다.

Point be composed of ~로 구성되다

Voca oxygen 산소 hydrogen 수소

17. She **is afraid of** dogs.

해 석 그녀는 개를 두려워한다.

Point be afraid of ~을 두려워하다 dogs는 종족을 일반화시킨 형태

18. He **is bad at** swimming.

해 석 그는 수영을 잘못한다.

Point be bad at ~을 잘못하다

Voca swimming 수영

19. I **was happy about** the result of the exam.

해 석 나는 시험 결과에 행복했다.

Point be happy about = be happy with ~에 행복해 하다

Voca result 결과 exam 시험

20. I **am sorry about** spilling milk on your shoes.

해 석 당신 신발에 우유를 엎질러 미안합니다.

Point be sorry about ~에 대해 미안하다

Voca spill–spilled/spilt–spilled/spilt 엎지르다

전치사를 수반하는 형용사

accustomed to	familiar with(something)	right about
addicted to	famous for	rude to
angry about (something)	frightened of	satisfied with
annoyed about (something)	generous to	scared of
annoyed with (someone)	good at (something)	sensitive to
anxious about	good for/to (someone)	similar to
ashamed of	independent of	skilled at/in
bored with	interested in	sorry about (something)
busy with	involved with (someone)	sorry for (someone)
confident about	involved in (something)	successful at/in
crazy about	married to	suspicious of
crowded with	necessary for	terrible at
dependent on	occupied with	terrified of

different from	polite to	tired of
disappointed with(someone)	ready for	useless at
engaged to	related to	worried about
familiar to (someone)	responsible for/to	wrong about

Grammar Review

다음 각 문장의 해석 부분을 참고하여 빈칸에 알맞은 표현을 쓰시오.

1. She ( ) not arriving on time.
   해 석 | 그녀는 정각에 도착하지 못할까 걱정하고 있다.

2. My son ( ) getting up early.
   해 석 | 아들은 일찍 일어나는 것에 익숙하다.

3. He ( ) eating at that restaurant.
   해 석 | 그는 그 음식점에서 식사하는 것에 싫증내한다.

4. Professor Moon ( ) teaching English at university.
   해 석 | 문 교수님은 대학에서 영어를 가르치는 일에 성공하셨다.

5. My son will ( ) my latest book if he grows up.
   해 석 | 내 아들이 성장하면 나의 최근에 책에 대해 자랑스러워할 것이다.

6. We ( ) the lecture he gave at university.
   해 석 | 우리는 대학에서 그가 하는 강의에 감동받았다.

7. My house ( ) books.
   해 석 | 내 집은 책으로 가득 차 있다.

8. I ( ) the result.
   해 석 | 나는 결과에 매우 혼란스러워 하고 있다.

9. My father will ( ) my ambition.
   해 석 | 아빠는 내 야망에 실망하질지도 몰라.

10. We (   ) the trip.
    해 석 | 우리는 여행으로 지쳤다.

11. I don't think that he (   ) the crime which happened last year.
    해 석 | 나는 작년에 일어난 사건에서 그가 결백하다고 생각하지 않는다.

12. Korea (   ) its long history.
    해 석 | 한국은 긴 역사로 알려져 있다.

13. Parents (   ) their children's education.
    해 석 | 부모들은 자녀 교육에 책임이 있다.

14. She (   ) an honest man.
    해 석 | 그녀는 정직한 사람과 결혼했다.

15. I (   ) playing the piano.
    해 석 | 나는 피아노를 잘 친다.

16. Water (   ) oxygen and hydrogen.
    해 석 | 물은 산소와 수소로 구성되어 있다.

17. She (   ) dogs.
    해 석 | 그녀는 개를 두려워한다.

18. He (   ) swimming.
    해 석 | 그는 수영을 잘못한다.

19. I (   ) the result of the exam.
    해 석 | 나는 시험 결과에 행복했다.

20. I (   ) spilling milk on your shoes.
    해 석 | 당신 신발에 우유를 엎질러 미안합니다.

다음 빈칸에 알맞은 전치사를 쓰시오.

- accustomed (   )
- addicted (   )
- angry (   ) (something)
- annoyed (   ) (something)
- annoyed (   ) (someone)
- anxious (   )
- ashamed (   )
- bored (   )
- busy (   )
- confident (   )
- crazy (   )
- crowded (   )
- dependent (   )

- familiar (   ) (something)
- famous (   )
- frightened (   )
- generous (   )
- good (   ) (something)
- good (   ) (someone)
- independent (   )
- interested (   )
- involved (   ) (someone)
- involved (   ) (something)
- married (   )
- necessary (   )
- occupied (   )

- right (   )
- rude (   )
- satisfied (   )
- scared (   )
- sensitive (   )
- similar (   )
- skilled (   )
- sorry (   ) (something)
- sorry (   ) (someone)
- successful (   )
- suspicious (   )
- terrible (   )
- terrified (   )

Unit 23
GRAMMAR

Natural way to say
자연스러운 문장 만들기

FOCUS 어울리는 단어

좀 더 자연스럽게!

"자연스러운 문장 만들기(Natural way to say)"
문장을 구성하는 데 있어 적절한 단어사용은 매우 중요하다. 영어학습자는 문법을 통해 전반적으로 영어뼈대를 세우고 적절한 어휘를 사용해서 효과적으로 생각을 전달할 수 있어야 한다. 비록 외국인이 이해한다고 하더라도 올바르지 못한 어휘사용은 감점요인이 될 수 있기 때문이다. 굳이 약점이 잡힐 필요는 없지 않은가? 이번 Unit에서는 이러한 점에 주안점을 두고 필수표현을 하나하나 파악해 보도록 한다.

Examples

1. It was a cold evening and she couldn't **start** her car.

해석 날씨가 추운 저녁에 그녀는 시동을 걸 수가 없었다.

Point *Not* ~~It was a cold evening and she couldn't begin her car.~~

2. We **have a** very **good relationship.**

해석 우리는 매우 사이가 좋아.

Point have a good relationship 사이가 좋다

Not ~~We have a very good relation.~~

3. He doesn't **have an access to** that kind of secret information.

해 석 그는 그런 종류의 비밀정보에 접근할 수 없다.

Point have an access ~에 접근하다

4. The chairperson **closed the meeting** at 5:00.

해 석 의장은 5시에 회의를 끝냈다.

Point *Not* ~~The chairperson shut the meeting at 5:00~~.

5. He has always **been under the shadow of** his super-intelligent brother.

해 석 그는 항상 매우 지적인 동생보다 눈에 띄지 않는다.

Point be under the shadow of ~보다 눈에 띄지 않다, ~의 보호아래 있다

6. We had **a brief chat** about the rumor.

해 석 소문에 대해 잠시 얘기를 나누었다.

Point a brief chat 짧은 대화

Voca rummer 소문

7. Unemployment is **a major problem** for the government at the moment.

해 석 실직은 현 정부에 큰 문제이다.

Point a major problem 주요 문제

Voca government 정부 at the moment 현재, 지금

8. She **pulled steadily** the rope.

해 석 그녀는 끊임없이 줄을 잡아 당겼다.

Point pull steadily 꾸준히 잡아당기다

Voca rope 밧줄

9. I **am fully aware** that there are serious problems.

해 석 심각한 문제가 있는지 충분히 알고 있다.

Point be fully aware that ~을 충분히 알다

Voca serious 심각한

10. I'm going to move house and the children will have to **change schools**.

해 석 나는 이사 갈 예정이라 아이들은 학교를 옮겨야 한다.

Point *Not* ~~change house~~

[비교] change jobs/school/doctors

11. I'll **have a think** and let you know.

해 석 한 번 생각해보고 당신에게 말할게요.

Point have a think 생각하다

12. It is **highly unlikely** that she will finish on time.

해 석 그녀가 정시에 끝마칠 것 같지 않다.

Point highly unlikely ~할 것 같지 않은

13. The whole building was **utterly devastated** after the fire.

해 석 모든 건물은 화재로 완전히 황폐화되었다.

Point utterly devastated 완전히 황폐화된

14. He was **bitterly disappointed** when he failed the exam.

해 석 시험에 실패를 했을 때 그는 매우 실망했다.

Point bitterly disappointed 매우 실망한

15. I would **strongly recommend** that you meet her.

해 석 그녀를 만나보기를 강력히 권합니다.

Point strongly recommend 강력히 권하다

16. It was an **absolutely stupid** comment.

해 석 그 것은 정말 어리석은 논평이었다.

Point absolutely stupid 매우 어리석은

17. He will have to **make a choice** between his family and his career.

해 석 그는 가족과 직업 사이에 선택을 해야 할 것이다.

Point make a choice 선택을 하다

18. I **had a baby**.

해 석 나는 아이를 낳았다.

Point *Not* ~~I got a baby~~.

19. The girl was able to **make** new **friends**.

해 석 그 소녀는 새로운 친구를 사귈 수 있었다.

Point make friends 친구를 사귀다

20. Everyone **fell silent** when they heard the shocking news.

해 석 놀라운 소식을 듣고 아무 말이 없었다.

Point fall silent 침묵하다

21. I would like to **become involved in** raising money for charity.

해 석 나는 자선사업을 하는데 있어 돈을 모으는 것을 하고 싶다.

Point become involved in ~에 몰두하다, 관여하다

Not ~~I would like to become involved in growing money for charity~~.

22. The pages of Grammar Free Zone will **go yellow** over the years.

해 석 Grammar Free Zone 페이지는 시간이 흐름에 따라 노랗게 될 것이다.

Point go+형용사 ~하게 되다(상태변화)

23. I was very embarrassed and my face **went white.**

해 석 나는 당황해서 창백해졌다.

Point go+형용사로 상태 변화를 나타낸다.

Voca embarrassed 당황한 face 얼굴

24. The storm **did some damage to** the rice crop.

해 석 폭풍우로 인해 벼 농작물 일부가 피해를 입었다.

Point do some damage to 피해를 주다

25. The cashier has **made a mistake** in our bill.

해 석 계산원이 실수를 했다.

Point make a mistake 실수하다

26. She is really **making an effort** with her history this term.

해 석 그녀는 이번학기에 역사과목에 노력하고 있다.

Point make an effort 노력하다

27. He **made a considerable contribution to** the matter.

해 석 그는 그 문제에 대해 상당한 공헌을 했다.

Point make a contribution to ~에 공헌하다

28. We **spent two days doing** this.

해 석 우리는 이것을 하는데 이 틀을 보냈다.

Point spend+시간+-ing ~하는데 시간을 보내다

29. I always **carry** my mobile phone whenever I go out.

해 석 나는 나갈 때마다 휴대폰을 가지고 다닌다.

Point *Not* ~~I always wear my mobile phone whenever I go out~~.

Voca carry 운반하다, 가지고 다니다 whenever ~할 때마다

30. My mobile phone **needs charging/to be charged.**

해 석 휴대폰을 충전해야 해.

Point *Not* ~~My mobile phone needs loading/to be loaded~~.

사물주어+need+-ing/사물주어+need+to be p.p

31. **Smoking** is **strictly** forbidden.(more natural)

해 석 흡연은 엄격히 금지되어 있다.

Point Smoking is strongly forbidden.(natural)

Voca Smoking 흡연 strictly 엄격히 forbid 금지하다

32. I gave her **a** very useful **piece of** advice.

해 석 나는 그녀에게 매우 유용한 충고를 했다.

Point a piece of advice 충고

Voca give-gave-given useful 유용한 advice 충고

33. We must **pay attention to** the teacher.

해 석 우리는 선생님께 주의를 기울여야 한다.

Point pay attention to ~에 집중하다, 주의를 기울이다

34. We **had an argument** how to fix the house.

해 석 우리는 집을 어떻게 고칠까를 두고 논쟁했다.

Point have an argument 논쟁하다

Voca argument 논쟁 fix 고치다

35. She **had an accident** last night but she's o.k.

해 석 그녀는 어제 밤에 교통사고가 났지만 지금은 괜찮다.

Point have an accident 교통사고가 나다

Voca accident 교통사고 last night 지난밤

36. The **standard of living** is **rising/improving** steadily.

해 석 삶의 수준이 지속적으로 향상되고 있다.

Point standard of living 삶의 수준

Not ~~The standard of living is growing/increasing steadily~~.

37. The accommodations near the beach are very popular and get **fully booked** during the holiday.

해 석 해변의 숙박시설은 인기가 좋아 휴가기간에는 모두다 예약이 찬다.

Point fully booked 모두 예약된

Voca accommodations 숙박시설 near ~가까이 popular 인기 있는 book 예약하다

38. I had to look for **budget** accommodation.

해 석 나는 값싼 숙박시설을 찾아야 했다.

Point budget = very cheap

Voca have to-had to

39. Her parents were **in floods of** tears.

해 석 그녀의 부모님은 많은 눈물을 흘리셨다.

Point = Her parents were crying a lot.

Voca floods of tears 눈물바다

40. I am planning to live in America but I might **change my mind.**

해 석 나는 미국에서 살 계획이지만 마음이 변할 수도 있어.

Point change one's mind 마음을 바꾸다

Not ~~I might exchange my mind~~.

Voca plan 계획하다 might ~일지도 모른다 change 바꾸다 mind 마음

41. I work long hours to **provide for** my family.

해 석 나는 가족을 부양하기 위해 장시간 일한다.

Point provide for = to earn enough money to support

Voca provide 제공하다 family 가족

42. She is **expecting a baby.**

해 석 그녀는 임신 중이야.

Point expect a baby 임신 중이다

Voca expect 예기하다, 기대하다 **〈구어〉 출산 예정이다**

43. I don't have **close/immediate family.**

해 석 나는 가까운 친척이 없다.

Point close/immediate family 가까운 친척

44. She is **a distant cousin** of mine. she is not a blood relative.

해 석 그녀는 나의 먼 사촌이야. 가까운 혈족은 아니지.

Point distant cousin 먼 사촌 a blood relative 혈족

45. Poverty **breeds** crime. (more natural)

해 석 가난은 범죄를 일으킨다.

Point = Poverty causes crime.

Voca breed ~을 일으키다 ~의 요인이 되다

46. You must **keep in contact with** her when the course ends.

해 석 과정이 끝날 때까지 그녀와 접촉해야한다.

Point keep in contact with ~와 접촉하다

47. She **has suffered from** asthma all her life.

해 석 그녀는 태어나서 줄곧 천식으로 고통 받고 있다.

Point suffer from ~로 고통받다

Voca asthma 천식

48. On the web you can **access information** on any subject you want to.

해 석 웹에서 당신이 원하는 어떠한 주제에 대해서도 접근할 수 있다.

Point access가 동사로 다음에 명사를 바로 받는다.

[비교] access to+명사

49. It **runs in her family.**

해 석 그것은 가족 유전이다.

Point run in one's family 유전하다

50. I have **a splitting headache.**

해 석 머리가 쪼개질 듯 아프다.

Point have a splitting headache 쪼개질 듯한 머리 통증이 있다

51. My poor friend is **terminally ill.**

해 석 나의 불쌍한 친구가 위독하다.

Point terminally ill 위독한

52. I have to **take an exam** in math at the end of term.

해 석 나는 학기가 끝날 무렵 시험을 봐야 한다.

Point have to ~해야 한다, take an exam 시험을 보다, at the end of ~의 끝에

53. Do you **have experience in** sales?

해 석 영업에 경험이 있나요?

Point have experience in ~에 경험이 있다

54. This company can offer you **job satisfaction** and **generous benefits.**

해 석 이 회사는 직업만족과 후한 혜택을 줄 수 있어요.

Voca offer 제공하다 job satisfaction 직업 만족 generous 후한 benefit 혜택

55. We **took on staff** and expanded.

해 석 우리는 직원을 더 두고 확장했다.

Point take on staff 직원을 확충하다

Voca staff 직원 expand 확장하다

56. What's **the secret of** your success?

해 석 당신 성공비법은 무엇이나요?

Point secret of success 성공비법

57. The company **has gone out of business.**

해 석 회사는 파산했다.

Point go out of business 파산하다

58. He published the result of his **groundbreaking research** on linguistics.

해 석 그는 언어학에 있어 창시적인 연구 결과를 출판했다.

Point groundbreaking research

Voca publish 출판하다 result 결과 groundbreaking 창시적인 research 연구

59. The scholar **touched on issues** such as pollution.

해 석 그 학자는 오염에 대해 언급했다.

Point touch on issue ~에 대해 언급하다

Voca scholar 학자 such as ~와 같은 pollution 오염

60. We don't have to **take it into consideration.**

해 석 우리는 그것을 고려할 필요가 없다.

Point take into consideration ~을 고려하다

61. These statistics **lend support to** the view that unemployment is inevitable.

해 석 이러한 통계는 실업상태가 피할 수 없는 거란 견해를 뒷받침하고 있다.

Point lend support to ~을 지지하다, 성원하다

Voca statistics 통계 support+지지 view 견해 unemployment 실업 inevitable 피할 수 없는

62. People should **obey the law.**

해 석 사람들은 법을 지켜야 한다.

Point obey the law = observe the law 법을 지키다

63. The police are the men who **enforce the law** by arresting lawbreakers.

해 석 경찰관은 범법자를 체포함으로서 법을 집행하는 사람들이다.

Point enforce the law = uphold the law

Voca | arrest 체포하다 lawbreaker 범법자

64. All murderers should **be severely punished.**

해 석 모든 살인자들은 엄격히 처벌받아야 한다.

Point | be severely punished 엄중히 처벌받다

Voca | murderer 살인자 severely 엄격히, 엄중히 punish 처벌하다

65. The defendant will have to **face the death penalty.**

해 석 피고는 사형을 받아야 할 것이다.

Point | face the death penalty 사형을 받다

Voca | defendant 피고 face 직면하다 death penalty 사형

66. We need a very good lawyer to **win our case.**

해 석 승소하기 위해 훌륭한 변호사가 필요하다.

Point | win a case 소송에 이기다

Voca | case 소송

67. He was out of the country when the **story** about his past **broke.**

해 석 그의 과거 이야기가 나오자 국외로 나갔다.

Point | a story breaks 말이 나오다

Voca | out of the country 국외로

68. I **flicked through the newspaper** as I didn't have enough time.

해 석 나는 충분한 시간이 없었기에 신문을 훑어보았다.

Point | flick through the newspaper 신문을 훑어보다

Voca | flick 훑어보다 enough 충분한

69. The government thinks they can solve the economic slump by **throwing money at** it.

해 석 정부는 경기침체를 해결하기 위해 필요이상의 돈으로 문제를 해결할 수 있다고 생각한다.

Point throw money at = spend a lot of money than necessary

70. 300 Korean soldiers will be sent in to **restore order** after the uprising.

해 석 300명의 한국군인 들이 폭동 후 질서를 재건하기 위해 파견될 것이다.

Voca soldier 군인 restore 되찾다 uprising 폭동, 반란

71. We must help these people to **lift** them **out of poverty**.

해 석 우리는 그들이 가난에서 벗어날 수 있도록 도와야 한다.

Point lift ~ out of poverty ~을 가난에서 벗어나도록 하다

Voca poverty 가난

72. What do you like to do in your **free/spare time**?

해 석 자유시간에 무엇을 하고 싶니?

Point free/spare time 자유시간

73. We **had a good/great time** to be with you.

해 석 우리는 당신과 함께해서 좋은 시간을 보냈어요.

Point have a good/great time 좋은 시간을 보내다

Not ~~We spent a great time with you.~~

74. She has such a **shrill voice**. We can't listen to her for long.

해 석 그녀는 날카로운 목소리를 가지고 있다. 그녀에게 오랫동안 집중할 수 없다.

Point shrill voice 날카로운 목소리 listen to 집중하다

75. The hotel is **a considerable distance** from the beach.

해 석 그 호텔은 해변에서 꽤 많이 떨어져 있다.

Point a considerable distance = quite a long way 꽤 멀리 떨어 진 거리

76. We should **find a way** to help him.

해 석 우리는 그를 도울 방법을 찾아야 한다.

Point find a way 방법을 찾다

77. I hope the sea will be **smooth** today.

해 석 오늘은 바다가 좀 잠잠하면 좋겠다.

Point smooth ≠ choppy, rough

78. His cruel remarks **left an unpleasant taste** in our mouth.

해 석 그의 신랄한 비평은 나쁜 기억을 주었다.

Point leave an unpleasant taste in one's mouth = leave an unpleasant memory

Voca cruel 잔인한, 신랄한 remark 논평, 비평, 말

79. The **increase in the number of** homeless people is worrying.

해 석 홈리스족의 증가는 걱정스럽다.

Point an increase in the number of ≠ a decline/drop in number of

Voca increase 증가 homeless people 집 없는 사람들

80. The internet has **revolutionized the way** people do research.

해 석 인터넷은 사람들이 연구하는 방식에 급격한 변화를 야기하고 있다.

Point revolutionize the way ~한 방식에 급격한 변화를 야기하다

81. We've decided to **adopt a new approach to** the language teaching.

해 석 우리는 언어교수에 새로운 접근을 채택하기로 결정했다.

Point adopt a new approach to 새로운 접근을 하다

82. **Give** him **a ring** when you get there.

해 석 거기에 도착하면 그에게 전화하렴.

Voca give-gave-given 주다

83. A **portly** man opened the door.

해 석 뚱뚱한 남자가 문을 열었다.

Point portly = fat

84. A number of problems **arose** in class.

해 석 수업 중에 많은 문제가 일어났다.

Point *Not* ~~A number of problems appeared in class.~~

Voca a number of 많은

85. My two sons are all **well-built.**

해 석 내 두 아들은 모두 체격이 좋다.

Point well-built 체격이 좋은

86. She finds it difficult to **get into conversation** with new people.

해 석 그녀는 새로운 사람들과 대화를 하는데 어려움을 느낀다.

Point get/enter/fall into conversation 대화를 시작하다

It(가목적어) to~(진목적어) : 간단(simple)+복잡(complex)

87. It's **an easy walk** into town from here.

해 석 여기에서 시내까지는 가깝다.

Point an easy walk = a gentle walk

88. He **picked her way cautiously** along the icy pavement.

해 석 그는 빙판 진 길을 따라 조심스럽게 걸었다.

Point pick one's way cautiously 조심스럽게 걷다

89. This year has seen **a dramatic improvement** in his English.

해 석 올해 그의 영어는 대단한 향상을 보였다.

Point a dramatic improvement 대단한 향상

90. The event **brought about the downfall** of the government.

해 석 그 사건은 정부몰락을 가져왔다.

Point bring about the downfall/collapse 붕괴를 가져오다

91. I **go along with** your view that crime **is related** to poverty.

해 석 나는 범죄가 가난과 관련되어 있다는 너의 견해에 찬성한다.

Point go along with an idea ~에 찬성하다 be related to ~와 관련되다

92. I **entirely agree** with you.

해 석 나는 전적으로 너에게 동의한다.

Point entirely agree 전적으로 동의하다

93. Contrary to **popular belief**, it is not true that men are better drivers than women.

해 석 통속적인 생각과는 달리 남자들이 여자들 보다 운전을 더 잘한다는 것은 사실이 아니다.

Point popular belief 통속적인 믿음

94. The actor has **denied all the rumors** about his affair.

해 석 그 배우는 애정행각에 대한 모든 소문을 부정했다.

Point deny a rumor 소문을 부정하다

95. I have a **strong preference** for poems rather than novels.

해 석 나는 소설보다 시를 더 많이 좋아한다.

Point strong preference 훨씬 더 좋아함

Voca preference 선호 poem 시 novel 소설

Grammar Review

다음 문장을 번역하시오. 1-40

1. It was a cold evening and she couldn't **start** her car.

2. We **have a** very **good relationship**.

3. He doesn't **have an access** to that kind of secret information.

4. The chairperson **closed** the meeting at 5:00.

5. He has always **been under the shadow of** his super-intelligent brother.

6. We had **a brief chat** about the rumor.

7. Unemployment is **a major problem** for the government at the moment.

8. She **pulled steadily** the rope.

9. I am fully **aware** that there are serious problems.

10. I'm going to **move house** and the children will have to **change** schools.

11. I'll **have a think** and let you know.

12. It is **highly unlikely** that she will finish on time.

13. The whole building was **utterly devastated** after the fire.

14. He was **bitterly disappointed** when he failed the exam.

15. I would **strongly recommend** that you meet her.

16. It was an **absolutely stupid** comment.

17. He will have to **make a choice** between his family and his career.

18. I **had** a baby.

19. The girl was able to **make** new **friends**.

20. Everyone **fell silent** when they heard the shocking news.

21. I would like to **become involved in** raising money for charity.

22. The pages of Grammar Free Zone will **go yellow** over the years.

23. I was very embarrassed and my face **went white**.

24. The storm did **some damage to** the rice crop.

25. The cashier **has made a mistake** in our bill.

26. She **is** really **making an effort** with her history this term.

27. He **made a** considerable **contribution to** the matter.

28. We **spent** two days do**ing** this.

29. I always **carry** my mobile phone whenever I go out.

30. My mobile phone needs charging/to be charged.

31. **Smoking** is **strictly** forbidden.

32. I gave her **a** very useful **piece of advice**.

33. We must **pay attention to** the teacher.

34. We **had an argument** how to fix the house.

35. She **had an accident** last night but she's o.k.

36. The **standard of living** is **rising/improving** steadily.

37. The accommodations near the beach are very popular and get **fully booked** during the holiday.

38. I had to look for **budget** accommodation.

39. Her parents were in floods of **tears**.

40. I am planning to live in America but I might **change my mind**.

부록 ❶ 불규칙동사(Irregular verbs)

원 형	과거형	과거분사형	원 형	과거형	과거분사형
arise	arose	arisen	dwell	dwelt	dwelt
awake	awoke	awoken	eat	ate	eaten
be	was/were	been	fall	fell	fallen
bear	bore	borne	feed	fed	fed
beat	beat	beaten	feel	felt	felt
become	became	become	fight	fought	fought
begin	began	begun	find	found	found
bend	bent	bent	fit	fit	fit
bet	bet	bet	flee	fled	fled
bind	bound	bound	fling	flung	flung
bite	bit	bitten	fly	flew	flown
bleed	bled	bled	forbid	forbade	forbidden
blow	blew	blown	forecast	forecast	forecast
break	broke	broken	forget	forgot	forgotten
bring	brought	brought	forgive	forgave	forgiven
broadcast	broadcast	broadcast	freeze	froze	frozen
build	built	built	get	got	got/gotten
burn	burnt	burnt	give	gave	given
burst	burst	burst	go	went	gone
buy	bought	bought	grow	grew	grown
cast	cast	cast	hang	hung	hung
catch	caught	caught	have	had	had
choose	chose	chosen	hear	heard	heard
cling	clung	clung	hide	hid	hidden
come	came	come	hit	hit	hit
cost	cost	cost	hold	held	held
creep	crept	crept	hurt	hurt	hurt
cut	cut	cut	keep	kept	kept
deal	dealt	dealt	kneel	knelt	knelt
dig	dug	dug	knit	knit	knit
dive	dived	dived	know	knew	known
do	did	done	lay	laid	laid
draw	drew	drawn	lead	led	led
dream	dreamt	dreamt	lean	leant	leant
drink	drank	drunk	leap	leapt	leap
drive	drove	driven	learn	learnt	learnt

원 형	과거형	과거분사형	원 형	과거형	과거분사형
sow	sowed	sowed	leave	left	left
speak	spoke	spoken	lend	lent	lent
speed	sped	sped	let	let	let
spell	spelt	spelt	lie	lay	lain
spend	spent	spent	light	lit	lit
spill	spilt	spilt	lost	lost	lost
spin	spun	spun	make	made	made
spit	spat	spat	mean	meant	meant
split	split	split	meet	met	met
spoil	spoilt	spoilt	mow	mowed	mowed/mown
spread	spread	spread	pay	paid	paid
spring	sprang	sprung	put	put	put
stand	stood	stood	quit	quit	quit
steal	stole	stolen	read	read	read
stick	stuck	stuck	ride	rode	ridden
sting	stung	stung	ring	rang	rung
stink	stank	stunk	run	ran	run
strike	struck	struck	saw	sawed	sawn
swear	swore	sworn	say	said	said
sweep	swept	swept	see	saw	seen
swell	swelled	swollen	seek	sought	sought
swim	swam	swum	sell	sold	sold
swing	swung	swung	send	sent	sent
take	took	taken	set	set	set
teach	taught	taught	sew	sewed	sewn
tear	tore	torn	shake	shook	shaken
tell	told	told	shed	shed	shed
think	thought	thought	shine	shone	shone
throw	threw	thrown	show	showed	shown/showed
tread	trod	trodden	shrink	shrank	shrunk
understand	understood	understood	shut	shut	shut
wake	woke	woken	sing	sang	sung
wear	wore	worn	sink	sank	sunk
wet	wet	wet	sit	sat	sat
win	won	won	sleep	slept	slept
wind	wound	wound	slide	slid	slid
wring	wrung	wrung	sling	slung	slung
write	wrote	written	smell	smelt	smelt

부록 ❷ 스펠링 규칙(Spelling rules)

Verb+－ed/－ing(동사의 과거형/분사형)

most verbs	add－ed/ing	· open → opened · watch → watching
verbs ending in －e	add－d leave out the－e and add－ing	· erase → erased · erase → erasing
verbs ending in －ee	add－d/－ing	· agree → agreed · disagree → disagreeing
verbs ending in consonant+－y	change－y to－i and add－ed add－ing	· marry → married · try → trying
verbs ending in vowel+－y	add－ed/－ing	· stay → stayed · play → playing
verbs ending in one vowel+one consonant	double the final consonant and add－ed/－ing	· drop → dropped · begin → beginning
verbs ending in －ie	add－d change－ie to－y and －ing	· lie → lied · lie → lying · die → dying
verbs ending in one vowel+l	double the－l and add－ed/－ing	· travel → travelled · travel → travelling

Noun/Verb+－s(명사의 복수형/주어가 3인칭 단수 현재일 때 동사형)

most nouns/verbs	add－s or－es	· flower → flowers · watch → watches
nouns/verbs ending in consonant+－y	change－y to －i and add－es	· story → stories · study → studies
nouns/verbs ending in vowel+－y	add－s	· chimney → chimneys · monkey → monkeys
nouns/verbs ending in －o	add－s or －es	· potato → potatoes · go → goes
nouns ending in －f or －fe	add－s or change －f/－fe to －v and add －s or －es	· knife → knives · life → lives (예외) · safe → safes · roof → roofs

Irregular plural noun(불규칙 복수명사)

some plural nouns using vowel change	changing vowels	· man → men/ · tooth → teeth · woman → women · goose → geese · mouse → mice · foot → feet
some plural nouns	add-en	· ox → oxen · child → children
	pair noun	· glasses, shoes, trousers, scissors

Comparative and superlative adjectives(비교급/최상급 만들기)

most adjectives	add-er/-est	· young → younger → youngest
adjectives ending in -e	add-r/-st	· large → larger → largest
adjectives ending in -y	change-y to -i and add-er/-est	· happy → happier → happiest · early → earlier → earliest
adjectives ending in one vowel+one consonant	double the final consonant and add-er/-est	· big → bigger → biggest · thin → thinner → thinnest
more than two syllables	use more and most after -ful, -less, -ous, -ive, -ing	· famous → more famous → most famous · intelligent → more intelligent → most intelligent

Adverbs formed from adjectives(부사 만들기)

most adjectives	add-ly	· rapid → rapidly · careful → carefully
adjectives ending in -y	change-y to -i and add-ly	· easy → easily · heavy → heavily
adjectives ending in -le	leave out the -e and add -y	· possible → possibly · simple → simply
adjectives ending in -ic	add-ly or -ally	· public → publicly · tragic → tragically

부록 ❸ 용어정리(Language terminology)

abstract noun	추상명사
active	능동태
adjective	형용사
adverb	부사
adverb particle	부사적 분사
affirmative	긍정문
agent	행위자
article	관사
aspect	상
clause	절
comparative	비교급
complement	보어
compound	복합어
conditional	조건문
continuous	진행시제
contraction	축약형
definite article	정관사
direct object	직접목적어
determiner	한정사
emphasis	강조
frequency	빈도
future	미래
gerund	동명사
grammar	문법
imperative	명령문
infinitive	부정사
inversion	도치

irregular	불규칙
link verb	연결동사
main clause	주절
subordinate clause	종속절
negative	부정문
noun	명사
number	수
object	목적어
passive	수동태
past participle	과거분사
past perfect	과거완료
phrase	구
possessive	소유격
plural	복수
possessive pronoun	소유대명사
prefix	접두사
present perfect	현재완료
pronoun	대명사
question tag	부가의문문
reflexive pronoun	재귀대명사
relative clause	관계대명사
sentence	문장
singular	단수
subject	주어
superlative	최상급
tense	시제
verb	동사
verb phrase	구동사

부록 ❹ 동명사를 목적어로 취하는 동사(Verbs followed by gerunds)

admit	
advise	advise+목적어+to 부정사 형태를 취할 수 있다.
anticipate	
avoid	
can't bear	to 부정사도 목적어로 취할 수 있다.
complete	
consider	
continue	to 부정사도 목적어로 취할 수 있다.
delay	
deny	
discuss	
dislike	
enjoy	
finish	
forget	to 부정사도 목적어로 취할 수 있다.
hate	to 부정사도 목적어로 취할 수 있다.
can't help	
keep	
like	to 부정사도 목적어로 취할 수 있다.
love	to 부정사도 목적어로 취할 수 있다.
mention	
mind	
postpone	
practice	
prefer	to 부정사도 목적어로 취할 수 있다.
quit	
recall	
recollect	
recommend	recommend+목적어+to 부정사 형태를 취할 수 있다.
regret	to 부정사가 목적어로 오면 '~하게 되어 유감스럽다'
remember	to 부정사가 목적어로 오면 '~할 것이 기억나다'
resent	
risk	
stop	stop 다음에 to 부정사는 목적어가 아니라 부사적 쓰임
suggest	
tolerate	
try	동명사 목적어가 오면 '시험 삼아 해보다' 부정사 목적어가 오면 '노력하다'

부록 ❺ to 부정사를 목적어로 취하는 동사(Verbs followed by to-infinitives)

afford	
agree	
appear	~처럼 보이다
arrange	
ask	
can't bear	동명사와 부정사를 모두 목적어로 취할 수 있다.
beg	
begin	동명사와 부정사를 모두 목적어로 취할 수 있다.
care	
claim	~을 주장하다
consent	She consented to go with him.
continue	동명사와 부정사를 모두 목적어로 취할 수 있다.
decide	참고 discuss는 decide와는 달리 동명사를 목적어로 취한다.
demand	demand+목적어+to 부정사 형태로 사용하지 않도록 하자.
deserve	
expect	to 부정사가 바로오거나 expect+목적어+to 부정사 형태를 취한다.
fail	
forget	to 부정사가 목적어로 오면 '~할 것을 잊다' 동명사가 목적어로 오면 '~했던 것을 잊다'
hate	동명사와 부정사를 모두 목적어로 취할 수 있다.
hesitate	
hope	
learn	
like	동명사와 부정사를 모두 목적어로 취할 수 있다.
love	동명사와 부정사를 모두 목적어로 취할 수 있다.
mean	~을 의도하다, 작정하다
manage	
need	사람주어+need+to 부정사/사물주어+need+ving
prefer	동명사와 부정사를 모두 목적어로 취할 수 있다.
prepare	
pretend	
promise	
can't stand	동명사와 부정사를 모두 목적어로 취할 수 있다.
remember	동명사와 부정사를 모두 목적어로 취할 수 있다.
try	동명사와 부정사를 모두 목적어로 취할 수 있다.
wait	
want	
wish	

부록 ❻ 수동태와 어울리는 전치사(Passive with prepositions)

be accustomed to	~에 익숙하다	be filled with	~로 가득차다
be acquainted with	~와 알고지내다	be finished with	~을 끝마치다
be addicted to	~에 중독되다	be frightened of/by	~로 깜짝 놀라다
be annoyed with/by	~에 의해 화나다	be interested in	~에 흥미를 가지다
be associated with	~와 관련되다	be involved in	~에 연루되다
be bored with/by	~에 싫증나다	be known for	~로 알려져 있다
be composed of	~로 구성되다	be limited to	~로 제한되다
be concerned about	~에 대해 걱정하다	be located in	~에 위치하다
be covered with	~로 덮여있다	be made of	~로 구성되다
be crowed with	~로 붐비다	be married to	~와 결혼하다
be dedicated to	~에 전념하다	be opposed to	~에 반대하다
be devoted to	~에 헌신하다	be pleased with	~에 만족해하다
be disappointed in/with	~에 실망하다	be prepared for	~을 준비하다
be divorced from	~와 이혼하다	be protected from	~로부터 보호받다
be dressed in	~을 입다	be provided with	~을 제공받다
be engaged to	~와 약혼하다	be qualified for	~에 대한 자격을 갖추다
be equipped with	~로 갖추다	be related to	~에 관련되다
be excited about	~로 흥분하다	be satisfied with	~에 만족하다
be exhausted from	~로 지치다	be scared of/by	~에 겁내다
be exposed to	~에 노출되다	be worried about	~에 대해 걱정하다

The answer key

Unit 1. 문장의 필수요소

1. will is move → will be moving/will move/is moving
2. open → opens
3. have → has
4. will is pleased → will be pleased
5. are → is
6. are → is
7. She doesn't drink coffee very often.
8. Careful driving doesn't cause a lot of accidents.
9. She usually doesn't drink tea two or three times a day.(부정어에서 빈도부사 위치 주의)
10. It isn't open to visitors daily in the winter, from November to December.
11. wiped
12. Is
13. Is
14. were
15. are
16. kicked
17. can phone
18. my
19. like
20. are
21. like to checking → like to check/like checking
22. would like doing → would like to
23. would loved to → would love to
24. would preferring to → would prefer to
25. cleaning → to clean
26. are → is
27. can is → can be
28. take → takes
29. were destroyed → was destroyed
30. think → thinks
31. I had a bad experience at work today.
32. The authorities are worried about the problem.
33. I don't have any time. I have no time.
34. There are too many violent programs on television these days.
35. Do you know the answer?
36. How much does it cost?
37. Whose phone is ringing?
38. Why don't you come with us?
39. Since when have these books been kept?
40. Did you see that film last night?

Unit 2. 시 제

1. used to living → used to live(단순과거)
2. used to worked → used to work(단순과거)
3. was used to teach → used to teach(단순과거)
4. used to am → used to be(단순과거)
5. am used to think → used to think(단순과거 1~5번까지 모두 과거의 습관/상태)
6. will go → went
7. had → were having
8. saw → seen
9. sat → was sitting
10. ask → asked
11. have finish → have finished
12. has you lived → have you lived
13. want invite → want to live
14. would liked to → would like to
15. is having → has
16. raining
17. told
18. built
19. is copying

20. be(will be –ing의 미래진행형 패턴의 be)
21. Will the President announce his resignation very soon?
22. Was it the worst thing that had ever happened to her?
23. Hadn't they seen each other for ten years?
24. Does she go to the party every Friday?
25. Had most of the guests already left the party by ten that evening?
26. Does she hate being asked her age?
27. She's going to the cinema tonight.
28. Are you coming for lunch?
29. will have finished
30. will have snowed
31. Suddenly the door opened.
32. Sing her a song. Sing to her.
(*Not* ~~Sing her~~.)
33. I waited (for) a long time for her answer.
34. She was given a present.
35. Can you recommend me a good teacher?
36. Your book's selling well.
*동사가 자동사로 쓰여 수동의 의미를 나타냄: beak, melt, scratch, unscrew)
37. Who did he buy it for?
(*Not* ~~Who did he buy it~~?)
38. It is considered impossible to change the appointment.
39. Nobody told me that you were here.
40. She arrived at the train station.
(*Not* ~~She arrive the train station~~.)
41. I used to smoke, but now I've stopped.
*s+used to+v : 과거의 상태, 습관을 나타냄
42. I'll wait until I hear from you.
*시간과 조건의 부사절에서 미래의미는 현재시제로 나타냄
43. Listen to this.(*Not* ~~Listen to that~~.)
this/these은 현재 일어나거나 일어날 일에 대해 사용
44. I'm thinking of changing my job.
*think가 '생각하다'라는 consider에 의미로 진행형 가능
45. There is a lot of noise in the street.
(*Not* ~~It is a lot of noise in the street~~.)
46. It surprised me that she was still in bed.
(Unnatural That she was still in bed surprised me.)
47. They sent more books than I had ordered.
(*Not* ~~They sent more books than I had ordered them~~. them은 앞부분과 중복이 되기 때문에 생략한다.)
48. She'll phone you when she has finished.
(*Not* ~~She'll phone you when she will have finished~~. 시간부사절에서 미래완료대신 현재완료 사용)
49. It took me two hours to get home last night.
(It+take+(사람)+시간+to부정사)
50. A lot of social problems are caused by unemployment.
(*Not* ~~A lot of social problem are caused by unemployment~~. a lot of+복수명사 복수취급)

Unit 3. 상태동사

1. are knowing → know
2. am wanting → want
3. is belonging to → belongs to
4. is seeming → seems
5. is resembling → resembles
6. am using
7. are having
8. owns
9. is being
10. am thinking(think가 'consider' 의미로 진행형 사용)
11. want
12. is thinking
13. is being
14. being
15. We **were having** a good time at the party.
16. I **am thinking of** a trip to America.
17. What do you **think about** my opinion?
18. He **is feeling** well today.
19. She **was being** very social yesterday.
20. You **are being** very foolish at the moment.

21. My son **is liking** school much better now.
22. He **hates** being together.
23. Twins **resemble** each other in physical characteristics.
24. They resemble each other very much.
25. We are beginning to resemble.
26. I know her very well.
27. She looks very beautiful.
28. This flower smells good.
29. I like this class.
30. She's having dinner.
31. Congratulations on your new job.
    (***Not*** ~~Congratulation on your new job~~.)
32. Her jeans are too tight.
    (***Not*** ~~Her jean is too tight~~. jeans는 항상 복수 취급)
33. I have known him since 1992.
    (***Not*** ~~I know him since 1992~~. since는 현재완료나 과거완료와 함께 사용한다.)
34. Let's find some shade to sit on.
35. I have got a friend who works in a bank.
    (***Not*** ~~I have got a friend who he works in a bank~~. 관계대명사가 주어역할을 함으로 he가 와서는 안 된다.)
36. He sent the nurse some flowers.
    = He sent some flowers to the nurse.
37. She doesn't seem to be at home.
    = She seems not to be at home.
38. He seems (to be) a nice teacher.
39. See if those shoes fit you.
    (Not Look if~)
40. I am seeing the dentist tomorrow.
41. Give me the same again.(Not give me same again. same 앞에 the 사용)
42. What are you doing tomorrow evening?
43. I've been learning English for two years.
44. Why don't you take a day off tomorrow?
45. This is the third time that I've met her.
    (***Not*** ~~This is the third time that I meet her~~.)
46. I've been working here for three months.
47. Long long ago a beautiful princess fell in love with him.
    (***Not*** ~~Long long ago a beautiful princess has fallen in love with him~~.)
48. Since when have you been working for him?
    (***Not*** ~~When have you been working for since~~?)

Error Analysis

1. was having → had
2. were needing → need

Unit 4. 조동사

1. can bought → can buy
2. wasn't able to writing → wasn't able to write
3. could have go → could have gone
4. can → may/might/could
5. shall have waited → should have waited
6. should
7. caught
8. had better not
9. don't need to be
10. was able to
11. succeed in
12. have got to
13. 내일 해야 할 숙제가 없기 때문에 일찍 일어날 필요가 없었다.
14. 우리는 일찍 일어날 필요가 없었다. 할 숙제가 없었다.
15. 우리는 시간에 맞춰 도착할 필요가 없었다.
16. 우리가 그녀를 방문해야 한다고 생각하니?
17. 그녀는 그처럼 낭비하지 말아야 했는데.
18. 지원자들은 감독관이 시작하라고 말할 때 까지 시작해서는 안 된다.
19. 버튼을 만지지 만세요. 다칠 수 있다.
20. 소리를 들을 수 없다. 너는 상상하고 있음에 틀림없다.
21. He's wearing a doctor's uniform. He must be a doctor.
22. She couldn't have got my message.
23. We may/might as well do something.
24. He can't/couldn't have committed the ro-

bbery. He was with us.

25. I don't know if she is at home. She may/might/could be outside.
26. Many accidents could be prevented with a little care.
27. I must/have to/have got to/will have to e-mail her tomorrow.
28. I can/will be able to come and see you tomorrow.
29. He needn't come/doesn't need to come if he doesn't want to.
30. Because the last train left at eleven thirty, she had to leave at ten o'clock.
31. Teachers should get more money.
32. You shouldn't go through the street at night.
33. She shouldn't have told anyone about it.
34. He'd better not speak ill of others.
35. We don't need to/have to pay to use this.
36. It could rain this weekend.
    Not ~~It can rain this weekend~~.
37. No food or drinks may be brought inside.
38. Babies will touch everything he sees.
39. She can't/couldn't be 37!
40. I think it's going to snow.

Unit 5. to 부정사

1. do → to do
2. going → to go
3. talked → talking
4. passing → to pass
5. go → going
6. took → take
7. be → to be
8. helping → to help
9. ate → eating
10. go → going
11. to go
12. going
13. to complete
14. smoking
15. painting
16. to avoid
17. to accept
18. to tell
19. to park
20. do
21. I stopped him biting his nails.
22. Let us know what you decide.
23. The boss would like us to attend this week's meeting.
24. I am going to try drinking warm milk before I go to bed.
25. It's certain to snow tomorrow.
26. I am very pleased to meet her.
27. It's difficult for us to understand his lecture.
28. She finally made a decision to leave her job.
29. I left the window open for the bird to get out.
30. Aren't you ready to go yet?
31. I'm hoping to have read the guidebook before we get to Jeonju.
32. I wanted her to wait, but she wanted to leave.
33. I'd love to see you tonight.
34. They don't allow us to smoke.
35. Remember to take an umbrella.
36. He regrets saying that.
37. My car needs washing.
    = My car needs to be washed.
38. It is important to listen carefully.
39. There's nothing for us to do.
40. It's time for the kids to go to bed.

Unit 6. 동명사

1. to go → going
2. clean → cleaning
3. answered → answering
4. went → going
5. having not → not having

6. to carry → carrying
7. interrupt → interrupting
8. to do → doing
9. to be → being
10. to steal → stealing/having stolen
11. She usually avoids driving in rush hour.
12. I hoped to avoid making things worse.
13. We have finished decorating the flat.
14. Someone suggested having a party.
15. She denied breaking the radio.
16. Would you mind turning the radio down?
17. She regretted saying what she saw.
18. We can't go on living like this.
19. Shall we postpone painting the building?
20. I don't enjoy putting up a tent in the rain.
21. We stopped talking when she came in.
22. I remember speaking to him last night.
23. The house needs painting.
24. We tried living in Seoul.
25. They don't allow parking here.
26. I must remember to post this letter today.
27. I can remember posting the letter yesterday.
28. People began to leave/leaving the cinema before the end of the movie.
29. Do you fancy going out for a meal?
30. She decided to have a party.
31. I don't mind waiting.
32. Doctors say that swimming is the best kind of exercise.
33. Reading is the key to knowledge.
34. I enjoy reading more than anything else.
35. I might be able to put off going to the dentist till the day after tomorrow.
36. She's really looking forward to taking a few days off.
37. He is tired of eating tuna sandwiches.
38. She stopped smoking three years ago.
39. I have to avoid eating fried food.
40. Why don't you try turning the switch to the left?

Unit 7. 분 사

1. taught → teaching
2. live → living
3. publishing → published
4. excited → exciting
5. learnt → learning
6. hardly → hard
7. Met → Meeting
8. speak → spoken
9. injuring → injured
10. stood → standing
11. ordered
12. acquainted
13. reading
14. paid
15. Driving
16. informing
17. Having just eaten
18. scolding
19. heard
20. bothering
21. 그는 비록 바닷가 근처에 살지만 수영을 그다지 잘하지 못한다.
22. 나는 강둑을 따라 걷고 있다가 우연히 오랜 친구를 만났다.
23. 무슨 말을 해야 할지 몰랐기 때문에 나는 조용히 있었다.
24. 그녀는 가을에 떨어진 낙엽을 볼 때마다 슬퍼진다.
25. 그 일을 당장 끝마쳐야 한다.
26. 누구도 더 이상 말하지 않았기 때문에 회의는 끝났다.
27. 그와 얘기하고 난 후 나는 항상 기분이 나아진다.
28. 당신의 삶은 이 책으로 변화될 것입니다.
29. 우리는 논의된 어떠한 문제에 대해 동의할 수 없다.
30. 나는 당신의 이름을 잊었다.
31. Though feeling lonely sometimes, I do enjoy my freedom.
32. Though feeling uneasy, I went on with the work.

33. Thinking the students might be hungry, I offered them something to eat.
34. School being over, he hurried home.
35. Not knowing what to do, I couldn't do any-thing.
36. Painted blue, the house is beautiful.
37. Having checked all of the contents for the presentation thoroughly, I can sleep well.
38. Arriving in the airport, I found my suitcase missing.
39. Feeling tired, she went to bed early.
40. Having experienced it many times, he didn't pay attention to it.

Unit 8. 수동태

1. Your life will be changed by this book.
2. The plan has been carefully looked at by her.
3. A wallet was stolen from her.
4. The goods are delivered everyday by him.
5. He was made to do all dirty work by his mom.
6. Fire has been used since ancient times.
7. The infected files will be deleted by her.
8. My ID can't be changed.
9. This conversation will be recorded by me.
10. The puppies were found still alive by us.
11. He was seen to run out of the alley.
12. The doors are always kept locked.
13. A man was seen to break into my car by a witness.
14. It was felt that she was the right woman for the job.
15. The letter has to be sent by Tom.
16. The letter must be sent by Tom
17. The suspect was made to tell them every-thing.
18. I had been helped by Ann.
19. I will have been helped by Ann.
20. I was being helped by Ann.
21. He was elected President.
22. The electric light bulb was invented by Edison.
23. Our plan has been delayed by them.
24. My money has been stolen by him.
25. The animals are being fed by them.
26. She is regarded as an angel.
27. The animals should be fed by them.
28. The cinema was closed down.
29. He is never listened to.
30. This bookcase was built by my father.
31. Flowers are grown in here.
32. I will have been helped by him.
33. A letter will be written by Tom.
34. She was handed a note by her.
35. He was elected President twice.
36. is made
37. has to be imported
38. has been cut down
39. was built, renovated
40. were given
41. Parking is prohibited.
42. All this work can't be done in one day.
43. Flu is caused by a virus and can't be cured by antibiotics.
44. The damage is reported to be extensive.
45. She is being treated in hospital.

Unit 9. 가정법

1. If I get ill, I rest in bed.
2. If she asks me, I always help her.
3. If we don't use sun cream, we get burnt.
4. If I work out too hard, it makes me tired.
5. If she makes much money, she'll go abroad.
6. If she's still waiting for me, she'll be angry.
7. If she's been listening to the news, she'll be pleased.
8. If I can finish my homework, I'll come and play with you.
9. If you arrive late, I might be in bed

10. If you don't tell her the truth, you'll regret one day.
11. If I quit my job, I would be much happier.
12. If she asked me, I would help her.
13. If I had a lot of money, I could live in America.
14. If he were here, he could tell us what to do.
15. If I were rich, I'd leave my job and travel around the world with her.
16. If I had a car, I could drive you to the school.
17. If we could understand her lectures, we could learn a lot from her.
18. If you had more free time, you would/could go abroad more often.
19. If I were you, I would accept her suggestion.
20. If he didn't like you, he wouldn't come here so often.
21. If I had known her phone number, I would have called her.
22. If she had worked hard, she could have passed the exam.
23. If you had told your plans earlier, I could have come with you.
24. If he hadn't gone fishing, he could have arrived earlier.
25. If she had married him, she would have been unhappy.
26. If he had worked harder last month, he wouldn't be so busy these days.
27. If she had followed the direction her doctor gave her, she might not be ill now.
28. If I had gone to university, I might have a better position.
29. If he had stared early in the morning, he would be better off now.
30. If I had learned to swim, I might have a lot more fun with you.

Unit 10. 도 치

1. In the front of the hotel stood her mother.
   = In the front of the hotel her mother stood.
   (*선택적 도치)
2. Scarcely had she seen such a movie.
3. Not a single word did he say.
4. Without difficulty can we finish it.
5. Across the street live my parents.
6. 복수정답
   ① In the distance could be seen the purple mountains.
   ② In the distance we could see the purple mountains.
7. Undisturbed was the house in spite of the noise of the airport.
8. Little did she realize how important the money she had.
9. So interesting was her lecture that everybody listened to it.
10. Had I received her letter, I wouldn't have gone there.
11. Never does she study her major.
12. So dangerous did the weather conditions become that everybody stayed at home.
13. Only then did I realize it.(제한을 나타내는 부사구 : 조동사+주어+동사 어순)
14. In this way alone can we solve this problem.
15. The pianist the audience gave a bit hand.
16. Away ran the frightened girl.
17. Away she went.(*주어가 대명사이면 도치가 되지 않는다.)
18. Have his father and mother arrived?(의문문에서 문법적 도치)
19. I was wondering how reliable was the information she had given me.
20. Narrow is the gate.(보어도치 : 보어+동사+주어, 보어+대명사주어+동사)
21. These symptoms I recognized at once.(목적어도치 : 목적어+주어+동사)
22. Not only was the house old, it had no window.
23. Lying on the floor was a parcel.(분사가 도치되는 경우 : 분사+동사+주어)
24. For a year he has been doing this exciting job.(부사구 도치)
25. Under any circumstances won't he change his mind.(부정표현 도치 : 조동사+주어+동사 어순)

26. Rarely ever is the disease fatal.(부정어구 도치)
27. Not once did I ask him how he felt about the lecture.(부정어구 도치)
28. Never had I seen such an efficient business.
29. Only by asking questions often can you learn.(only 부사구 도치)
30. Only when he apologizes for that will she talk to him again.

Unit 11. 접속사

1. While
2. Although
3. If
4. when
5. although
6. If
7. when
8. because
9. If
10. unless
11. in case
12. if, as long as
13. before
14. As
15. Providing
16. just in case
17. As, Because
18. If, As long as
19. If
20. unless
21. Provided the room is clean, I don't mind which hotel we stay at.
22. As it was getting darker, I decided I should go home.
23. I stayed at work late in order that I could finish it.
24. As it was a nice day, we went for a walk by the sea.
25. Not only speed but also accuracy counts.
26. I didn't realize it until I retired.
27. Although I don't agree with her, I respect her opinion.
28. She behaved as if she were my boss.
29. She didn't speak a word, for she was exhau-sted.
30. I am wondering if this society is moving forward.

Unit 12. 관계대명사

1. who
2. which
3. which
4. whom
5. that, which
6. who
7. who
8. which
9. who
10. which
11. of which → which
12. which → whose
13. of which → who
14. in which → which
15. slept → slept in
16. talking → talking to
17. that→ whose
18. whom → who
19. what→ which, that
20. why → which
21. The old castle which we visited was really interesting.
22. The postcard which came this morning was from her.
23. There are a number of safety procedures that you should be aware of.
24. The museum that my son wanted to visit was shut last Sunday.
25. That's the city that he was born in.
26. What she says may well be true.
27. Firefighters are people whose job is to put

out fires.
28. What she's looking for is a job.
29. I took a photo of the rainbow which appeared in the sky.
30. The key which was in the car has disappeared.

Unit 13. 복합명사

1. exam result
2. Air conditioning
3. health problems
4. Job sharing
5. factory inspector
6. three-hour course
7. income tax
8. Toothache
9. weather forecast
10. credit card
11. a five-page
12. twelve months
13. a car park
14. a road sign
15. a ten-minute
16. 그녀는 정원에서 재배하는 야채가 있었다.
17. 그녀는 야채를 재배하는 정원이 있었다.
18. 그녀는 설탕그릇이 있다.(설탕그릇이 비어 있는 경우)
19. 나는 쇼핑백이 필요하다.(쇼핑백이 비어 있는 경우)
20. 나는 쇼핑백을 가지고 있다.(쇼핑백이 가득 차 있는 경우)
21. You should wear a seat belt when you're driving.
22. We use air conditioning in the summer.
23. The latest building in the city is the 20-day church.
24. If you want to know weather, you should call the weather forecast.
25. A girl who is eight years old is still young.
26. We need many road signs in order to decrease traffic accidents.
27. Whenever I have spare time, I am thinking about a road improvement scheme.
28. Would you like a painkiller?
29. Put that in the fridge in order to avoid food poisoning.
30. You had better remember your room number when you are staying at a hotel.

Unit 14. 관 사

1. a
2. a
3. an
4. an
5. a
6. an
7. an
8. an
9. an
10. an
11. dogs
12. water
13. a doctor
14. the dentist
15. a mistake
16. a small flat, the country
17. the nearest bank
18. a day
19. an airport
20. lunch, the professor
21. **A** computer/**The** computer/is **an** important research tool. **Computers** are an important research tool.
22. I could see **a** balloon high up in **the** sky.
23. **The** name of **the** author of this novel is Hajin.
24. I have enough **money** and **food**.(셀 수 없는 명사 앞에 무관사)
25. His first film is **a** tragedy.(분류를 나타내는 관사)
26. I left it in **the** corner.
27. It is important for **the unemployed** to look

for a job.(the+형용사 : 복수보통명사)
28. Can you play **the guitar**?(the+악기명)
29. **Life** has changed a lot in the last ten years.(일반화)
30. After you pass the school, you'll see the prison.(특정한 시간이나 장소를 나타내는 경우)

Unit 15. 형용사

1. amusing
2. confused, bored
3. well-planned
4. house-cleaning
5. the
6. beautiful
7. fairly
8. awful
9. welcoming
10. hardly
11. late
12. confidently
13. boring
14. good
15. interested
16. carefully
17. badly
18. left
19. published
20. strange
21. There was a sudden change in the weather.
22. Our holiday was too long.
23. He is always well-dressed.
24. She hardly walks.
25. Have you seen her lately?
26. My son learns English incredibly quickly.
27. She speaks perfect English.
28. She did very well in the exam.
29. I conducted the lesson in a lively way.

30-1. We greeted each other in a friendly way.

30-2. We can borrow books free from the local library.

Unit 16. 부 사

1. quiet → quietly
2. finally를 문두로
3. usually comes
4. think briefly → briefly think
5. She (quickly) began running away(quickly).
6. weekly 문미로
7. Natural → Naturally
8. missed almost → almost missed
9. hourly 문미로
10. real → really
11. too
12. Financially
13. immediately
14. recently
15. annually
16. We often have to work late.(O)
17. totally
18. individually
19. Fortunately
20. blue and red
21. Her mother is seriously ill.
22. We didn't go out because it was snowing heavily.
23. She speaks quietly.
24. He hardly speaks to us.
25. You work too hard.
26. Don't go up. It doesn't look safe.
27. Obviously, she forgot to lock the door.
28. He still bites his nails when he's nervous.
29. I no longer work.
30. We should meet more and more frequently.

Unit 17. 비교급

1. younger → young
2. interested → interesting
3. so → as
4. well → as well as
5. as just → just as

6. as a good professor → as good a professor
7. intelligent → more intelligent
8. the fast → the faster
9. more friend → more friendly
10. farther information → further information
11. of the world → in the world
12. in my three sisters → of my three sisters(최상급 뒤에 비교되는 대상을 말할 때 of+복수명사)
13. of the city → in the city(어떤 장소나 상황 내 비교 in+단수명사)
14. it is 생략
15. 뒤의 so를 as로 변경
16. taller → tall(not+형용사/부사+enough+to부정사)
17. taller → the tallest
18. more → the more
19. mine → me, I am
20. very more → much more
21. She can run three times faster than you.
22. The book is the best I could find.
23. She is getting fatter and fatter.(비교급+비교급)
24. I thought the weather would be better in March.
25. His car was smaller and cheaper than hers.
26. Which is the longest of the two coats?
27. She hasn't lived here as long as we have.
28. Petrol is twice as expensive as it was last year.
29. It's the most valuable painting I have.
30. Nothing is more precious than time.

Unit 18. 분리·비분리 구동사

구동사	구동사 뜻	예 문	예문 해석
call off	취소하다	She called off the plan.	그녀는 계획을 취소했다.
cross out	선을 긋다	Cross out the part.	그 부분에 선을 그어라.
fill in	써 넣다	He filled in the blank.	그는 빈칸을 채웠다.
find out	~에 대해 정보를 얻다	Find out her name.	그녀의 이름을 알아봐.
hand in	제출하다	Hand in your paper tomorrow.	내일까지 보고서 제출하렴.
leave out	지우다 생략하다	Leave out the word in the sen-tence.	문장에 단어를 지우시오.
look up	찾다	Why don't look up this word?	모르는 단어를 찾는 게 어때?
make up	이야기를 만들다	Don't make up a story.	꾸며내지 마.
pick up	들다 차로 태우다	Let's pick up my friend on the way home.	집으로 가는 길에 내 친구를 태우자.
put away	바른 장소로 치우다	Put away your garbage.	쓰레기를 치워라.
put back	본래의 자리로 치우다	Put back your bike in the basement.	지하실에 자전거를 가져다 놓아라.
put off	연기하다 미루다	Don't put off our picnic.	우리 소풍을 연기하지 말자.
put on	입다	Put on your pants. Hurry up.	바지 입어. 서두르란 말이야.
put out	불을 끄다	Put out the fire.	불을 꺼라.
take off	제거하다	Take off your dirty socks.	더러운 양말 좀 벗어.
tear up	갈기 갈지 찢다	Don't tear up the receipt.	영수증 찢지 마렴.
turn down	소리를 줄이다	Turn down the radio.	라디오 소리 좀 줄여.
turn up	소리를 키우다	Turn up the radio.	라디오 소리 좀 높여라.
wake up	깨우다	Don't wake up the baby.	아이를 깨우지 마렴.
write down	쓰다	Write down your name.	너의 이름을 써라.

*[Unit 18] 분리·비분리 동사 참조하기

Unit 19. 한정사와 수량어

다음 괄호속의 표현 중 올바른 것을 고르시오.

1. These
2. Much
3. this
4. few
5. That
6. Many
7. these

8. far
9. any
10. our
11. his
12. the
13. the students
14. of these books
15. Each
16. a little
17. much
18. Europe
19. complaints
20. Some of
21. half of
22. half
23. each
24. every

다음을 영작하시오.

25. Neither of the boxes was big enough.
26. There are many ways to improve her health.
27. I don't have much cash.
28. I am feeling much better than yesterday.
29. I am spending more time with my son.
30. He doesn't need much more time.

Unit 20. 동사와 전치사의 어울림

사전을 이용하기

빈칸에 알맞은 전치사를 넣으시오

1. for
2. for
3. to
4. about
5. for
6. on
7. for
8. from
9. to
10. on
11. about
12. of
13. about
14. like
15. at
16. on
17. against
18. to
19. with
20. of
21. of
22. to
23. of
24. about
25. to
26. to
27. of
28. about
29. for
30. to

다음 괄호 속에 알맞은 표현을 고르시오.

1. to
2. discussed
3. entered
4. from
5. on
6. like
7. for
8. on
9. for
10. for
11. for
12. in
13. to
14. for
15. for
16. for
17. on
18. of, about
19. of
20. about

*remind A about B : A에게 B를 잊지 말도록 하는 것

21. to
22. with
23. to
24. phone
25. thanked
26. shouted to
    *shout to ~에게 들리도록 소리 지르다.
27. talked about
28. about
29. for
30. for
31. for
32. with

주어진 문장을 영작하시오.

1. The customers complained about the dirty clothes.
2. We waited for her for twenty minutes.
3. He thanked her for the money.
4. If you don't concentrate on your classes, you can't catch up with other students.
5. Why did the police ask me for my I.D?
6. I have depended on him.
7. Listen to me!
8. Look at her! What happened to her?

Unit 21. 명사와 전치사의 어울림

사전을 이용하기

주어진 문장을 영작하시오.

1. The advantage of living in the city is that we can see many wonderful things.
2. She supports a ban on smoking in the library.
3. There will be an argument about it.
4. His description of the actor was interesting.
5. She has a reputation for being an intelligent singer.
6. She had the habit of speaking ill of others.
7. The cashier had an argument with the customer about the stolen money.
8. What's the chance to go abroad when you have enough money?
9. I have a good relationship with my sisters.
10. There seemed to be a connection between the rumor and the death of him.
11. What was his reaction to the scandal?
12. I stay in contact with many of my ex-students.
13. We can find a solution to the problem.
14. Next week we are going to have a discussion about her resignation.
15. I expressed my admiration for his perfect solution to the problem.

Unit 22. 형용사와 전치사의 어울림

다음 각 문장의 해석 부분을 참고하여 빈칸에 알맞은 표현을 쓰시오.

1. is worried about
2. is used to
3. is tired of
4. was successful in
5. be proud of
6. were impressed by
7. is full of
8. am so confused about
9. be disappointed with
10. were exhausted from
11. is innocent of
12. is known for
13. are responsible for
14. was married to
15. am good at
16. is composed of
17. is afraid of
18. is bad at
19. was happy about
20. am sorry about

본문 참조 바람

Unit 23. 자연스런 문장 만들기

1. 추운 저녁이어서 그녀는 차의 시동을 걸 수 없었다.
2. 우리는 매우 좋은 관계다.
3. 그는 그런 류의 비밀 정보에 접근이 안 된다.
4. 의장은 5시에 폐회했다.
5. 그는 그의 지극히 지적인 형의 그늘 아래 늘 있어 왔다.
6. 우리는 그 소문에 대해 짧은 대화를 나눴다.
7. 실업은 이 시점에서 정부의 주요한 문젯거리다.
8. 그녀는 그 끈을 끊임없이 잡아당겼다.
9. 나는 심각한 문제들이 있었다는 것을 충분히 납득한다.
10. 나는 이사할 예정이어서 아이들이 전학을 해야만 할 것 같다.
11. 생각해서 알려 줄게.
12. 그녀가 정각에 끝낼 수 있을지 극히 미지수다.
13. 건물 전체가 화재 뒤 완전히 폐허가 되었다.
14. 그는 시험에 떨어졌을 때 비통하게 낙심했었다.
15. 나는 당신이 그녀를 만날 것을 적극 추천합니다.
16. 그것은 절대적으로 어리석은 언급이다.
17. 그는 가족과 직장 사이에서 선택해야만 할 것이다.
18. 나는 아기를 가졌다.
19. 그 소녀는 새로운 친구들을 사귈 수 있었다.
20. 모두가 충격적인 뉴스를 들었을 때 조용해졌다.
21. 나는 자선을 위한 비용을 올리는 데 간여하고 싶다.
22. Grammer Free Zone 책 페이지들이 세월이 흐름에 따라 노랗게 변해갈 것이다.
23. 나는 매우 당황해서 얼굴이 하얗게 되었다.
24. 폭풍이 쌀 작황에 손상을 가했다.
25. 출납원이 우리 계산서 상에 착오를 범했다.
26. 그녀는 이번 학기 역사과목에 진실로 노력하고 있다.
27. 그는 그 문제에 상당한 공헌을 했다.
28. 우리는 이 일을 하는 데 이틀을 보냈다.
29. 나는 외출할 때마다 내 휴대폰을 항상 휴대한다.
30. 내 휴대폰은 충전이 필요하다.
31. 흡연은 엄격히 금한다.
32. 나는 그녀에게 매우 유용한 충고 한마디를 했다.
33. 우리는 선생에게 집중해야 한다.
34. 우리는 집을 어떻게 수리할 것인가 의논했다.
35. 그녀는 어젯밤에 사고를 당했는데 괜찮다.
36. 생활수준이 서서히 좋아진다.
37. 해수욕장의 숙소들이 매우 인기가 있어 휴가기간 동안에 예약이 꽉 찬다.
38. 나는 저렴한 숙소를 찾아야만 한다.
39. 그녀는 부모를 눈물에 젖게 만들었다.
40. 나는 미국에 살려고 계획을 세우지만 내 마음이 바뀔 것 같다.

Profile

문 영 수 영문학박사

전북대학교 인문대 영어영문학과 졸업
고려대학교 대학원 영어영문학과 졸업(문학석사)
전북대학교 대학원 영어영문학과 졸업(문학박사)
광신대학교 신학대학원 졸업(목회학 석사)
총회신학원 수료
전북대학교 인문대 강사 역임
University of Wisconsin(Madison) 객원교수
현) 호원대학교 관광대학 호텔관광학부 교수
무디교회 담임목사

주요저서

ABC 대학기초영어(학문출판사, 1999)
Pops English Conversation(학문출판사, 2002)
누워서 보는 영어(백산출판사, 2005)
크게 웃고 가는 리딩스킬(백산출판사, 2005)
Grammar Free Zone(백산출판사, 2010)
Survival Tourism English(백산출판사, 2011)
Contemporary Survival English(백산출판사, 2011)
English Heritage for Idioms, Collocations and Phrasal Verbs(백산출판사, 2011)
Grammar Free Zone 개정증보(백산출판사, 2012) 外 다수

주요논문

우울증의 목회 상담적 치유 연구(2009)
시대를 향한 한 시인의 노력 : 브라우닝의 낙관주의 연구(2008) 外

천 재 윤 사회언어학박사

Major/ Sociolinguistics
University of Hawaii NICE course(full scholarship)
Chonbuk National University Graduate School(full scholarship)
전) With Me English Academy Representative
Dr. Cheon's English Academy Representative
현) Win Language Academy Representative
Chonbuk National Univ./ Howon Univ. Visiting Prof.

주요저서

누워서 보는 영어(백산출판사, 2005)
크게 웃고 가는 리딩스킬(백산출판사, 2005)
술술 내려 읽는 미국영어(백산출판사, 2006)
Grammar Free Zone(백산출판사, 2010)
Survival Tourism English(백산출판사, 2011)
Contemporary Survival English(백산출판사, 2011)
English Heritage for Idioms, Collocations and Phrasal Verbs(백산출판사, 2011)
Grammar Free Zone 개정증보(백산출판사, 2012) 外 다수

주요논문

A Sociolinguistic Study on the Speech Act of 'Gomapseupnida' in Korean(2010)
A Study on the Expressions of Gratitude in English and Korean(2012) 外 다수

Grammar Free Zone

2010년 6월 30일 초 판 1쇄 발행
2012년 2월 20일 개정증보 1쇄 발행

공저자 문 영 수·천 재 윤
발행인 (寅製) 진 욱 상

저자와의 합의하에 인지첩부 생략

발행처 백산출판사

서울시 성북구 정릉3동 653-40
등록 : 1974. 1. 9. 제 1-72호
전화 : 914-1621, 917-6240
FAX : 912-4438
http://www.ibaeksan.kr
editbsp@naver.com

값 20,000원
ISBN 978-89-6183-241-0